Georg Tafner

Geld und Glauben: Was sie teilen – was sie trennt

Georg Tafner

Geld und Glauben: Was sie teilen – was sie trennt

Über Grenzen und Grenznutzen der Religionsökonomie

Tectum Verlag

Georg Tafner

Geld und Glauben: Was sie teilen - was sie trennt.
Über Grenzen und Grenznutzen der Religionsökonomie

2009

ISBN: 978-3-8288-9963-6

Diese Arbeit wurde mit Mitteln des Landes Steiermark gefördert.

Umschlagabbildung: Georg Tafner

Besuchen Sie uns im Internet
www.tectum-verlag.de

Bibliografische Informationen der Deutschen Nationalbibliothek
Die Deutsche Nationalbibliothek verzeichnet diese Publikation in der Deutschen Nationalbibliografie; detaillierte bibliografische Angaben sind im Internet über http://dnb.ddb.de abrufbar.

Inhaltsverzeichnis

Danke

Die Grundlage für die hier vorliegende Arbeit stellt meine Masterarbeit für den Abschluss des Studiums „Religionswissenschaft – Religion im soziokulturellen Kontext Europas“ an der Theologischen Fakultät der Universität Graz dar.

Die vorliegende Arbeit wurde mit Mitteln des Landes Steiermark gefördert. Dafür geht mein Dank an die zuständige Wissenschaftsabteilung des Amtes der Steiermärkischen Landesregierung und der zuständigen Landesrätin Fr. Mag. Kristina Edlinger-Ploder.

Ich danke meiner Betreuerin Frau Univ.Prof. Dr. Ulrike Bechmann, M. A. und Herrn ao.Univ.Prof. Mag. Dr. Karl Prenner für die ausgezeichnete Unterstützung und Herrn Univ.Prof. Mag. Dr. Leopold Neuhold für die Diskussion über die Arbeit.

Ein großes Dankeschön gebührt auch meinem Bruder Hans Tafner sowie meinen Freunden Herrn Mag. Helmut Wagner und Herrn Mag. Johannes Schweighofer für das sorgsame Durchlesen meines Manuskriptes.

Mein größter Dank geht an meine Familie, insbesondere meine Frau, die auf viele gemeinsame Stunden verzichten musste.

Der Autor

Mag. Dr. rer. soc. oec. Georg Tafner, M.E.S., M. phil. studierte Wirtschaftspädagogik und provomierte über die Vermittlung der europäischen Dimension im Wirtschaftsunterricht an der Karl-Franzens-Universität Graz. Er absolvierte ein interdisziplinäres Europastudium an der Donauuniversität Krems und studierte Religionswissenschaft an der Theologischen Fakultät der Karl-Franzens-Universität Graz.

Neben seiner umfassenden universitären Ausbildung greift Georg Tafner auch auf eine langjähriger Praxiserfahrung in Politik, Wirtschaft und Verwaltung zurück. Er ist für die Landesregierung des Bundeslandes Steiermark und für verschiedene tertiäre Bildungseinrichtungen tätig:

Georg Tafner ist als Lehrender an Universitäten und Hochschulen im In- und Ausland tätig. Insbesondere lehrt er europa- und wirtschaftspädagogische Inhalte am Institut für Wirtschaftspädagogik der Karl-Franzens-Universität Graz sowie Volkswirtschaft an der Fachhochschule Joanneum Graz, Studiengang Management internationaler Geschäftsprozesse.

Er ist auch als Vortragender an Pädagogischen Hochschulen und in der Erwachsenenbildung, insbesondere an der Verwaltungsakademie des Landes Steiermark, tätig.

Lehrbücher und Vorträge über Volkswirtschaft und Themen der Europäischen Union sowie Publikationen mit europa- und wirtschaftspädagogischen sowie ökonomischen und religionswissenschaftlichen Inhalten runden sein Portfolio ab.

Er ist verheiratet und Vater von drei Kindern.

Näheres unter www.tafner.georg.cc.

1 Einführung

Religionsökonomie - was ist das? Es liegt auf der Hand, dass es dabei um die Bereiche Religion und Ökonomie geht. Aber haben die beiden Bereiche überhaupt etwas miteinander zu tun? Wenn ja, in welchem Verhältnis stehen sie zueinander?

Am Anfang gebe ich drei aktuelle Beispiele, die zum Thema hinführen:

Anfang November 2008 nahm ich an einer Exkursion nach Israel/Palästina teil. Ein Höhepunkt dieser Veranstaltung war der Besuch der Klagemauer an einem Donnerstag. Es herrschte großer Andrang und Wirbel: Bar Mitzwa wurde gefeiert. Ich war überrascht, dass ich als Nicht-Jude nah dabei sein und auch Fotos machen durfte. Knapp an der Klagemauer sprach mich ein Jude an, der aussah wie ein Rabbi. Weitere zwei Männer kamen auf mich zu, als der Rabbi sein Gebetsbuch auf meinen Kopf legte und einen Segen auf Englisch über mich sprach. Meinen Hinweis, dass ich kein Jude sei, beantwortete er lapidar: „That's good." Nachdem er seinen Ritus vollzogen hatte, drangen die drei Männer näher an mich heran und einer sagte: „Donation, please, for the synagogue." Ich war völlig überrascht, in diesem Kontext so konkret und direkt um eine Spende gebeten, ja eigentlich dazu aufgefordert zu werden. Ich war so perplex, dass ich nachfragte: „How much do you think is appropriate?" "One hundred Euro." Jetzt blieb mir die Luft weg. „Please, for the synagogue. When will you come next time to Jerusalem? We need the money." Wo war ich da hinein geraten? Ich konnte keinen klaren Gedanken mehr fassen, öffnete meine Geldtasche und gab dem ersten ein Fünftel der geforderten Größe, dann dem zweiten die gleiche Summe und beim Dritten hörte ich auf - mir wurde klar, was hier lief. Verärgert drehte ich mich weg. Einen Tag später konnte ich gelassen auf das Ereignis zurückblicken – es hat ja schließlich keinen Armen getroffen, die Leute werden das Geld auch brauchen können und – wichtigste Erkenntnis – man soll immer seinen Verstand parat haben, selbst an einem heiligen Ort, vor einem großen Heiligtum. Es war für mich eine konkrete Schule der Religionsökonomie: Religion und Ökonomie haben sich in der Retrospektive unter meiner moralischer Bewertung vermischt.

Dieses Beispiel soll keinesfalls anti-judaistisch verstanden werden; in jeder Religion oder Konfession sind derartige oder ähnliche Vorkommnisse möglich. Mir kam nach meinem religionsökonomischen Erlebnis die Austreibung der Händler aus dem Tempel in den Sinn.[1] Auch Christen kennen die Finanzierung

1 „Jesus ging in den Tempel und trieb alle Händler und Käufer aus dem Tempel hinaus; er stieß die Tische der Geldwechsler und die Stände der Taubenhändler um und sagte: In der

ihrer religiösen Aktivitäten, allerdings völlig anders.[2] Die katholische Kirche in Österreich, Deutschland und der Schweiz finanziert sich über den Kirchenbeitrag. Die Nicht-Leistung dieses Betrages wird von der Deutschen Bischofskonferenz als Kirchenaustritt, also als Schisma gewertet (BIER 2006, 251). Schisma muss kirchenrechtlich eng ausgelegt werden und nicht jede Gemeinschaftsverletzung ist ein Schisma. Eine Identität von Kirchenaustritt und Schisma lässt sich nicht begründen, weshalb nach Bier die Entscheidung der Deutschen Bischofskonferenz als „frag-würdig" (BIER 2006, 251) erscheint. Ob der Kirchenaustritt eines Katholiken einem Schisma entspricht, kann nur im Einzelfall festgestellt werden. Universalkirchenrechtlich ist der Kirchenaustritt kein schismatischer Akt (vgl. BIER 2006, 351f.).[3] Auch die Finanzierung durch den Kirchenbeitrag ist eine religionsökonomische Angelegenheit.

Schrift steht: Mein Haus soll ein Haus des Gebetes sein. Ihr aber macht daraus eine Räuberhöhle" (Mt 21, 12 u. 13). Dieser Vorfall findet sich auch bei Mk 11,15 und Lk 19,45.

2 Natürlich weiß ich bis heute nicht, ob es hier tatsächlich um die Finanzierung einer Synagoge ging oder ob jemand einfach unter diesem Vorwand ein gutes Geschäft machen wollte.

3 „In Österreich erfolgt ein Austritt aus einer anerkannten Kirche oder Religionsgemeinschaft seit 1868 vor der staatlichen Behörde. Dieser Austritt wurde bis jetzt als formeller Abfall von der Kirche angesehen" (ÖSTERREICHISCHE BISCHOFSKONFERENZ 2007, 14). Den österreichischen Bischöfen ist es ein wichtiges Anliegen, mit allen Menschen ins Gespräch zu kommen, die den formalen Austritt erklärt haben. Julián Kardinal Herranz führt in einem Schreiben an den Vorsitzenden der Österreichischen Bischofskonferenz, Christoph Kardinal Schönborn, aus, dass die zuständige kirchliche Autorität einen persönlichen Kontakt mit der betreffenden Person herstellen soll, um festzustellen, ob tatsächlich der Wille besteht, „das Band der Gemeinschaft mit der katholischen Kirche zu zerstören" (ÖSTERREICHISCHE BISCHOFSKONFERENZ 2007, 3). „In einer Erklärung der Österreichischen Bischofskonferenz zum Kirchenaustritt wird klargestellt, dass Getaufte Glieder der katholischen Kirche sind. Jedem Katholiken kommen sowohl Rechte als auch Pflichten zu. Tritt nun ein Katholik einer anderen Religionsgemeinschaft bei oder bekundet er öffentlich, dass er den christlichen Glauben ganz aufgeben will (Apostasie) oder eine wesentliche Glaubenswahrheit ablehnt (Häresie) oder die Gemeinschaft mit dem Papst oder dem zuständigen Bischof nicht wahren will (Schisma), so schließt er sich selbst aus der Kirche aus. Sollte trotz des Dialogs und der Aufklärung über die rechtlichen Konsequenzen der Austritt vollzogen werden, so befindet sich der Betroffene in der kirchenrechtlichen Situation des Bruchs mit der katholischen Gemeinschaft mit allen rechtlichen Konsequenzen, wobei die Rückkehr aber immer offen steht. Stellt sich im Gespräch heraus, dass der Hauptgrund in der Leistung des Kirchenbeitrages liegt, so soll gemeinsam mit den Zuständigen der Kirchenbeitragsstelle versucht werden, eine für den Betroffene wirtschaftlich akzeptable Lösung zu finden.

Aber getauft ist getauft. Schließlich heißt es klar im bereits zitierten Rundschreiben des Präsidenten des Päpstlichen Rates für die Gesetzestexte" (TAFNER 2008c, 29f): „In jedem Fall bleibt klar, dass das sakramentale Band der Zugehörigkeit zum Leib Christi, der die Kirche ist, aufgrund des Taufcharakters ein ontologisches Band ist, das fortdauert und wegen des Aktes oder der Tatsache des Abfalls nicht erlischt" (HERRANZ 2007, 6).

Während der Erarbeitung dieser Masterarbeit schwappte die US-amerikanische Finanzkrise auf Europa über und machte erhebliche Staatseingriffe notwendig.[4] In diesem Zusammenhang wurde immer wieder von einer großen Vertrauenskrise gesprochen. Unser Finanz- und Geldsystem beruht im Kern ja auf Vertrauen. Vertrauen aber kann nicht ausschließlich von der Wirtschaft selbst geschaffen werden, sondern muss aus der Gesellschaft heraus kommen (vgl. HELD u. a. 2005). Die Wirtschaft greift immer wieder auf Werte zurück, die sie selbst nicht schaffen kann. Es ist auch höchst interessant, dass in diesem Zusammenhang auch davon gesprochen wird, dass wirtschaftliches Handeln auf Finanzmärkten bereits einen religiösen Charakter bekommen hat.[5] Auch das Phänomen der Finanzkrise kann religionsökonomisch gedeutet werden, nämlich dann, wenn die Ökonomie zum letzten Sinn wird und damit einen quasi religiösen Charakter erhalten hat.

Wenn wir uns mit Religionsökonomie befassen, ist es notwendig, zuerst einen Blick auf die Gesellschaft zu richten, denn sowohl Religion als auch Ökonomie sind Phänomene der Gesellschaft und übernehmen bestimmte Funktionen für das gesamtgesellschaftliche System. Religion ist nur im sozialen, kulturellen Kontext verständlich und findet in den verschiedenen Kulturen auch ihre eigenen, ganz spezifischen Ausprägungen.[6] Auch das ökonomische System wirkt in seiner speziellen Form immer auch im kulturellen Kontext, weshalb sich auf volkswirtschaftlicher Ebene auch eigene Wirtschaftsordnungen zwischen den zwei Extremen freie Marktwirtschaft und zentrale Planwirtschaft aufgrund der jeweiligen gesellschaftlichen Vorgaben ausformten, wobei die geschichtliche Realität den marktwirtschaftlichen Ausprägungen den Vorzug gab.[7] Eine kurze Auseinandersetzung mit unserer pluralistischen Gesellschaft soll auch aufzeigen, dass sie eine ausdifferenzierte ist (vgl. LUHMANN 2002, 125; HORSTER 1999, 81f). Bis in die Neuzeit hat Religion die einzelnen Lebensbereiche zusammengehalten. Religionsökonomie, wie sie in der Literatur verstanden wird, ist somit auch ein Phänomen der ausdifferenzierten Gesellschaft.

Im Kapitel 2 werden die Grundlagen dieser Arbeit aufgearbeitete, indem zuerst auf die europäische Gesellschaft eingegangen wird. Aufgrund der begrifflichen

4 Siehe dazu u. a. KEIL 2008, 757-760.

5 Dies sagte der Ökonom Stephan Schulmeister während einer Diskussion in der Sendung „Im Klartext“ am 29.10. um 18.30 Uhr im ORF, OE1.

6 So heißt ja auch das Studium „Religionswissenschaft - Religion im soziokulturellen Kontext Europas“ (UNIVERSITÄT GRAZ 2007).

7 In Österreich und Deutschland konnte sich die soziale Marktwirtschaft ausformen. Ähnliches findet sich in den skandinavischen Ländern. Im anglo-amerikanischen Raum finden wir Wirtschaftsordnungen, die stärker der freien Marktwirtschaft zuzuordnen sind (vgl. AIGINGER 2006). Alle Mitgliedsländer der Europäischen Union müssen lt. Artikel 4 des EG-Vertrages eine marktwirtschaftliche Ordnung aufweisen.

Schwierigkeit muss auch Europa definiert werden. Danach werden die Begriffe „Ökonomie“ und „Religion“ aufgearbeitet, um im Kapitel 3 auf die Religionsökonomie im europäischen, pluralistischen Kontext einzugehen. Diese Arbeit möchte also erstens einen kurzen allgemeinen Überblick über das Arbeitsfeld Religionsökonomie geben. Zweitens möchte sie danach in den Kapiteln 4 und 5 eine strukturierte Bestandsaufnahme vornehmen, wobei im Kapitel 4 makroreligionsökonomische Zugänge und im Kapitel 5 mikroreligionsökonomische kritisch beleuchtet werden.[8] Im Kapitel 6 werden die Ergebnisse zusammengefasst und versucht, eine Neudefinition für Religionsökonomie zu geben.

8 In dieser Arbeit unterscheide ich zwischen Mikroreligionsökonomie und Makroreligionsökonomie. Die beiden Begriffe werden weiter unten ausführlicher erklärt. Makroreligionsökonomie ist die wechselseitige Betrachtung von Ökonomie und Religion auf der gesellschaftlichen Ebene, die Mikroreligionsökonomie setzt bei einzelnen Elementen an, die Ökonomie und Religion auf der Mikroebene verbinden. Beispiel für die Makroreligionsökonomie ist der Ansatz Webers und für die Mikroreligionsökonomie die rational choice theory.

2 Grundlagen

In diesem Kapitel werden die Begriffe Religion und Ökonomie kurz und prägnant dargestellt. Religion ist äußerst schwierig zu definieren, weshalb hier nur ein kleiner Überblick über das weite Feld gegeben werden kann. Der Begriff wird sich im Laufe der Arbeit immer weiter erschließen. Ökonomie wiederum lässt sich in einer kurzen Einführung einfacher eingrenzen und definieren, trotzdem ist vielleicht gerade dieser Zugang für manche/n Leser/in ungewohnt. Aber auch dieser Begriff wird sich im Laufe der Arbeit weiter entfalten und auf der Mikro- und Makroebene durchleuchtet werden. Verschiedene Hinweise als Fußnoten sollen wirtschaftswissenschaftliche Begriffe und Zusammenhänge im Kontext erklären. Sowohl bei der Definition von Religion als auch Ökonomie wird auf das Wesentliche und Besondere abgestellt.

Da Religion und Ökonomie Teilbereiche der Gesellschaft sind, ist es anfangs auch notwendig, jene Gesellschaft zu beschreiben, die im Mittelpunkt dieser Arbeit steht: die pluralistische Gesellschaft Europas. Auch diese Grundlagen können im Rahmen dieser Arbeit nur kurz und auf das Wesentliche reduziert dargestellt werden.

2.1 Die pluralistische Gesellschaft Europas

Wenn wir die Gesellschaft Europas in den Blick nehmen, dann ist am Beginn eine Definition Europas notwendig. Eine derartige Definition ist schwierig, denn viele Dimensionen könnten dafür herangezogen werden: Geschichte, Kultur, Politik, Wirtschaft, Geisteswissenschaft etc. Alle Versuche blieben Stückwerk. Selbst die geographische Definition Europas bringt uns in dieser Frage nicht weiter, denn die geographischen Grenzen Europas sind willkürlich gesetzt worden. Für einen Kontinent fehlt Europa etwas Wesentliches: die kontinentale Platte. So gesehen gibt es nur Eurasien, nicht aber Europa. So wurde Europa geographisch konstruiert (vgl. LICHTENBERGER 2005, 13). Auch die einfachste, scheinbar klarste Definition offenbart sich bei näherer Betrachtung als ein Konstrukt.

Ich wähle daher einen pragmatischen Zugang: Europa kann als das Europa des Europarates begriffen werden. Aus der Gesamtfläche aller Mitgliedsländer lässt sich eindeutig der Raum Europa definieren. Dieser Raum umfasst heute 47 Mitgliedsländer.[9] Der Europarat hat durch die Europäische Menschenrechtskonven-

9 Sieht man sich die Karte des Europarates an, so wird man feststellen, dass einige Länder nicht dem traditionell geographischen europäischen Raum angehören. Es sind dies Russland und Türkei zum größten Teil sowie die Kaukasusrepubliken. Die Mitgliedsstaaten verpflichten sich zu Rechtsstaatlichkeit und Demokratie (vgl. EUROPARAT 2008). In

tion größte Bedeutung für die Umsetzung der Menschenrechte. Er ist aber nicht die bedeutendste bzw. am stärksten integrierte europäische Organisation – das ist die Europäische Union. Sie umfasst heute 27 Mitgliedsländer, wobei zumindest beim Mitglied Zypern der traditionelle geographische Raum Europas bereits überschritten wurde. Beide internationalen Institutionen gehen von europäischen Mitgliedsländern aus. So heißt es im Art 49 des EU-Vertrages, dass jedes europäische Land, das die Grundsätze der EU achtet, beitreten kann. Im gesamten EU-Recht findet sich nirgends eine Definition von Europa. Sowohl im Europarat als auch in der Europäischen Union wird Europa politisch definiert. Europa ist daher sowohl im Sinne des Europarates als auch der EU ein nicht abschließend definierter Begriff, sondern ein für die dynamische Auslegung offener, politischer. Wer den europäischen, internationalen Institutionen beitritt, übernimmt Europarecht. Insofern ist Europa auch rechtlich definiert. Die EU ist heute die am stärksten integrierte internationale Institution der Welt. Obzwar kein eigener Staat, bildet sie doch einen Staatenverbund[10], wie er weltweit unvergleichbar ist (vgl. HERDEGEN 1999, 57-61).

Das Europa des Europarates und der Europäischen Union baut auf Recht auf. Das Gemeinschaftsrecht der EU versucht – einfach gesagt – durch die wirtschaftliche Zusammenarbeit der Mitgliedsländer Frieden, Stabilität und Wohlstand zu erreichen.[11] Das Recht des Europarates stellt die Umsetzung der Grund- und Menschenrechte in den Mittelpunkt. Die Europäische Menschenrechtskonvention des Europarates ist die bedeutendste Grundlage zur Umsetzung des Menschenrechts auf europäischer Ebene und ermöglicht es den Einzelnen, nach Ausschöpfung aller innerstaatlichen Rechtsmittel Individualbeschwerde vor dem Europäischen Gerichtshof für Menschenrechte einzubringen. Die Beschlüsse sind für die Mitgliedsstaaten des Europarates bindend (vgl. BENEDEK u. a. 2004, 13-35).

Die Charta der Grundrechte der Europäischen Union fasst die bestehenden Grundrechte der Mitgliedsstaaten in einem derzeit nicht rechtsgültigen Doku-

---

diesem europäischen Raum ist der höchste Berg – um bei der Geographie zu bleiben – nicht mehr der Mont Blanc, sondern der Elbrus im Kaukasus. Dieses simple Beispiel zeigt, dass dieser Europabegriff die landläufige räumliche Ansicht über Europa sprengt.

10 Für die Ratifizierung des Maastricht-Vertrages in Deutschland wurde höchstgerichtlich geklärt, ob Deutschland durch diesen Akt nicht aufhört, ein eigener Staat zu sein. Dies wurde verneint, da die EU zwar eine unvergleichlich stark integrierte internationale Organisation sei, aber eben keinen Staat darstelle. Vielmehr handle es sich um einen Staatenverbund.

11 „Die Geschichte der europäischen Einigungsbemühungen im 20. Jahrhundert zeigt, dass die Union nicht aus gemeinsamen Werten, sondern aus der Notwendigkeit entstanden sind" (POLLAK 2007, 91).

ment zusammen.[12] Im Vertrag von Lissabon, der von den meisten Mitgliedsländern der Europäischen Union ratifiziert wurde, aber in der Volksabstimmung in Irland eine Ablehnung erfuhr[13], wird u. a. der neue Art. 1a eingefügt, der folgendermaßen lautet: „Die Werte, auf die sich die Union gründet, sind die Achtung der Menschenwürde, Freiheit, Demokratie, Gleichheit, Rechtsstaatlichkeit und die Wahrung der Menschenrechte einschließlich der Rechte der Personen, die Minderheiten angehören. Diese Werte sind allen Mitgliedstaaten in einer Gesellschaft gemeinsam, die sich durch Pluralismus, Nichtdiskriminierung, Toleranz, Gerechtigkeit, Solidarität und die Gleichheit von Frauen und Männern auszeichnet“ (EUROPÄISCHE UNION 2007, 11). Durch die Einbindung der Grundrechtscharta in den Vertrag von Lissabon im Artikel 6 ergibt sich auch eine klare Verbindung zwischen Europarat und Europäische Union (vgl. EUROPÄISCHE UNION 2008).

Dass sich das Völkerrecht mit den Freiheiten des einzelnen Menschen beschäftigt, ist ein Erfolg des 20. Jahrhunderts. Mit den internationalen Vereinbarungen verpflichten sich die Staaten – wie oben bereits erwähnt – den Menschen bestimmte Rechtspositionen zu garantieren. Dies ist vor allem auch insofern ein großer Erfolg, als bis zum Beginn des 20. Jahrhundert das Völkerrecht ausschließlich zwischenstaatliche Angelegenheiten regelte. Nicht zuletzt ermöglichten schließlich die menschlichen Katastrophen des 20. Jahrhunderts diese erstaunliche Rechtsentwicklung (vgl. SIMMA u. a., XLVII-LI). Grund- und Menschenrechte schützen den einzelnen Menschen, werden in der EMRK garantiert und sind auch für die EU eine wesentliche Grundlage. Sie sind ein klarer Ausdruck des Pluralismus in Europa, denn sie ermöglichen die Freiheit des Einzelnen. War im Mittelalter die Gesellschaft noch klar strukturiert und die Rolle des Einzelnen definiert, hat sich unsere Gesellschaft ausdifferenziert.[14] Jeder gesell-

12 Trotzdem sind die Grund- und Menschenrechte Bestandteil des EU-Rechts, weil sie von allen Mitgliedsländern (nicht aber von der EU selbst) ratifiziert sind.

13 Eine weitere Abstimmung in Irland könnte für Klarheit sorgen.

14 Moderne Gesellschaften sind völlig ausdifferenziert. Am anderen Ende der Skala stehen primitive Kulturen - primitiv nicht deshalb weil sie minder sind, sondern weil ihnen die Ausdifferenzierung fehlt. An diesem Gegenpol lässt sich erkennen, was die moderne, pluralistische Gesellschaft nicht ist. Mary Douglas beschreibt in ihrem Buch „Reinheit und Gefährdung“ primitive Kulturen. Mensch und Kosmos werden als eine Einheit begriffen, die sogar miteinander kommunizieren können. „Fortschritt bedeutet Differenzierung. Folglich bedeutet primitiv undifferenziert und modern differenziert. Technologischer Fortschritt umfasst die Differenzierung in allen Bereichen, in den Techniken und Materialien, in den produktiven und den politischen Rollen “ (DOUGLAS 1985, 100). Der historische Fortschritt ist durch die Entwicklung diverser rechtlicher, militärischer, polizeilicher, parlamentarischer u. administrativer Institutionen gekennzeichnet. Das führt auch zu einer Differenzierung der Denkmuster! Aber das Kriterium, das unterscheidet, ist auch nicht diese Differenzierung der Denkmuster. Das Kriterium ist das Kantsche Prinzip, „dass das Denken nur dann fortschreiten kann, wenn es sich aus den Fesseln seiner eige-

schaftliche Teilbereich hat seine eigene Logik: Ökonomie, Recht, Politik, Medizin, Wissenschaft etc. Es gibt heute keine Integration dieser Bereiche mehr. Luhmann unterscheidet die heutige ausdifferenzierte, funktionale Gesellschaft von „ihrer Vorgängerin, der stratifikatorisch gegliederten Gesellschaftsformation" (HORSTER 2007, 3). Heute ist die Gesellschaft ein Komplex aus verschiedenen Systemen, von denen keiner ein Vorrecht hat – auch die Politik nicht (vgl. HORSTER 2007, 3). In Europa waren es die Herrschaftsstrukturen, die Bereiche integrierten und ihre Legitimation in der Religion suchten – der Kaiser von Gottes Gnaden ist ja auch unserer Kultur bekannt. Religion hilft dabei, den Menschen vergessen zu machen, dass die gesellschaftliche Ordnung eine rein menschliche ist. Wer die Macht hat, braucht noch eine weitere, um die soziale Ordnung zu rechtfertigen – dafür wird die Ordnung so legitimiert, dass sie mit dem Universum im Einklang zu sein scheint. Gesellschaftliche Institutionen werden in den kosmischen Bezugsrahmen gestellt. „Die wahrscheinlich älteste Form solcher Legitimierung ist die Vorstellung, die institutionelle Ordnung sei eine direkte Spiegelung oder Manifestation der göttlichen Weltstruktur" (vgl. BERGER 1973, 33).

Die Religion heute hat auf gesellschaftlicher Ebene ihre Funktion als Legitimationsproduzent verloren. Etwas spitz formuliert: In der Demokratie geht das Recht vom Volk aus – nicht von Gott. Das ist das Ergebnis einer leidvollen europäischen Geschichte. Einen ersten wesentlichen Schritt in diese Richtung setzte die Kirche, der Papst selbst. Die „päpstliche Revolution" war für die Entwicklung von Politik und Recht von entscheidender Bedeutung: Mit dem Ausgang des Investiturstreits war der Anfang der Trennung von Staat und Kirche eingeläutet. Dadurch verloren die Herrscher auch die religiöse Aura (vgl. LEIPOLD 2004, 124f). 1555 führte das „cuis regio, eius religio" dazu, dass den jeweils andersgläubigen Untertanen das Auswanderungsrecht zugestanden wurde (vgl. LIEBMANN 1986, 339). Es gab keine einheitliche – katholische – Religion mehr im Westen Europas.[15] Der Westfälische Friede 1648 ermöglichte es, dass jeder seine Religion selbst wählen konnte – die positive Religionsfreiheit war geboren und mit ihr der Begriff der Toleranz.[16] Mit der Französischen Revolution und den Strömungen des 19. Jahrhunderts entstand die negative Religions-

---

nen subjektiven Bedingungen befreit" (DOUGLAS 1985, 104). „Die Tatsache, dass bei uns Soziologie, Ethnologie und Psychologie möglich sind, unterscheidet unsere Form von Kultur von anderen, denen diese Selbsterkenntnis und dieses bewusste Streben nach Objektivität fehlen" (DOUGLAS 1985, 105).

15 Das Morgenländische Schisma (1054) war in dieser Zeit bereits Geschichte.

16 „Das Wort ‚Toleranz' ist erst im 16. Jahrhundert, also im Zusammenhang der Konfessionsspaltung, aus dem Lateinischen und dem Französischen entlehnt worden. In diesem Entstehungskontext hat es zunächst die engere Bedeutung der Duldsamkeit gegenüber anderen religiösen Bekenntnissen angenommen. Im Laufe des 16. und 17. Jahrhunderts wird religiöse Toleranz zum Rechtsbegriff" (HABERMAS 2005, 258).

freiheit, also das Recht, keine Religion auszuüben. Im 20. Jahrhundert wurde schließlich die Religionsfreiheit definiert und zuerst in den Allgemeinen Menschenrechten niedergeschrieben und schließlich in der Europäischen Menschenrechtskonvention aufgenommen: Positive und negative Religionsfreiheit waren nunmehr geschützt. Mit diesen Entwicklungen wurde das Recht über den Absolutheitsanspruch der Religionen gestellt. Die Religion integriert die Gesellschaft nicht mehr. Vielmehr gibt es in der pluralistischen Gesellschaft viele Weltanschauungen und Religionen. Sie alle bringen ihre Werte und Vorstellungen ein und werden so zu Wertelieferanten. Im demokratischen Verfahren werden aus Werten, die mehrheitsfähig sind, unter Wahrung von Minderheitsrechten Rechtsnormen.

Wir können zusammenfassen: Die Gesellschaft Europas ist eine pluralistische. Die Religion hat keine Legitimationsfunktion auf gesellschaftlicher Ebene mehr. Der Absolutheitsanspruch der Religion wurde durch das Recht ersetzt. Recht hält Europa zusammen: in der EU vor allem durch Recht, das Auswirkungen auf wirtschaftliche Kooperation hat und im Europarat die Grund- und Menschenrechte. Das Recht holt seine Werte im demokratischen Prozess aus der Gesellschaft, in der die Religion und Ökonomie zwei ausdifferenzierte Subsysteme unter anderen darstellen.

2.2 Was ist Ökonomie?

Ökonomie kommt aus dem Lateinischen „oeconomia“ und bedeutet „gehörige Einteilung“. Diese Bedeutung wiederum stammt vom griechischen Wort „oikonomis“ („oikos“ ist das griechische Wort für Haus), was so viel wie Haushaltung oder Verwaltung bedeutet (vgl. BROCKHAUS 1996, 85). Wer haushält, weiß, dass er/sie seine/ihre Mittel gut einteilen muss, um damit um die Runden zu kommen. Haushalten bzw. wirtschaften müssen wir immer dann, wenn Güter, Dienstleistungen, Ressourcen oder Zeit knapp sind, d.h. nicht so viel davon vorhanden ist, wie wir gerne haben möchten. Knappheit tritt sowohl auf der Angebotsseite, also bei Unternehmen, als auch auf der Nachfrageseite, also bei den Konsument/inn/en, auf. Ökonomie ist notwendig, denn die Bedürfnisse der Menschen sind praktisch unbegrenzt, die zur Verfügung stehenden Mittel jedoch knapp. „Weil die Bedürfnisse unbeschränkt sind, die Ressourcen und als Folge davon die Güter und Dienstleistungen zur Bedürfnisbefriedigung knapp bleiben, stellt sich immer wieder die gleiche Frage: Wie sollen bei den vielen Bedürfnissen die knappen Ressourcen verwendet werden, um die bestmögliche Bedürfnisbefriedigung zu erreichen?" (DUBS 1987, 15).[17]

17 Ähnliche Definitionen sind: „Economics is the study of how society manages its scarce recourses“ (MANKIW 2001, 4). „Economics is the study how societies use scarce resources to produce commodities and distribute them among different people“ (SAMU-

Eine Familie in einem Haushalt muss wirtschaften, weil die Bedürfnisse größer sind als die Mittel, die zur Verfügung stehen. Es müssen also Entscheidungen getroffen werden, was mit den vorhandenen Mitteln gemacht werden kann. Ein Unternehmen muss seine Mittel einteilen, damit nichts vergeudet wird und keine unnotwendigen Kosten entstehen oder das Unternehmen gar in Konkurs gerät. Auch ein Staat muss mit seinen Mitteln sorgsam umgehen, auch für ihn gilt die Knappheit.[18]

Die Ökonomie unterstellt, dass die Wirtschaftssubjekte ihre Entscheidungen so fällen, dass sie aus den zur Verfügung stehenden alternativen Gütern jenes wählen, das unter den gegebenen Rahmenbedingungen und Begrenzungen den maximalen (optimalen) Nutzen stiftet. Als Nutzen wird dabei die Fähigkeit eines Gutes verstanden, zur Bedürfnisbefriedigung beizutragen. Der Nutzen beschreibt sowohl diese Eigenschaft als auch das Ausmaß der Bedürfnisbefriedigung und kann nur subjektiv bewertet werden. In der modernen Volkswirtschaft wird davon ausgegangen, dass der Nutzen nicht kardinal, sondern nur ordinal gemessen werden kann. Das Wirtschaftssubjekt kann demnach die Alternativen insofern bewerten, als es eine Präferenzliste erstellen kann, die aussagt, welches Gut gleich viel, weniger oder mehr Nutzen stiftet. Als Güter werden in der Ökonomie sowohl Güter i. e. S. (also Waren) als auch Dienstleistungen verstanden. Oder anders ausgedrückt: Menschen wählen jene Güter und Dienstleistungen, die ihnen am wertvollsten erscheinen, also den größten Nutzen stiften.

„Was aber meinen wir mit dem größten Nutzen? Mit einem Wort: Nutzen bedeutet Bedürfnisbefriedigung. Genauer gesagt bezieht sich dieser Nutzen darauf, wie sehr Güter und Dienstleistungen von einem Konsumenten bevorzugt werden. Wenn der Warenkorb A für Herrn Müller einen höheren Nutzen hat als der Warenkorb B, so zeigt das an, dass Herr Müller A gegenüber B präferiert. Nutzen mag Assoziationen von subjektivem Vergnügen oder subjektiver Nützlich-

---

ELSON u. a., 4). „Die Volkswirtschaft könnte man deshalb auch einfach als Lehre von der Knappheit oder wie der Ökonom H. Siebert ausdrückt, als die “Kunst des Mangels” beschreiben” (HANUSCH u. a. 1998, 1).

18 Ein Staat finanziert sich aus Steuern. Er kann seine Steuerlast aber nicht unbegrenzt nach oben schrauben, weil dies die Motivation zur Leistungserbringung reduzieren würde. Gibt der Staat mehr aus, als er einnimmt, dann erwirtschaftet er ein Budgetdefizit. Dieses kann durch Kreditfinanzierung über Banken oder durch die Emission von Staatsanleihen finanziert werden. Beides führt dazu, dass durch die Zinszahlungen das Budget belastet wird. Je höher diese Zinsbelastungen sind, umso geringer ist der Spielraum für andere, wichtige Staatsaufgaben wie Bildung, Infrastruktur etc. Darüber hinaus führt eine zu große Staatsverschuldung dazu, dass die Bonität des Staates gefährdet sein könnte. Kurz gesagt: Auch für den Staat gilt Knappheit. Eine Finanzierung durch die Ausgabe von Banknoten führt zu Inflation und ist deshalb in der EU überhaupt verboten (vgl. TAFNER 2009, 5 u. 101).

keit wecken, die den Menschen durch den Konsum eines Gutes oder einer Dienstleistung bereitet werden. Aber hüten Sie sich vor der Vorstellung, Nutzen sei ein psychologischer Begriff oder ein Gefühl, das sich beobachten und messen lässt. Nutzen ist ein wissenschaftliches Konstrukt, das Ökonomen verwenden, um verstehen zu können, wie rational handelnde Konsumenten ihre beschränkten Ressourcen auf die Güter aufteilen, die ihre Bedürfnisse befriedigen" (SAMUELSON u. a. 1998, 105).

Für die Ökonomie ist nicht nur die Frage des Nutzens bzw. des Gesamtnutzens eines Gutes interessant, sondern viel mehr der zusätzliche Nutzen. Dieser zusätzliche Nutzen wird Grenznutzen genannt. Wenn diese Arbeit im Titel also vom Grenznutzen spricht, dann geht es um den zusätzlichen Nutzen.[19]

Allen Wirtschaftssubjekten wird diese Nutzenmaximierung unterstellt: Konsument/inn/en wollen ihre Bedürfnisse, Unternehmer/innen ihre Gewinne maximieren und Politiker/innen wollen wiedergewählt werden.

In der Haushaltsproduktionslehre geht diese Überlegung noch weiter und dehnt diesen Zugang auf alle Entscheidungen aus: Demnach bedeutet wirtschaftlich handeln, Entscheidungen zwischen Alternativen unter der Vorgabe knapper Mittel zu so zu treffen, dass der Nutzen maximiert wird (vgl. BECKER 1982). Dies ist der Ansatz der rational choice theory die im Kapitel 5.2.1 vorgestellt und kritisch hinterfragt wird.

In der (neo)klassischen Volkswirtschaft wird von der rational choice theory ausgegangen, die grundsätzlich auf das Konzept des Eigennutzes zurückgreift. Verschiedene Experimente und Forschungsergebnisse, auf die teilweise auch in dieser Arbeit eingegangen wird, zeigen jedoch, dass für die ökonomischen Entscheidungen der Menschen nicht nur Eigennutz, sondern auch soziale Werte wie z. B. Gerechtigkeit eine wesentliche Rolle spielen. In modernen Ansätzen der Volkswirtschaftslehre, wie z. B. im Konzept des Sozialkapitals und der Institutionenökonomie werden diese Erkenntnisse in die Modelle der volkswirtschaftlichen Betrachtung eingebracht. Ähnlich verfährt das Frame-Selektion-Modell,

19 Das Konzept des Grenznutzens ist für die Volkswirtschaft ein sehr bedeutendes: Je mehr von einem Gut konsumiert wird, um so größer wird sein Gesamtnutzen, aber der Grenznutzen nimmt grundsätzlich laufend ab, d.h. die Zunahme des Gesamtnutzens wird bei jedem weiteren Konsum geringer. Wir können dieses Phänomen beim Trinken beobachten: Der erste Schluck ist der beste, der Zusatznutzen am höchsten, mit jedem weiteren Schluck nimmt der Zusatznutzen ab, denn der Durst wird schluckweise gelöscht. „Das Gesetz des abnehmenden Grenznutzens besagt, dass mit zunehmender Menge eines konsumierten Gutes der Grenznutzen grundsätzlich abnimmt" (SAMUELSON u. a. 1989, 106).

das die streng rationalen Vorgaben der eigentlichen rational choice theory aufweicht; auch dieses Modell wird in dieser Arbeit beleuchtet.

Mit Ökonomie beschäftigen sich die Wirtschaftswissenschaften, insbesondere die Betriebswirtschaft[20] und die Volkswirtschaft[21]. Beide befassen sich also mit Knappheit und den Entscheidungen unter Knappheit. Die Betriebswirtschaft lenkt ihren Blick auf das einzelne Unternehmen[22] und versucht, Instrumente und Methoden zur Verfügung zu stellen, damit ein Unternehmen erfolgreich wirtschaftet. Die Volkswirtschaft lenkt den Blick nicht auf Unternehmen sondern auf Märkte. Die Mikroökonomie als Teildisziplin der Volkswirtschaft fokussiert auf das Entstehen von Preisen durch Angebot und Nachfrage auf einzelnen Märkten (z. B. Gütermärkte, Arbeitsmärkte, Finanzmärkte) und untersucht dabei die verursachenden Faktoren wie u. a. Kosten, Erlöse, Gewinne oder Wettbewerb. Die Makroökonomie liefert die Metasicht und versucht die Wirtschaft als Ganzes innerhalb eines bestimmten politisch definierten Gebietes – meist ein Staat – zu untersuchen. Die wichtigsten Themen dabei sind Wirtschaftswachstum, Beschäftigung und Inflation. Schließlich versucht die Wirtschaftspolitik konkrete Hinweise für wirtschaftspolitische Entscheidungen zu geben, wobei diese weltanschaulich geprägt sind. Die Volkswirtschaft unterscheidet sich von der Soziologie vor allem dadurch, dass sie mit vorwiegend mathematischen Modellen arbeitet und versucht, eine Situation so zu modellieren, dass sie auf das Wesentlichste reduziert wird.

Bislang gibt es keine einheitliche volkswirtschaftliche Lehrmeinung, die sich als die allein richtige hätte behaupten können. So ist die Wirtschaftspolitik vor allem von der Auseinandersetzung zwischen der angebotsorientierten (neoklassischen oder klassischen) und nachfrageorientierten (keynesianischen) Volkswirtschaftstheorie geprägt.

---

20 Betriebswirtschaft im Sinne von Betriebswirtschaftslehre. Die Bezeichnung „Lehre“ wird meist nicht verwendet.

21 Volkswirtschaft im Sinne von Volkswirtschaftslehre.

22 Lechner u. a. definieren ein Unternehmen als ein künstliches, offenes sozio-ökonomisches System, das Leistungen für Dritte erstellt und dabei langfristig seine Kosten decken muss (außer es ist wirtschaftspolitisch akzeptiert, dass dies nicht der Fall ist), ausgeglichen finanziert sein muss und dem Wirtschaftlichkeitsprinzip folgt (vgl. LECHNER u. a. 2001, 61). Nach dieser offenen Definition sind auch Non-Profit-Organisationen und Öffentliche Verwaltungen Unternehmungen. Das UGB definiert als Unternehmen: „Unternehmer ist, wer ein Unternehmen betreibt. Ein Unternehmen ist jede auf Dauer angelegte Organisation selbstständiger wirtschaftlicher Tätigkeit, mag sie auch nicht auf Gewinn gerichtet sein (...)“ (UGB § 1).

2.3 Was ist Religion?

Es stellt sich natürlich in der Religionsökonomie die Frage, was Religion denn eigentlich sein könnte. Nach wie vor wird Religion gerne mit dem Religionsbekenntnis identifiziert. Dies scheint vor allem in Österreich sehr einfach zu sein, denn es gibt gesetzlich anerkannte Kirchen und Religionsgemeinschaften, die durch spezielle Gesetze oder durch völkerrechtliche Verträge, wie im Fall der römisch-katholischen Kirche durch das Konkordat von 1934, geschützt sind. Zusätzlich gibt es staatlich eingetragene religiöse Bekenntnisgemeinschaften (vgl. STATISTIK AUSTRIA 2007, 64).

In der Volkszählung 2001 wurde auch die Frage nach dem Religionsbekenntnis gestellt.[23] „Nach dieser Erhebung lassen sich zwar Zuordnungen treffen, der Grad der Verbundenheit mit der Religion lässt sich aber nicht ableiten. 73,6% der österreichischen Bevölkerung, das sind 5,9 Mio. Personen, sind römisch-katholisch. In Wien jedoch ist nur etwas weniger als die Hälfte der Bevölkerung katholisch. Vergleicht man die Volkszählung 2001 mit der von 1991, so ist der Rückgang der Mitgliederzahl der katholischen Kirche um 166.033 Personen (2,7%) ersichtlich. Gegenüber der Veränderung in den 80er Jahren mit 4,6% ist dies ein geringerer Rückgang.

Die zweitstärkste Gruppe mit 12% bilden die Personen „ohne religiöses Bekenntnis“. 4,7% sind protestantisch, womit also die Protestanten bei der Volkszählung 2001 noch die zweitstärkste Glaubensgemeinschaft stellten. In 24 Gemeinden stellen sie sogar die Mehrheit. Die drittstärkste Glaubensgemeinschaft stellen die Muslime mit einem Anteil von 4,2%, gefolgt von den Orthodoxen mit 2,2%. Die islamische Glaubensgemeinschaft ist aber jene, die am stärksten wächst. Die Zahl der Muslime hat sich seit 1991 mehr als verdoppelt: von 158.776 Personen im Jahr 1991 auf 338.988 im Jahr 2001. Dies ist auf die starken Zuwanderungen und auf ein stärkeres Bekenntnis zum Islam zurückzuführen“ (TAFNER 2008, 11f). Siehe dazu folgende Tabelle 1.

23 Die Volkszählung ist nun durch Registerzählungen ersetzt worden. Die Religionszugehörigkeit wird am Meldezettel abgefragt, erfolgt aber de facto freiwillig. Das Zentrale Melderegister fragt die Religionszugehörigkeit nicht ab, sie ist also nur in den lokalen Melderegistern (das sind die Gemeinden bzw. Magistrate) ersichtlich. Da die Angabe aber freiwillig erfolgt, sind selbst diese lokalen Daten nicht zuverlässig. Die Feststellung der Religionszugehörigkeit für ein Bundesland oder das gesamte Bundesgebiet könnte nur durch eine Extraerhebung des Zentralen Melderegisters erfolgen. Dies wäre aber mit großen finanziellen Aufwendungen verbunden. Da die Daten aber – wie bereits erwähnt – nicht zuverlässig sind, bleibt fraglich, ob eine derartige Auswertung in Zukunft überhaupt gemacht werden wird.

Tabelle 1: Religionszugehörigkeit in Österreich

	Volkszählung 2001		Volkszählung 1991		Veränderung
	absolut	in Prozent	absolut	in Prozent	in Prozent
Bevölkerung insgesamt	8.032.926	100,0%	7.795.786	100,0%	3,0%
Römisch-katholisch	5.915.421	73,6%	6.081.454	78,0%	-2,7%
Unierte Kirchen	1.853	0,0%	-	-	-
Orthodox	179.472	2,2%	140.718	1,8%	27,5%
Evangelisch	376.150	4,7%	388.709	5,0%	-3,2%
Altkatholisch	14.621	0,2%	18.930	0,2%	-22,8%
Andere christl. (christl. orientierte) Gemeinschaften	54.606	0,7%	43.733	0,6%	24,9%
Israelitisch	8.140	0,1%	7.268	0,1%	12,0%
Islamisch	338.988	4,2%	158.776	2,0%	113,5%
andere nicht-christliche Gemeinschaften	19.750	0,2%	12.982	0,2%	52,1%
Ohne Bekenntnis	963.263	12,0%	672.251	8,6%	43,3%
Ohne Angabe	160.662	2,0%	270.965	3,5%	-40,7%

Schätzung der Aufteilung der „anderen Religionen" 1991 anteilig über die Staatsangehörigkeit; Orthodox, andere christliche Gemeinschaften und andere nicht-christliche Gemeinschaften sind geschätzt.
Q: STATISTIK AUSTRIA. Bearbeitung Landesstatistik Steiermark (LASTAT).

Die Kirchenbesuche gehen drastisch zurück: Nur in Polen, Irland und der Schweiz besucht mehr als die Hälfte der Bevölkerung den Gottesdienst regelmäßig. Kein anderer Indikator in diesem Kontext ist in den letzten 50 Jahren so dramatisch gesunken wie dieser (vgl. CASONOVA 2007, 324-326). Luckmann hält es aber für vollkommen unzulässig, mit Gottesdienstbesuchszahlen oder ähnlichen Indikatoren die Religiosität und deren Veränderungen zu beschreiben. In der Religionssoziologie sollten solche vereinfachenden Zugänge keinen Platz finden. Die Gleichsetzung von Religiosität und Kirchenmitgliedschaft ist zwar technisch einfach, aber methodisch nicht haltbar. So ist die persönliche Meinung über bestimmte Kirchen oder Religionsgemeinschaften ebenso keine Aussage über die eigene persönliche Religiosität (vgl. LUCKMANN 1991, 59f).

Dass Religiosität und die Mitgliedschaft in einer Religionsgemeinschaft nicht dasselbe sind, wird auch bei entsprechenden empirischen Untersuchen klar: „Eine Untersuchung von IMAS zu Jahresbeginn 2006 zeigt u. a., dass 47% der Österreicher/innen an einen Gott und 40% an ein Leben nach dem Tod glauben, jedoch nur 30% daran, dass Jesus der Sohn Gottes ist (vgl. LADSTÄTTER 2003, 14 – 19). Das ist wohl auch ein Hinweis darauf, dass Glaubenslehre und Glaubenspraxis nicht ein und dasselbe sind.

Dem Religionsmonitor folgend sind 26% der Österreicher nicht religiös, 54% religiös und 20% hoch religiös.[24] Diese Zahlen belegen, dass man nicht von einer irreversiblen Säkularisierung sprechen kann, dass vielmehr eine Polarisierung stattfindet: auf der einen Seite die hoch religiösen Christen, auf der anderen die nicht religiösen „Athesierenden“. Dazwischen liegt ein weites Feld von mehr oder weniger durchschnittlich Religiösen (vgl. ZULEHNER 2007, 143-157).

Auf europäischer Ebene zeigt sich, dass außer in Ostdeutschland und der Tschechischen Republik in jedem Land die Mehrheit der Bevölkerung an Gott glaubt. Am stärksten ist dies in Polen, Irland und Portugal ausgeprägt, am wenigsten stark – außer Ostdeutschland und der Tschechischen Republik – in Frankreich, Skandinavien und den Niederlanden. Interessant ist, dass der Glaube an Wunder und das Beten in vielen Ländern höher liegt als der Glaube an Gott. Niedrig hingegen ist die transzendente Erfahrung ausgeprägt“ (TAFNER 2008, 11f).

Vertreter der rational choice theory gehen davon aus, dass es genügt, Religion „as any shared set of beliefs, activities and institutions premised upon faith in supernatural forces“ zu definieren (IANNACONNE 1998, 145 mit Verweis auf Stark/Bainbridge 1985, S. 5 zitiert in: SCHMIDTCHEN 2007, 253). 1912 hat Leuba über fünfzig verschiedene Definitionen von Religion gezählt. Wir sehen, wie schwierig Religion zu fassen ist. Heute herrschen vor allem zwei Zugänge vor: Erstens versuchen substanzielle Zugänge, die Religion „an sich“ durch Begriffe wie „Glaube an Gott“, „übernatürliche Wesen“, „jenseitige Welten“ oder „überempirische Mächte“ zu definieren (vgl. AUFFAHRT u. a. 2006, 431). Derartige Vorstellungen von Transzendenz müssen so weit gefasst sein, dass sie auch ohne Gottesbegriff oder Gottesvorstellungen auskommen, um Religionen wie z. B. Konfuzianismus, Taoismus oder bestimmte Richtungen des Buddhismus einzuschließen. Eine zweite Möglichkeit, Religionen zu definieren, ist ihre Funktion, da sie bestimmte Wirkungen oder Lösungsmöglichkeiten für z. B. soziale oder psychologische Probleme anbieten kann (vgl. AUFFAHRT u. a. 2006, 431). So ist z. B. bei Thomas Luckmann die Funktion der Religion die Vergesellschaftung des Umgangs mit Transzendenz. Der Mensch erfährt sich ja als

24 Der Religionsmonitor geht von einem substanziellen Religionsbegriff aus, d.h. religiöses Erleben und Handeln versteht sich in Bezug auf die Transzendenz. Diese Transzendenz wird sehr weit gefasst, damit auch stark individualisierte Formen der Religiosität abgebildet werden können, die abseits der traditionellen religiösen Bindungen und Vorstellungen bestehen (vgl. HUBER 2007, 19f).

begrenztes Wesen, Transzendenz ist die Überschreitung eben dieser Grenzen. Luhmann und Lübbes sehen die Aufgabe der Religion in der Kontingenzbewältigung (vgl. AUFFAHRT u. a. 2006, 290). Wir werden im Laufe dieser Arbeit verschiedene Funktionen der Religion kennen lernen, die man als Kontingenzbewältigungs-, Orientierungs- und Legitimationsfunktion zusammenfassen könnte.

Schließlich sieht Glock fünf Dimensionen, die die Religion ausmachen. Diese können vereinfacht in folgende Stichworte zusammengefasst werden: Glaube, Ritus, die religiöse Erfahrung, die intellektuelle und die ethische Dimension (vgl. GLOCK u. a. 1966).[25]

Es gibt also keine allgemein gültige Definition von Religion. Die verschiedenen religionsökonomischen Zugänge verwenden daher auch verschiedene Definitionen, die, wenn notwendig, in den entsprechenden Kapiteln aufgearbeitet werden. Diese Arbeit fokussiert auf Europa, wo alle Weltreligionen und die verschiedensten persönlichen religiösen Ausprägungen vorzufinden sind, Judentum, Christentum und Islam geschichtlich und gegenwärtig aber die größte gesellschaftliche Bedeutung haben. Die Arbeit konzentriert sich daher auf diese drei monotheistischen Religionen.[26]

---

25 Ähnlich ist auch der Religionsmonitor angelegt, der von einer substanziellen Religionsdefinition ausgeht und von Kerndimensionen der Religionen spricht, die dann entsprechend empirisch erhoben werden: Intellekt, Ideologie (Glaube), öffentliche Praxis, private Praxis, Erfahrung und Konsequenzen. Anhand dieser Dimensionen wird die religiöse Situation der betrachteten Ländern empirisch erhoben (vgl. HUBER 2007, 19-29).

26 Auf die Bahai-Religion als weitere monotheistische Weltreligion wird hier nicht eingegangen.

3 Was ist Religionsökonomie im europäischen, pluralistischen Kontext?

Das folgende Kapitel versucht eine erste Annäherung zum Thema, indem zuerst eine Einführung mit grundlegenden Fragen gegeben wird. Danach werden vorhandene Ansätze zur Strukturierung des Themas vorgestellt, um abschließend eine eigene, neue Strukturierung vorzulegen.

3.1 Hinführung und grundlegende Fragen

„Economics is fundamentally atheistic. Religious beliefs, practices, and behavior play no role in the life of Homo oeconomicus“ (TOMES 1985, 245). Stimmen diese und Bergers Ausführung, dass der „eigentliche Ort der Säkularisierung“ der ökonomische Bereich sei (BERGER 1973, 124), dann wäre ich schon am Ende der Arbeit angelangt, denn es gäbe es keine Überschneidung von Religion und Ökonomie. Diese Arbeit legt hingegen dar, dass ich dies anders sehe.

Die Zusammenhänge von Religion und Ökonomie gehören traditionell in den Bereich der Religionssoziologie. Diese wiederum ist von Max Webers „Geist des Kapitalismus“ geprägt, der den Einfluss des Calvinismus auf den Kapitalismus herausgearbeitet hat. Vieles drehte sich in Folge um diese oder ähnliche Fragestellungen. Erst vor 20 bis 30 Jahren wurde das Thema Religion und Ökonomie neu thematisiert und damit ist die Disziplin der Religionsökonomie entstanden. Die Grenzen dieser Disziplin sind noch unscharf bzw. noch nicht gezogen. Hock vertritt die Auffassung, dass die normative Beurteilung von ökonomischem Handeln keine Aufgabenstellung der Religionsökonomie sei, weil dies Aufgabe von christlichen, islamischen oder ähnlichen Wirtschaftsethiken sei. Auch gehöre nach seiner Vorstellung nicht die Optimierung von ökonomischen Abläufen religiöser Organisationen dazu, denn dies sei Aufgabe von Consulting-Agenturen und dadurch eine betriebswirtschaftliche Fragestellung. „Die Religionsökonomik fragt demgegenüber einerseits danach, inwieweit religiöses Handeln von wirtschaftlichen Bedingungen bestimmt und folglich in ökonomischen Kategorien zu erfassen ist, andererseits beschäftigt sie sich mit der Frage, was die wirtschaftlichen Folgen religiösen Handelns sind. Mit der letztgenannten Thematik greift sie im Grunde wieder eine Problemstellung auf, mit der bereits die Weber'sche Protestantismus-Kapitalismus-These befasst war, ohne jedoch die Position Max Webers zu übernehmen“ (HOCK 2006, 154f). Ich werde zeigen, dass diese Abgrenzung nicht immer möglich, sondern viel mehr die Religionsökonomie auch eine Überlappung der Disziplinen Religionssoziologie und Wirtschaftsethik mit sich bringt. So ist zwar die moralische Beurteilung von Handlungen wie Hock sie ausführt eine Frage der Wirtschaftsethik; sie greift aber zu kurz. Die Frage muss erweitert werden und um zusätzliche Aspekte ergänzt werden: Welche Rolle spielt die Moral als Input für die Wirtschaft oder wie prägt die Wirtschaft die Moral der Gesellschaft mit? Die Frage wird damit auch zu einer sozial- und wirtschaftswissenschaftlichen. Völlig vermengt ist diese Fragestellung, wie noch zu zeigen sein wird, in der islamischen Ökonomie, in der es aufgrund des muslimischen Denkens keine Trennung von Recht und Ethik geben soll. Jede ökonomische Handlung wird dadurch gleichzeitig untrennbar zur rechtlichen und ethischen Frage. Dazu und zu den obigen Argumenten weiter unten mehr.

In den Vereinigten Staaten hat die Religionsökonomie einen großen Aufschwung erlebt, weil sie vor allem die rational choice theory für religiöse Fragestellungen anwendet (vgl. HOCK 2006, 156f). Dieser Zugang geht grundsätzlich davon aus, dass religiöses Handeln als rationales Verhalten qualifiziert und religiöse Güter wie andere Wirtschaftsgüter behandelt werden. Im Rahmen dieser Religionsökonomie beschäftigen sich Wissenschaftler/innen insbesondere mit der Rationalität und dem Nutzen von Religion. Dafür wird vor allem bei Iannacconne (vgl. IANNACONNE 1997) im angloamerikanischen und Schmidtchen (vgl. SCHMIDTCHEN 2000 u. 2007) im deutschsprachigen Raum eine Nutzenfunktion im Sinne der Haushaltsproduktionstheorie von Gary Becker (vgl. BECKER 1982) aufgestellt, anhand derer gezeigt wird, welchen optimalen Einsatz an Religion und weltlichen Gütern eine Person erbringen soll, um das Heilsmotiv zu erfüllen. Also einfach gesagt: Wie soll ein Mensch seine vorhandene Zeit aufteilen in einerseits weltlichen und andererseits religiösen Angelegenheiten, um ewige Seligkeit zu erlangen? Damit nimmt die rational choice theory einen nicht unwichtigen Platz innerhalb der Religionsökonomie ein. M. E. scheinen jedoch einige Annahmen und damit auch Ableitungen aus der Theorie fragwürdig zu sein. Es ist zwar unklar, ob sich die Religionsökonomie überhaupt als eigene Disziplin behaupten kann (vgl. HOCK 2006, 156), doch scheint m. E. eine Einengung der Fragen im Zusammenhang von Religion und Ökonomie auf die rational choice theory einerseits zu kurz gegriffen und andererseits nicht den Besonderheiten des Phänomens Religion gerecht zu werden. Beides wird weiter unten begründet. Das Hauptargument, das ebenso weiter unten ausgeführt wird, gegen diese Theorie liegt darin begründet, dass es gar nicht um Glaubensfragen selbst geht, sondern um die optimale Verteilung der Zeit auf weltliche und religiöse Aktivitäten. Der Glaube wird dabei als gegeben angenommen.

In dieser Arbeit reiße ich bewusst den m. E. verengten Zugang der Religionsökonomie auf[27] und werfe einen weiten Blick auf die Zusammenhänge von Religion und Ökonomie, wissend, dass damit auch Überschneidungen mit der Re-

27 Das Heft 1/2000 der Zeitschrift Religionswissenschaft ist ausschließlich dem Thema Religionsökonomie gewidmet und beinhaltet drei Aufsätze, wobei zwei sich mit der rational choice theory beschäftigen (vgl. SCHMIDTCHEN 2000 u. STOLZ 2000) und einer mit Max Weber (vgl. KALBERG 2000). Damit wird versucht, das Thema Religionsökonomie abzudecken.

ligionssoziologie und der Wirtschaftsethik unumgänglich sind. Es scheint mir aber ein weiterer Horizont notwendig zu sein, um neue Einblicke in die Thematik zu erhalten. Die Entwicklung der Institutionenökonomik[28] und die Entwicklung der ökonomischen Auseinandersetzungen um Transaktionskosten[29] in globalen Märken sowie die Produktionszusammenhänge haben aufgezeigt, dass Religionen wirtschaftliche Entwicklungen beeinflussen, vielleicht sogar kanalisieren. Sie geht von ‚mentalen Modellen' aus, also von der kanalisierenden Rolle von Weltbildern und damit auch der Religion, die auf das Verhalten und damit auf Institutionen wirken. Damit wurde die Religion wieder als prägender Faktor für die moderne und postmoderne Gesellschaft gesehen. Konkret zeigt sich, dass bei internationaler Zusammenarbeit religiöse Unterschiede berücksichtigt werden müssen. So gibt es heute interkulturelle Trainings für international tätige Unternehmen, in denen auch jene religiöse Ausprägungen Berücksichtigung finden, die kulturrelevant sind. Auch bei rein kulturinternen Transaktionen dürfen religiöse Einflüsse nicht übersehen werden.

Damit eröffnet sich die grundlegende Frage, welchen Zusammenhang es zwischen Kultur, insbesondere der Religion, und Ökonomie überhaupt gibt. Oder noch einfacher: Wird das Verhalten von der individuellen Person, durch kulturelle Prägung oder durch beides in Wechselwirkung bestimmt?[30] Welche Rolle

28 Im Gegensatz zur (neo)klassischen Volkswirtschaftslehre wird nicht vom totalen Wissen, sondern von der begrenzten Rationalität ausgegangen (bounded rationality). Diese begrenzte Rationalität kann aber Schäden verursachen, weil falsche Entscheidungen hinsichtlich der Transaktionskosten oder Arbeitsteilung getroffen wurden. Dieses Problem wird durch Instrumente abgefangen, die man Institutionen nennt. Diese Institutionen sind Normen und Regeln sowie Instrumente der Koordination und Motivation. Normen wirken erwartungsbildend und konfliktmindernd und reduzieren dadurch die Transaktionskosten (siehe folgende Fußnote). Institutionen entstehen geplant oder ungeplant. Fundamentale Institutionen wie Sprache, Bräuche und Kultur bilden sich nach von Hayek ungeplant durch innere Kräfte. Sekundäre Institutionen wie Verträge und Gesetze entstehen geplant (vgl. HANDELSBLATT 2006, 2536-2537).

29 Transaktionskosten sind Kosten der Information und Kommunikation, die bei der Abwicklung der sich aus Spezialisierung und Arbeitsteilung ergebenden Austauschbeziehungen entstehen. (…) Dabei geht es nicht um die ausgetauschten Güter an sich, sondern um den Austausch der mit den Gütern verbundenen Verfügungsrechte" (vgl. HANDELSBLATT 2006a, 5680). 50 % des BIP sind Transaktionskosten. Sie umfassen Kosten der Anbahnung, Vereinbarung, Abwicklung, Kontrolle und Anpassung (vgl. HANDELSBLATT 2006a, 5680).

30 Wir sehen, dass in diesem Zugang implizit unterstellt wird, dass sich soziale Phänomene in Handlungen äußern. Nehmen wir die zwei großen soziologischen Theorien, so wird dies aber unterschiedlich bewertet: Bei Habermas steht das kommunikative Handeln im Mittelpunkt und bei Luhmann nicht das Handeln, sondern die Kommunikation. Bei ihm besteht die Gesellschaft nicht aus Menschen, sondern aus Kommunikation. Da diese Zugänge in der mir bekannten Literatur im Zusammenhang mit Religionsökonomie bislang kaum aufgegriffen wurden, habe ich sowohl Habermas als auch Luhmann eigene Kapitel

spielt das Individuum, welche die Gesellschaft? (vgl. KUBON-GILKE 2007,13-18).

Interessant für die Ökonomie ist auch die Frage, wie sich Altruismus herausbilden konnte. Wirtschaftswissenschaftliche Experimente zeigen, wie noch gezeigt wird, dass Menschen in ihren Entscheidungen oft dem Modell des Homo oeconomicus[31] widersprechen. Fragen, die sich daraus ergeben, sind z. B. jene der gerechten Verteilung, d. h. des Verzichts auf eigenes Einkommen zugunsten anderer oder die Bereitschaft zur Freiwilligenarbeit. Daraus ergibt sich wiederum die Frage, ob diese Entscheidung vor dem unbeweisbaren Hintergrund von jenseitiger Strafe oder Lohn (z. B. Himmel und Hölle) gefällt werden oder nicht. Außerdem stellt sich die Frage, ob die Bindung an Religionsgemeinschaften das altruistische Verhalten ermöglicht. Damit stellt sich auch die allgemeine Frage der Funktion von Religion. Schließlich befasst sich ein großer Teil der Religionsökonomie mit der Frage, ob Markt- und Wettbewerbsregeln auch für die Religion anwendbar sind. Für viele ist das überhaupt der Forschungsschwerpunkt (vgl. u. a. AZZI/EHRENBERG 1975, IANNACONNE 1997, SCHMIDTCHEN 2007). Auch dafür wird die rational choice theory herangezogen, um zu zeigen, wie Wettbewerb in der Religion wirkt. Erklärungen werden mit Modellen gegeben. Modelle sind natürlich immer Komplexitätsreduktionen und Vereinfachungen. Die Schwierigkeit dabei ist die Modellierung des Religiösen. „Eine kritische Frage an die Religionsökonomik lautet deshalb: Thematisieren ihre Religionsdefinitionen und ihre Analysegegenstände tatsächlich das Spezifische von Religionen und religiösen Aktivitäten? (...) [Es muss diskutiert werden] inwieweit die Regelhaftigkeit, mit der Menschen Diesseits und Jenseits in einem Sinn-Zusammenhang durch Religion verknüpft sehen, einen deutlich überindividuellen Charakter der Religionen andeutet, was die traditionelle Religionsökonomik zumindest ergänzungs-, wenn nicht gar revisionsbedürftig macht" (KUBON-GILKE 2007, 20). Genau daran knüpfen meine Ausführungen weiter unten an. Einerseits werden Sinn-Zusammenhänge in der Soziologie durchleuchtet und anderseits wird die rational choice theory selbst auch auf diese Frage hin durchsucht.

gewidmet, wobei Luhmann aufgrund seines Zugangs etwas mehr Platz in Anspruch nimmt. Siehe dazu die Kapitel über Luhmann bzw. Habermas.

31 Die Volkswirtschaft ist eine Sozialwissenschaft. Sie befasst sich also mit dem Verhalten von Menschen. Da Menschen aber verschieden handeln, ist es schwierig, sie in Modellen einzubinden. Damit eine Modellbildung möglich ist, hat die Volkswirtschaft den Homo oeconomicus eingeführt, der völlig rational handelt und volle Informationen besitzt. Gerade diese Annahmen werden kritisiert und u. a. in der Institutionenökonomik neu bewertet. Siehe dazu u. a. die Kritik an der rational choice theory in dieser Arbeit.

3.2 Vorhandene Ansätze der Religionsökonomie

Die strukturierte Bestandsaufnahme möchte einen Überblick über vorhandene Ansätze der Religionsökonomie geben.

3.2.1 Religionsökonomische Einflussrichtungen

Kubon-Gilke strukturiert die Religionsökonomie über die Einflussrichtungen (vgl. KUBON-GILKE 2007, 21-33):

Ansatz 1: Religionen beeinflussen die Ökonomie

Unterstützungsthese (These Webers): Es gibt einen positiven Einfluss von Religion auf wirtschaftliche Entwicklung, wie z. B. Webers Ausführungen zur Funktion der calvinistischen Ethik für den Erfolg des Kapitalismus. Dies wird verallgemeinert und ein positiver Zusammenhang zwischen Religion und Wirtschaft hergestellt. Danach bringen Religionen jene Normen und Verhaltensweisen hervor, die ein Marktsystem zum Funktionieren braucht.

Hindernisthese: Religion ist der wirtschaftlichen Entwicklung hinderlich, weil sie nützlichere Regeln verhindert, sie zu einer zu hohen Geburtenrate führt und das Wachstum des Pro-Kopf-Einkommens verhindert[32] und eine skeptische Einstellung zu Wissenschaft und Technik unterstützt sowie der Marktkoordination gegenüber sehr skeptisch eingestellt ist.

Neutralitätsthese: Es gibt nur schwache und kurzfristige Einflüsse der Religion, weil auf Dauer die ökonomischen Kräfte stärker sind. Ein Beispiel dafür ist das Zinsverbot, das durch zinsähnliche Substitute im Islam ersetzt wird oder im Christentum überhaupt nicht mehr existiert. So wird von Autoren der Produktmix von islamischen und nichtislamischen Banken als identisch angesehen. Ganz allgemein sieht die Neutralitätsthese kulturelle Phänomene nur als kurzfristig oberflächliche an, die der Wettbewerb eliminiert.

Alle drei Richtungen tauchen auf, es gibt also eine Funktionalität, Dysfunktionalität und Neutralität. Es geht vielmehr darum, die tiefer liegenden Gründe zu erkennen.

Ansatz 2: Ökonomie beeinflusst Religion

Ganz einfach formuliert, ist dies die Marx-Position. Nach dieser Vorstellung bedingt die ökonomische Basis, besonders die Produktionsbedingungen, den

32 Dieser Punkt wird von Demografen heute anders beurteilt (vgl. TAFNER 2008).

gesellschaftlichen Überbau und damit auch die Religionen. Begründet wird dies damit, dass sich religiöse Gedankengebäude als wandelbar begreifen und sogar eine Umkehrung der Sichtweisen möglich ist. So bildeten sich zuerst kapitalistische Strukturen heraus und danach werden die religiösen normativen Positionen geändert. So entwickelt sich nach Samuelsson 1993 jenes Glaubens- und Normensystem, das am besten zum herrschenden Wirtschaftssystem passt (vgl. SAMUELSSON 1993). Nach dieser These war die protestantische Ethik die Folge der wirtschaftlichen Notwendigkeiten. Modellhaft gesprochen geht es um die Frage, ob Wirtschaft oder Religion eine langsam veränderliche Variante ist, die als exogen angenommen werden muss. Dass Ökonomie die Religion beeinflusst, ist vor allem bei wirtschaftlich bedingten Konversionen nachvollziehbar. So konnte aber auch von Ensminger (1997) gezeigt werden, dass die Ausbreitung des Islam in Afrika entlang der Fernhandelsrouten erfolgte.

Ansatz 3: Religion und Ökonomien als interdependente Systeme

Weder Ökonomie noch Religion können als „quasi-autonome Bereiche" gesehen werden, beides beeinflusste sich gegenseitig und dadurch wandelt sich beides auch (vgl. KUBON-GILKE 2007, 33).

3.2.2 Religious economics und economics of religion

„Als abhängige Variable wird Religion von ökonomischen und politischen Vorgaben geformt, als unabhängige beeinflusst Religion die Wirtschaft, indem sie individuelle Merkmale wie Arbeitsethik und –eifer und Ehrlichkeit mitprägt" (KOCH 2007, 38). Brinitzer sieht im Forschungsfeld Ökonomie und Religion zwei Blickrichtungen: Erstens können religiöse auf ökonomische Fragestellungen angewandt werden; man spricht von religious economics. Dabei werden ökonomische Theorien durch religiöse Lehren ersetzt. Dies gilt z. B. für das Zinsverbot oder überhaupt für die islamische Ökonomie. Zweitens können ökonomische Theorien zur Erklärung von religiösen Phänomenen herangezogen werden; man spricht dann von economics of religion (vgl. BRINITZER 2001, 136).

3.2.3 Religionsökonomische Perspektiven

Koch unterscheidet vier religionsökonomische Perspektiven (vgl. KOCH 2007, 37-59):

Perspektive 1: Religion als Wirtschaftsfaktor

Dabei geht es vor allem um Fragen der Finanzierung von Religion(en) und des ökonomischen Nutzens von religiösen Institutionen in der Geschichte und heute.

„Zu unterscheiden ist die Religionsökonomie von religiöser Ökonomie, d.h. von Arbeiten, die in der Innenperspektive einer bestimmten Religion Vorschläge zum ökonomischen Handeln ihrer Mitglieder bzw. der für die Organisation der Religion tätigen Akteure unterbreitet“ (KOCH 2007, 46). Untersuchungen gibt es von der Angebots- und Nachfrageseite her.

Perspektive 2: Verhältnis von Religion und Wirtschaft in einem kulturtheoretischen Kontext

Hier wird untersucht, „wie religiöse Überzeugungen und Wirtschaftsverhalten Mentalitäten in einer Kultur ausbilden. Fragt man Ökonomen nach der Bedeutung von Religion für ein wirtschaftliches Gefüge, so wird meist angeführt, dass Religion eine Art von Hintergrundmentalität sei. Religionen stellen die Gruppenmoral und erhöhen das Vertrauen. Dies halte die Transaktionskosten niedrig“ (KOCH 2007, 47). Es geht darum, wie Religion die soft skills von Menschen prägt. „Wenn Religion als Mentalität und Wirtschaftverhalten zusammenkommen, könnten wir von einer kulturwissenschaftlichen Wende in der Ökonomie sprechen. Wirtschaftliche Prozesse werden unter dem Oberbegriff von Kultur untersucht (...). Eine Korrelation kann etwa über das Konzept Sozialkapital einer Gesellschaft hergestellt werden. Vielfach erweisen sich informelle, religiös-ethische Netzwerke als bedeutsam“ (KOCH 2007, 49).

Perspektive 3: Ökonomische Theorien als Gegenstand der Religionswissenschaft

Hier geht es um die Anwendung von verschiedenen ökonomischen Theorien und Modellen, um die Religion erklären zu können. Dazu gehört auch der Ansatz der rational choice theory.

Perspektive 4: Ökonomische Theorien als Modelle der Religionswissenschaft

Hier handelt es sich um einen im Entstehen begriffenen Bereich, der sich von Perspektive 3 dadurch unterscheidet, dass „ökonomische Theorien nicht zur Objektebene, sondern zur Metaebene der Religionswissenschaft“ gehören (KOCH 2007, 54). Dazu zählen der verhaltensökonomische und der institutionenökonomische Ansatz. Beim verhaltensökonomischen Ansatz geht es um Identitätskonzepte und Selbstbilder: Mit hoher Religiosität steigen z. B. – nach diesem Ansatz – ehrliches und selbstloses Verhalten. Auch gibt es einen Zusammenhang zwischen Vertrauen und Religiosität. Dieser Zugang wird ebenfalls bei der Analyse der rational choice theory angesprochen.

3.3 Eine neue Struktur zur Einordnung religionsökonomischer Betrachtungen

Religionsökonomie ist also eine Verbindung von Ökonomie und Religion, wobei die Wirkung in beide Richtungen laufen kann oder gar Interdependenzen vorhanden sind. Man kann die Zusammenhänge von Religion und Wirtschaft aber auch unter den vier oben beschriebenen Perspektiven betrachten. Ich werde in meinen weiteren Ausführungen einer neuen, eigenen Einteilung folgen. Mein Ausgangspunkt ist die des/der Beobachters/in. Die Welt kann durch den/die Beobachter/in beschrieben werden, der/die gleichsam durch eine Schablone die Wirklichkeit wahrnimmt. Betrachtet man nun soziale oder individuelle Phänomene wirtschaftlicher oder religiöser Natur, so kann man diese entweder mit dem religiösen oder mit dem wirtschaftlichen Auge betrachten. Jedes Phänomen kann also wirtschaftlich oder religiös betrachtet, analysiert und erklärt werden. Es ist lediglich der/die Beobachter/in, der/die sich für einen bestimmten Blick, eine bestimmte Wahrnehmungsrichtung entscheidet. Nehmen wir einen Spaziergang her: Man kann diesen als Spaziergang beschreiben, dann ist dies weder eine wirtschaftliche noch eine religiöse Betrachtung. Beginnt man aber zu hinterfragen, warum jemand spazieren geht und nicht arbeitet, so bringt man sofort die Opportunitätskostenfrage ins Spiel und ist bei der wirtschaftlichen Analyse. Man kann aber auch hinterfragen, ob der Spaziergang religiös motiviert ist und eine Art Meditation darstellt; dann ist man in der religiösen Betrachtung. Ähnlich kann man mit Fußball, Wellness, Sport, Kaugummi kauen etc. verfahren. Das alleine stellt aber noch keine religionsökonomische Betrachtung dar. Eine solche liegt dann vor, wenn entweder ein wirtschaftliches Phänomen religiös oder ein religiöses wirtschaftlich oder Interdependenzen betrachtet werden. Religiöse Betrachtungen können dabei sehr vielfältig sein und müssen daher auch entsprechend als solche definiert werden (siehe dazu das Kapitel „Was ist Religion?"). Der Zugang selbst, die Wahl der Definition liegt wiederum bei dem/der Beobachter/in. Wirtschaftliche Betrachtungen sind jene, bei denen verschiedene ökonomische Kriterien, Modelle und Theorien für die Begründung herangezogen werden, wobei auch hier die Zugangsweisen sehr vielfältig sein können und vom Beobachtenden definiert werden müssen. Die Beobachtenden greifen m. E. vor allem, aber nicht ausschließlich, auf drei Disziplinen zurück: Ökonomie (Betriebs- und Volkswirtschaft)[33], Religionssoziologie und Wirtschaftsethik. Religionsökonomie ist damit ein interdisziplinäres Fach, das sich insbesondere mit Vernetzungen und Kopplungen auseinandersetzt.

Religionsökonomische Betrachtungen sind also keine ontologischen oder phänomenologischen, sondern konstruktivistische. Der/die Beobachter/in entschei-

33 Interessant ist, dass m. E. die meisten religionsökonomischen Betrachtungen bei der Volkswirtschaft und kaum bei der Betriebswirtschaft ansetzen.

det, welche Schablone angelegt wird. Aber dies ist erst der erste Schritt der Beschreibung der Religionsökonomie – und erst der erste Teil des Grids – der sich aus meiner Beschreibung ergeben wird.

Religionsökonomie in diesem Kontext ist eine aufmerksame Schau in die sozioökonomischen Vorgänge unserer Gesellschaft, mit dem Versuch, einerseits aus den gefundenen Einzelstücken heraus ein passendes Mosaik zu gestalten, das die Zusammenhänge von Religion und Ökonomie begründbar darstellen kann, andererseits aber auch mit dem Versuch, aus der Makrosicht heraus Zusammenhänge und Interdependenzen theoretisch zu erfassen und zu begründen. Die erste Form der Religionsökonomie bezeichne ich als Mikroreligionsökonomie und die zweite als Makroreligionsökonomie.

Eine makroreligionsökonomische Betrachtung wird, wenn sie „ganz oben" ansetzt, nicht um Webers Geist des Kapitalismus herumkommen. Es werden aber weitere Zugänge angeführt, wie jene Benjamins oder Nelsons. Auch die islamische Ökonomie gehört in diesen Bereich, ebenso der Ansatz, Religion als Sozialkapital zu betrachten. Auf dieser Ebene wird auch die Systemtheorie Luhmanns betrachtet. Ist aber eine religionsökonomische Betrachtung im Luhmannschen System überhaupt denkbar? Auf den ersten Blick eher nicht: Luhmann spricht der Religion eine systemintegrierende Rolle ab und weist ihr ein Teilsystem in der Gesellschaft zu. Religion wird dadurch den anderen Teilsystemen wie Politik, Recht oder eben auch Wirtschaft gleichgestellt. Jedes Teilsystem erbringt für die Gesellschaft eine je spezielle Funktion. Systeme sind, obwohl operativ geschlossen, für Kommunikation offen. Sie treten also quasi indirekt in Kontakt miteinander, es entsteht – um in Luhmanns Jargon zu bleiben – eine Kopplung. Diese Kopplung ist ein – wie noch gezeigt werden wird – für die Religionsökonomie entscheidender Zugang. Es wird daher darum gehen, diese Kopplung näher zu beschreiben, um einen religionsökonomischen Ansatz in der Systemtheorie zu finden. Trotzdem bleibt dieser Zugang im systemtheoretischen Ansatz nicht der einzige, denn neben der Hauptfunktion erbringt ein Teilsystem auch Leistungen für die Teilsysteme. Auch diese Leistung des Teilsystems Religion soll untersucht werden. Eine makroreligionsökonomische Betrachtung wird sich aber auch mit Habermas auseinander setzen, denn Systeme spielen auch bei ihm eine Rolle. Systeme aber entstehen bei Habermas aus der Lebenswelt heraus. Die Unterscheidung von System und Lebenswelt ist für unsere Betrachtung unten wesentlich.

Die Mikroreligionsökonomie setzt bei einzelnen Elementen oder Objekten an und untersucht diese. Klassischer – im doppelten Sinne des Wortes – Vertreter dieses Zugangs ist die rational choice theory, die beim einzelnen Objekt ansetzt und versucht, dadurch religiöse Handlungen zu beschreiben. Durch die Anwendung der Wettbewerbstheorie wird versucht zu erklären, wie sich religiöse Institutionen im Wettbewerb der Religionen haben durchsetzen können. Auch der mikroreligionsökonomische Zugang kann sich mit der Frage, welche Auswirkung die Religion auf die Gesellschaft hat, befassen, doch ist der Ausgangspunkt die Betrachtung eines einzelnen Elements. Dies ist mit der Mikroökonomie vergleichbar, die ausgehend von einzelnen Märkten und deren Zusammenspiel versucht, den Wohlstand einer Nation zu erklären. Es gibt in dieser mikroreligionsökonomischen Schau eine sehr heterogene Fülle an verschiedenen Zugängen, die in dieser Arbeit nicht alle aufgearbeitet werden können. So kann z. B. untersucht werden, welche Bedeutung das Glück hat. Dies kann aus dem wirtschaftlichen – das macht z. B. die Glücksökonomie (vgl. FREY 2002) – oder dem religiösen Blickwinkel erfolgen. Weitere Elemente, die in der Literatur aus diesen Blickwinkeln betrachtet und beschrieben werden, sind u. a. Vertrauen, Reputation, Verantwortung, Zeit, Spenden. Mit der Aufteilung in Makro- und Mikroreligionsökonomie ist nun der Grid vollständig.

Darstellung 1 versucht einen Überblick über die verschiedenen Zugänge zu geben, wobei die Inhalte der einzelnen Zellen nicht taxativ, sondern demonstrativ zu verstehen sind. Die Elemente in B 1 können auch in B 2 stehen (deshalb die unterbrochene Linie), weil die Elemente sowohl aus der religiösen als auch der ökonomischen Blickrichtung betrachtet werden können. Die anderen Felder sind bereits so definiert, dass sie die jeweilige Betrachtung unterstellen.

Darstellung 1 stellt also in den Zeilen die Wahrnehmungsrichtungen (Blickrichtungen, Perspektiven) dar. Der religiöse Blick auf die Wirtschaft (religious economics) und der ökonomische Blick auf die Religion (economics of religion) sowie Interdependenzen der beiden werden dabei aufgetragen. Als Spalten werden Markoreligionsökonomie links und die Mikroreligionsökonomie rechts dargestellt. Aus Zeilen und Spalten ergeben sich sechs Zellen von A 1 bis A 3 und von B 1 bis B 3, in denen die religionsökonomischen Zugänge eingetragen werden können. Sicherlich ist die Einteilung nicht immer eindeutig, aber der Tendenz nach möglich. Jene Zugänge, die in den Zellen fett gedruckt sind, werden in der Arbeit etwas näher betrachtet. Vor allem aus der Fülle von B 1 bis B 3 wurden nur drei ausgewählt.

In weiterer Folge wird ausgehend von dieser Struktur weiter gearbeitet, wobei zuerst auf die Makroreligionsökonomie und danach auf die Mikroreligionsökonomie eingegangen wird.

Darstellung 1: Struktur der Religionsökonomie

<table>
<tr><td></td><td></td><td colspan="2">Verbindung von Religion und Ökonomie über</td></tr>
<tr><td></td><td></td><td>Vernetzung:
Makroreligionsökonomie</td><td>Elemente:
Mikroreligionsökonomie</td></tr>
<tr><td rowspan="3">Wahrnehmungsrichtungen</td><td>religiöser Blick auf die Wirtschaft (religious economics)</td><td>A 1:

Geist des Kapitalismus (vgl. WEBER);
Kapitalismus als Religion (vgl. BENJAMIN),
Volkswirtschaftslehre als Religion (vgl. NELSON),
Islamische Ökonomie (vgl. u. a. KALISCH)</td><td>B 1:
Geld und seine religiöse Bedeutung oder sein religiöser Ursprung (vgl. u. a. SCHAPER),
Sinn von wirtschaftlichen Handlungen religiös gedeutet, ökonomisches Glück religiös gedeutet, Zeit als religiöse Dimension, Vertrauen in der Wirtschaft religiös gedeutet, Verantwortung, Spenden, Preise, Arbeit, Armut, Reichtum, Gerechtigkeit, Zehent, Zinsen, Almosen, Kirchenbeitrag, Wirtschaft in der Bibel etc.</td></tr>
<tr><td>Interdependenzen</td><td>A 2:
Luhmanns Systemtheorie (vgl. LUHMANN),
Habermas Theorie des kollektiven Handelns und die vorpolitischen moralischen Grundlagen (vgl. HABERMAS)</td><td>B 2:
Interdependenzen der einzelnen Elemente von B1 und B 3</td></tr>
<tr><td>ökonomischer Blick auf die Religion (economics of religion)</td><td>A 3:

Religion als Sozialkapital (vgl. SMIDT u. KANE)</td><td>B 3:
Sinn von religiösen Handlungen wirtschaftlich gedeutet, religiöses Glück wirtschaftlich gedeutet (z. B. Heilsökonomie), religiöse Zeiteinteilungen und ihre wirtschaftliche Bedeutung (z. B. Weihnachtseinkäufe), religiös begründetes Vertrauen wirtschaftlich gedeutet, Spenden, Preise, Arbeit, Armut, Reichtum, Gerechtigkeit, Zehent, Zinsen, Almosen, Kirchenbeitrag, Wirtschaft in der Bibel etc.

rational choice theory (vgl. IANNACONNE, SCHMIDTCHEN),

Modell der Frame-Selektion (vgl. ESSER)

Institutionenökonomie (vgl. u. a. LEIPOLD)

Nutzen, betriebswirtschaftliche Analysen von Religionsgemeinschaften, Markt der Religionen</td></tr>
</table>

Q.: Eigene Darstellung.

4. Makroreligionsökonomie

Darstellung 1 und die Ausführungen oben legen dar, dass die Makroreligionsökonomie versucht, Zusammenhänge von Ökonomie und Religion auf gesellschaftlicher Ebene als Makrotheorie zu erklären. Im Folgenden werden einige derartige Theorien aus den verschiedenen Blickrichtungen dargestellt. Die ausgewählten Beispiele sind, wie bereits erwähnt, nicht taxativ, sondern demonstrativ zu verstehen.

4.1 Der religiöse Blick auf die Wirtschaft (religious economics)

Hier folgen Beiträge zur religious economics aus makroreligionsökonomischer Sicht.

4.1.1 Max Weber und der Geist des Kapitalismus

Gegen Ende des 19. Jahrhunderts und am Anfang des 20. Jahrhunderts etablierte sich der Kapitalismus. Wissenschaftlich stellte man sich die Frage seiner Entstehung. Schon vor Weber stand die Vermutung im Raum, dass es irgendeinen Zusammenhang zwischen Protestantismus und Kapitalismus gibt (vgl. KÜENZLEN 1980, 13). Max Weber stellt sich in seinem weltberühmten Buch „Die protestantische Ethik und der Geist des Kapitalismus" die Frage, wie denn eigentlich der Kapitalismus entstanden ist und welche Weltsicht dahinter steht. Er kommt in seinem Werk zu dem Schluss, dass es einen Zusammenhang zwischen der protestantischen Ethik und dem Entstehen des Kapitalismus gibt. Ihm fiel auf, dass der Kapitalismus in den protestantischen Gebieten stärker ausgeprägt war als in den katholischen. Als das Typische des Kapitalismus kann seiner Ansicht nach nicht das Streben und die Gier nach Gewinn bezeichnet werden, denn dieses Verhalten lässt sich in allen Wirtschaftsordnungen feststellen und scheint ein grundsätzliches menschliches Phänomen zu sein.

Was bezeichnet Weber als „Geist" des Kapitalismus? Das Entscheidende ist eine Ethik, die den ständigen Erwerb von Geld in den Mittelpunkt rückt. Es geht nicht um Glück oder Genuss. Der Erwerb und das ständige Vergrößern des Kapitals werden zum Selbstzweck, dem alle anderen Interessen untergeordnet werden (vgl. KÜENZLEN1980, 19). Das geht auch damit einher, dass jede/r in seinem/ihrem Beruf seine/ihre Pflicht zu erfüllen hat. Und da setzt Weber an: Die Hauptwurzel sieht er im asketischen Protestantismus calvinistischer Prägung, in der es zu einer Umwertung der Arbeit kam. Im Katholizismus wurde der kapitalistische Erwerb als religiös bedenklich gesehen (vgl. KÜENZLEN 1980, 21f).[34]

34 Die Kirche als gesellschaftliche und damit auch weltliche Organisation benötigte immer auch Vermögen. Sie kann sich der weltlichen Notwendigkeiten nicht entziehen. Auch

Arbeit wurde traditionell als negativ und mit viel Mühe behaftet gesehen. Es war die Freizeit, das Nicht-Arbeiten, das erstrebenswert war. Bei den Römern arbeiteten Sklaven, der Freie hingegen gab sich der Muse bzw. der Muße hin. Für Adelige arbeitete das Volk. Im Schweiße deines Angesichts musst du arbeiten, heißt es auch in der Genesis. Erst Luther begann mit einer Umdeutung des Berufs in Richtung Berufung. In der calvinistischen und anderen protestantischen Reformbewegungen wurde Arbeit als etwas Positives betrachtet, sie wurde zum Selbstzweck. Wer es auf dieser Welt durch eigene Arbeit und Fleiß zu etwas brachte, konnte sich als von Gott geliebt betrachten. Man arbeitete also nicht mehr so lange, bis man genug zum Leben hatte, sondern arbeitete immer weiter. In diesem Zusammenhang zitiert Weber Benjamin Franklin: „Bedenke, dass die Zeit Geld ist; wer täglich zehn Schillinge durch seine Arbeit erwerben könnte und den halben Tag spazieren geht, oder auf seinem Zimmer faulenzt, der darf,

---

Menschen in leitenden kirchlichen Funktionen unterlagen der Versuchung von Macht und Geld. Gier ist aber – wie bereits ausgeführt wurde – keine typisch kapitalistische Ausprägung sondern ein unerwünschtes (sündhaftes) menschliches Verlangen. Die Kirche arrangierte sich mit den gesellschaftlichen Veränderungen. So schreibt Cipolla über das Mittelalter: „Die Geistlichkeit und die Ritter beherrschten die Gesellschaft und verfügten über den größten Teil des Vermögens. (...) Ihre jeweiligen Ideale waren Beten und Kämpfen“ (CIPOLLA 1983, 4). Reichtum wurde durch die unteren Schichten geschaffen, dies waren die Unfreien. Produktion war das Mittel, Frömigkeit und Ritterlichkeit aber waren die Ziele. Das Praktische wurde nicht verneint. Praktisch war das Ausbeuten derer, die den Reichtum erzeugten. Die unteren Schichten gaben sich mit ihrem Los zufrieden, sie nahmen auch die kulturellen Werte der Oberschicht hin. Eine hohe Produktivität konnte durch die grundherrschaftliche Organisation nicht erzielt werden (vgl. CIPOLLA 1983, 5). „Der Bürger der mittelalterlichen Stadt war im Regelfall Kaufmann, aber nicht länger der abgebrühte Abenteurer des finsteren Mittelalters. Er hatte sich langsam zu einer vergleichsweise kultivierten Persönlichkeit entwickelt, die ihren Stolz darin setzte, zur Errichtung eines schönen öffentlichen Gebäudes, zur Eröffnung einer Schule oder eines Spitals, überhaupt zu Wohlstand und Bedeutung seiner Stadt beizutragen. Wenn er sich besah, was er und seine Mitbürger leisteten, durchdrang ihn das Gefühl, dass sie „die Besseren“ wären“ (vgl. CIPOLLA 1983, 9). „All das Geld, das der Kirche von vermögenden Kaufleuten vermacht wurde, beweist, dass die Kaufleute angesichts der Moralpredigten der Kirche weiterhin starke Schuldgefühle nährten, und die Intellektuellen – Notare, Richter, Doktoren, Apotheker – stellten die Ideale und Werte der Kirche nicht in Frage“ (vgl. CIPOLLA 1983,10). Die Bürger blieben in ihrer Machtsphäre, die Kirche hatte das Sagen in geistlichen Fragen. Die Kirche war sehr entgegenkommend, die moralische Verurteilung wurde schwächer (vgl. CIPOLLA 1983, 10). „Das wahre Herzstück der Geschichte aber bildet die zivilisatorische Tatsache jener festgefügten Gesellschaften von Bürgern, die so stolz auf ihre Leistungen waren und meinten, dass sie die ‚Besseren' wären, weil sie taten, was sie taten“ (CIPOLLA 1983, 11). Von der Entstehung der selbstbewussten Kaufmannsschicht hin zum Kapitalismus war es aber noch ein weiter Weg. Ende des 19. Jahrhunderts erkannte die katholische Kirche die negativen Seiten des liberalen Kapitalismus und in der Enzyklika Rerum novarum, die den eigentlichen Beginn der katholischen Soziallehre darstellt, werden erstmals die brennenden Themen des Kapitalismus wie Eigentum und gerechter Lohn aufgegriffen.

auch wenn er nur sechs Pence für sein Vergnügen ausgibt, nicht dies allein berechnen, er hat nebendem noch fünf Schillinge ausgegeben oder vielmehr weggeworfen“ (WEBER 2005, 75).

In Franklins Zitat wird von Opportunitätskosten gesprochen – Kosten, die heute selbstverständlich in die Preiskalkulation aufgenommen werden. Dahinter steckt aber auch ein neuer Geist, eben der Geist des Kapitalismus. Alternativkosten, d.h. Opportunitätskosten müssen eben auch erwirtschaftet werden.[35] Nichtstun wird im Kapitalismus als nicht genützte Chance betrachtet. Alles wirtschaftliche Tun ist nach Webers Theorie ein Ausdruck für das gottgewollte Handeln auf dieser Welt. Wer erfolgreich ist, kann hoffen, von Gott als gerettet vorherbestimmt zu sein. Nach dieser Theorie ist nicht die Lust am Luxus, die Möglichkeit, sich ein schönes Leben leisten zu können, der Grund für die Entstehung des Kapitalismus, sondern ein Hoffen auf das Auserwählt-Sein (vgl. WEBER 2005 u. 2006).

Vereinfacht können wir Webers These so zusammenfassen: Das Erwirtschaften von Kapital wird zum Selbstzweck und Arbeit zur Arbeitstugend. Dahinter steckt der calvinistische Protestantismus.

Es gibt aber noch einen weiteren Punkt, den wir in diesem Zusammenhang kurz aufarbeiten müssen: Weber entwickelte auch ein neues Verständnis von Rationalität und definiert ihr Verhältnis zur Religion auch neu. Durch die Aufklärung war Rationalität zum Ziel der menschlichen Gesellschaft geworden. Religion wurde eine arationale und hemmende Rolle zugewiesen. Aufklärung war ein Universalanspruch. Weber sieht das völlig anders: Erstens legt er dar, dass die

---

35 So werden in den Preis nicht nur explizite Kosten, sondern auch implizite Kosten eingerechnet. Es liegt auf der Hand, dass bei der Preisberechnung einer Handelsware Personalkosten, Handelswareneinsatz, Lager- und Transportkosten, Kosten des Marketings, die Abschreibung der abnutzbaren Anlagegüter, Steuern und andere explizite Kosten eingerechnet werden. Die Kosten müssen in die Verkaufspreise eingerechnet werden, weil über den Verkauf ja die Kosten wieder abgedeckt werden sollen. Schlägt man noch den Gewinnaufschlag dazu, dann erhält man den Nettoverkaufspreis. Eine derartige Kalkulation wäre aber nicht ganz richtig, denn sie enthält keine Opportunitätskosten. Diese enthalten z. B. nicht den Unternehmerlohn. Wenn jemand selbstständig tätig ist, verzichtet er/sie auf ein unselbstständiges Einkommen. Da der Unternehmer/die Unternehmerin aber auch ein Einkommen erzielen muss, müssen diese Kosten auch in den Preis eingerechnet werden. Diese impliziten Kosten müssen als Opportunitätskosten auch in den Preis hineingerechnet werden (weitere Opportunitätskosten wären z. B. Zinsen des Eigenkapitals oder fiktive Mieten). Der mit den Kosten und dem Gewinnaufschlag (Gewinn ist Risikoabgeltung und notwendig für zukünftige Investitionen) berechnete Preis stellt die betriebswirtschaftliche Preisuntergrenze für den einzelnen Unternehmer dar. Welche Preise tatsächlich erzielt werden, hängt in der Marktwirtschaft vom Angebot und der Nachfrage am Markt ab (vgl. TAFNER 2009, 34-42).

abendländische Rationalität nicht die einzige sei und es daher auch keine „für sich seiende, substantielle Rationalität“ gebe (KÜENZLEN 1980, 33). Zweitens ist Religion nicht arational, sondern folgt einer eigenen Rationalität. Drittens sei die geschichtliche Entwicklung der Rationalisierung keine Fortentwicklung der nichtreligiösen Rationalität. Die Religion kann vielmehr selbst zur treibenden Kraft werden.

Der Kapitalismus ist geprägt von einer ganz eigenen Rationalität.[36] Es ist nicht das Gewinnstreben, nicht die Gier, nicht das Kalkulieren – das hat es immer gegeben. Das Wesentliche ist die bestimmende Kraft dieser Wirtschaft, die sich auf die ganze Kultur ausgebreitet hat. Es ist also die Totalität dieser Rationalität. Wie konnte sich diese Totalität entfalten? Für Weber konnte dahinter nur eine religiöse Kraft, die Kraft einer Religion stecken. Das war aber in der Zeit Webers ein ungeheuerlicher Gedanke, galt ja Religion – wie bereits erwähnt – als arationaler Hemmschuh in der Entfaltung der Aufklärung (vgl. KÜENZLEN 1980, 32-37). Völlig anders Weber: „Man kann eben das Leben unter höchst verschiedenen letzten Gesichtspunkten und nach sehr verschiedenen Richtungen hin ‚rationalisieren’. Der ‚Rationalismus’ ist ein historischer Begriff, der eine Welt von Gegensätzen in sich schließt, und wir werden gerade zu untersuchen haben, wes Geistes Kind diejenige konkrete Form ‚rationalen’ Denkens und Lebens war, aus welcher jener ‚Berufsgedanke’ und jenes (...) sich Hingeben an die Berufsarbeit erwachsen ist, welches eine der charakteristischen Bestandteile unserer kapitalistischen Kultur war und noch immer ist. Uns interessiert hier gerade die Herkunft jenes irrationalen Elementes, welches in diesem, wie in jedem ‚Berufsbegriff’ liegt“ (WEBER 2006, 96). Das ist ein neuer Zugang: Rationalität kann von verschiedenen Seiten her definiert werden. Was rational und was irrational ist, bestimmen die Werthaltungen. Damit widersprechen einander Religion und Rationalität nicht mehr. Irrational kann etwas nur von einem ganz bestimmten Gesichtspunkt aus sein. Etwas kann also nicht an sich irrational sein. Rationalität scheint nur vordergründig eindeutig zu sein. Das Bedeutende am Geist des Kapitalismus ist nun darin zu sehen, dass eine religiöse Kraft einen starken, neuen Rationalismus geformt hat. Nicht der Rationalismus als eigene, autonome Kraft, sondern die „rationale Ethik einer Religion [hat] den Weg in die Moderne wesentlich bestimmt“ (vgl. KÜENZLEN 1980, 39.). Der Protestantismus calvinistischer Prägung ermöglichte also den Kapitalismus. „Der siegreiche Kapitalismus jedenfalls bedarf, seit er auf mechanischer Grundlage ruht, dieser Stütze nicht mehr“ (WEBER 2004, 201).

36 Eine These, die weiter unten Luhmann durch einen völlig anderen Zugang bestätigt. Bei Luhmann haben alle Subsysteme der Gesellschaft eine eigene Logik ausgeprägt. Als rational wird in der Gesellschaft betrachtet, was im Sinne dieser als logisch verstanden wird. Luhmann kritisiert aber auch diese Art der Rationalität (siehe dazu weiter unten).

4.1.2 Walter Benjamin und der Kapitalismus als Religion

Sah Weber eine spezifische Religion als prägende und treibende Kraft für den Kapitalismus, ging Walter Benjamin in seinem Fragment „Kapitalismus als Religion“ noch einen wesentlichen Schritt weiter: Kapitalismus ist Religion. Benjamin: „Im Kapitalismus ist eine Religion zu erblicken, d.h. der Kapitalismus dient essentiell der Befriedigung derselben Sorgen, Qualen, Unruhen, auf die ehemals die so genannten Religionen Antwort gaben“ (BENJAMIN 2004, 15). Sein Fragment lässt m. E. viele Fragen offen[37] und erschließt seinen Zugang nicht klar, insbesondere sein Bezug zum Übermenschen.[38] Es lässt sich in folgende vier Punkte zusammenfassen: Erstens beschränke der Kapitalismus als Religion sich ausschließlich auf kultische Handlungen; es gebe keine Theologie oder Dogmatik. Zweitens dauere der Kult ständig an. Drittens böte die Religion keine „Entsühnung“ an, sondern schaffe im Gegenteil ein immer größeres Schuldbewusstsein, das nie mehr gut zu machen sei. „Es liegt im Wesen dieser religiösen Bewegung, welche der Kapitalismus ist <,> das Aushalten bis ans Ende <,> bis an die endliche völlige Verschuldung Gottes, den erreichten Weltzustand der Verzweiflung auf die gerade noch gehofft wird. Darin liegt das historisch Unerhörte des Kapitalismus, dass Religion nicht mehr Reform des Seins sondern dessen Zertrümmerung ist. Die Ausweitung der Verzweiflung zum religiösen Weltzustand aus dem die Heilung zu erwarten sei. Gottes Transzendenz ist gefallen. Aber er ist nicht tot, er ist ins Menschenschicksal einbezogen. Dieser Durchgang des Planeten Mensch durch das Haus der Verzweiflung in der absoluten Einsamkeit seiner Bahn ist das Ethos das Nietzsche bestimmt. Dieser Mensch ist der Übermensch, der erste der die kapitalistische Religion anerkennend zu erfüllen beginnt“ (BENJAMIN 2004, 16). Viertens wird Gott verheimlicht, er darf erst am Gipfel der Verschuldung angesprochen werden. Der Kult dient einem ungereiften Gott. „Der Gedanke des Übermenschen verlegt den apokalyptischen „Sprung“ nicht in die Umkehr, Sühne, Reinigung, Buße, sondern in die scheinbar stetige, in der letzten Spanne aber sprengende, diskontinuierliche Steigerung. Daher sind Steigerung und Entwicklung im Sinne des „son facit saltum“ unvereinbar. Der Übermensch ist der ohne Umkehr angelangte, der durch den Himmel durchwachsene, historische Mensch. Diese Sprengung des Himmels durch gesteigerte Menschhaftigkeit, die religiös (auch für Nietzsche) Verschuldung ist und bleibt <,> hat Nietzsche pr<ä>judiziert. Und ähnlich Marx: der nichtumkehrende Kapitalismus wird mit Zins und Zinseszins, als wel-

37 Einige seiner Gedanken bleiben unklar.

38 Dirk Baecker hat eine Reihe an Aufsätzen im Buch „Kapitalismus als Religion“ herausgegeben, die sich mit dem Fragment Walter Benjamins von verschiedenen Seiten auseinandersetzen (vgl. BAECKER 2004). Es ist nicht möglich, alle diese Zugänge in dieser Arbeit aufzuarbeiten.

che Funktion der Schuld (siehe die dämonische Zweideutigkeit des Begriffs) sind, Sozialismus“ (BENJAMIN 2004, 16f).

Der Kapitalismus ist nach Benjamin ein Parasit, der aus dem Christentum entsprungen sei und deshalb die ganze Geschichte des Christentums zur Geschichte des Kapitalismus werde (vgl. RYKLIN 2004, 61f). „Es gebe keine vom Kapitalismus unabhängige Geschichte des Christentums! Eine revolutionäre These, oder etwa nicht? (...) Die Originalität von Benjamins Ansatz liegt also, wie wir sehen, darin, dass er im Unterschied zu Max Weber den Kapitalismus nicht mit Religion als etwas aus der Vergangenheit Überkommenem verbindet, das sich in einem neuen Klima lediglich weiterentwickelte (beispielsweise zur protestantischen Ethik), dabei aber seinen früheren dogmatisch-theologischen Kern bewahrte. Nein, Benjamin hält den Kapitalismus selbst für Religion. Schon für sich genommen sei der Kapitalismus eine Religion, ein Kult ohne Dogmatik und Theologie“ (RYKLIN 2004, 62).[39]

Zusammengefasst kann festgehalten werden, dass Benjamin den Kapitalismus als Religion sieht. Es geht nicht um die Reform des Seins, sondern um dessen Zertrümmerung. Die Geschichte des Christentums wird zur Geschichte des Parasiten Kapitalismus.

4.1.3 Robert H. Nelson und die Volkswirtschaftslehre als Religion

In Nelsons Buch „Economics as Religion from Samuelson to Chicago and Beyond“ wird die Volkswirtschaftslehre zur Religion und Volkswirte werden zu Priestern. Nelson verfolgt m. E. mit seinem Buch mehrere Ziele: Erstens möchte er aufzeigen, wie stark volkswirtschaftliche Theorien letztendlich eine Glaubenssache sind. Zweitens zeigt er auf, dass die ganze Volkswirtschaftslehre um ein grundsätzliches Paradoxon kreist, das als Frage so formuliert werden könnte: Wie kann der notwendige Eigennutz mit gesellschaftlichen Zielen vereint werden? Die Antwort sieht Nelson darin, dass eine „efficient religion“ für die entsprechenden Werte sorgen muss – und das ist die Volkswirtschaftslehre. Drit-

39 „Diesen theoretischen Einsichten in das Verhältnis von Kapitalismus und Religion kommt heute eine noch nie da gewesene Aktualität zu. Schon ein kurzer Blick in die Welt der Werbung widerlegt alle Rede vom Rückgang des Religiösen. Auch wenn die Kirchen gesellschaftlich an Bedeutung verloren haben, zeigt sich in der Werbung ein Boom des Religiösen. Noch nie war die Reklame so voll von religiöser Symbolik und kirchlichen Charakteren. In Regensburg haben Hagen Horoba und Andreas Fuchs, zwei junge Theologen, über vierhundert Bilder aus der Werbung, die deutliche religiöse Bezüge aufweisen, digitalisiert und zur Weiterverwendung ins Internet gestellt (http://www.glauben-und-kaufen.de). Sie formulierten dazu auch einige Thesen, die das Verhältnis von Werbung und Religion reflektieren“ (PALAVER 2003).

tens kritisiert er die Modellannahmen der zwei großen herrschenden Volkswirtschaftstheorien, insbesondere die unterstellte vollkommene Information der Marktteilnehmer. Nelson sieht in der Institutionsökonomie einen Ausweg.[40] Das Buch ist daher m. E. vor allem als eine sehr lesenswerte Kritik an bestehenden volkswirtschaftlichen Lehrmeinungen zu verstehen, hat aber trotzdem religionsökonomische Facetten, die es Wert sind, hier aufgenommen zu werden.

Nelson zeigt am Beginn seiner Ausführungen auf, dass es in der Volkswirtschaft ein grundsätzliches Paradoxon gibt: Marktwirtschaft basiert auf Eigennutzen. Die Verfolgung des Eigennutzens gefährdet jedoch durch so genanntes opportunistisches Verhalten den Markt. Es geht also um die entscheidende Frage des Eigennutzens in der Gesellschaft und die Verträglichkeit beider. James Coleman hat 1987 erstmals von „social capital" und seiner Bedeutung für die Wirtschaft gesprochen (siehe dazu 4.3). Es gibt heute Volkswirte, die glauben, dass das Sozialkapital, insbesondere das Vertrauen als wesentlicher Teil des Sozialkapitals, wichtiger für die wirtschaftliche Entwicklung sei als die Produktionsfaktoren.[41] Nelson verweist darauf, dass aber nicht erklärt wird, wie dieses Vertrauen und andere kulturelle Werte geschaffen werden sollen (vgl. NELSON 2001, 1-6). Auch die Bedeutung der Kultur für die Ökonomie ist in den letzten Jahren erkannt worden: Werte, die es ermöglichen, dass der Eigennutzen möglich ist und trotzdem die Gesellschaft nicht in Gefahr gerät. „Culturally (...) a key requirement for a market system will be a set of values in society that offers vigorous encouragement to self-interest in the market and yet maintain powerful normative inhibitions on the expression of self-interest in many others less socially acceptable areas. This all creates a paradox. (...) One way of resolving this market paradox could be a religion with the following special tenets of belief:

40 So schreibt Oslington in seiner Rezension über das Buch von Nelson m. E. nicht ohne Untertöne: „ Nelson develops his claims about the religious nature of economics through a discussion of some major strands of twentieth century American economics. He begins with Paul Samuelson, Nobel Laureate and author of the bestselling 1948 text book Economics. Samuelson is for Nelson the high point of a gospel of economic progressivism that developed through twentieth century America. Next we have the Chicago School of Frank Knight, Milton Friedmann, George Stigler, Richard Posner and Gary Becker who for Nelson are united by a distrust of the gospel of progressivism. They are categorized as "Protestant" critics of the "Catholic" progressives. Finally we have the heroes of the story – the New Institutionalist School of Ronald Coase, Oliver Williamson and others" (OSLINGTON 2001). Die Institutionenökonomik wird in der Kritik an der klassischen Religionsökonomie und ihrem Zugang mit Hilfe der rational choice theory bedeutend sein (siehe weiter unten).

41 Unter Produktionsfaktoren versteht man: Arbeit (inkl. Knowhow), Kapital (hier im Sinne von Realvermögen) sowie Grund und Boden. Die Quantität und Qualität dieser Faktoren bestimmt nach klassischer Ansicht das Potential des Wirtschaftswachstums (vgl. TAFNER 2008, 14). „Kenneth Arrow recently declared that economists in the future will routinely have to incorporate new forms of analysis of „social variables" (NELSON 2001, 2).

Whatever the theological grounds might be, one tenet of the religion should dictate strong approval of ordinary effort to maximize business profits in the market. However, another tenet should impose a strong religious disapproval of the many other kinds of self-interested actions that might tend to undermine the workings of markets and to have other undesirable social consequences. (...) The practical consequences of religion can be integrated easily enough into economic analysis – treating religious values as a key influence in shaping a given individual structure of "preferences". But the sources of religious belief represent a much less familiar and much less comfortable ground for economic analysis. Yet the successful workings of an economic system may depend heavily on the specific character of religious beliefs that serve to provide a normative foundation for the market. Achieving a more efficient economy may depend on having a more "efficient" religion. A surprising possibility is thus raised: it might not be economists but theologians who are the most important members of society in determining economic performance. The nations that grow most rapidly may be the nations with the "better" religions, the religions that are able to establish a set of cultural norms that create a higher level of social capital for their economies – religions that, among other things, resolve the market paradox in a satisfactory way. However, a still more radical possibility exists. It may the economists have themselves been acting in the requisite religious capacity. Startling as the thought must be to most current economists, it may be that their most important social role has been as preachers of a religion with the special character that it acts to uphold the normative foundation required for a rapidly growing modern economy. Indeed, in this book I will make precisely this argument. (...) The religious purpose of the market is to ensure maximal efficiency in the use of the material resources of society, and thus rapid movement of American society along a route of economic progress in the world" (NELSON 2001, 6 u. 8f).[42]

Nelson sieht Fortschritt als einen Schritt zum Himmel auf Erden. Gott und seine Vertreter auf Erden sollten verlautbaren, dass Eigennutz innerhalb des Marktes zum göttlichen Plan gehöre, andere Formen des Eigeninteresses jedoch der göttlichen Ordnung widersprächen. In der modernen Welt, in der die traditionellen Religionen weniger Einfluss hätten, sei es Aufgabe einer neuer Priesterschaft, nämlich den Volkswirt/inn/en, die normativen Grundlagen des Marktes zu legen. Dies sei auch deshalb ihre Aufgabe, weil die traditionellen, alten Religionen Eigennutz in allen Bereichen, auch in dem des Marktes, ablehnten (NELSON 2001, 9-11).

Über weite Strecken des Buches kritisiert Nelson die Zugänge der zwei bestehenden volkswirtschaftlichen Lehrmeinungen, auf die ich hier nicht eingehen

---

42 Dieses Zitat wird man wohl vor dem Hintergrund amerikanischer Zivilreligion verstehen müssen. Für diesen Hinweis danke ich Fr. Prof. Bechmann.

kann (Teil 2: Theological messages of Samuelsons's economics und Teil 3: The gods of Chicago. Vgl. NELSON 2001, 52-207).[43] Beide Lehrmeinungen werden im Lehrbuch Samuelsons äußerst erfolgreich an Studenten weitergegeben. Dieses Buch ist seit 1948 ein absoluter Bestseller. Nelson beschreibt es auch als Evangelium (gospel). Morse meint daher auch, dass Nelsons Buch als Kritik an der vorherrschenden Lehrmeinung auch von Studenten gelesen werden soll. Nelson weist immer wieder darauf hin, dass die wirtschaftlichen Debatten über dahinter liegende Werte und nicht über die technische Seite der Volkswirtschaft geführt werden. Es wäre auch sicher korrekter, diese Debatten als philosophische Fragestellungen zu verstehen und sie nicht mit technischem, mathematischem Jargon zu überlagern (vgl. MORSE 2001). In diesem Sinne können wir auch die Ökonomie als Glaubenslehre verstehen.

Nelson verwendet immer wieder religiöse Begriffe und den Terminus Religion, ohne diese jedoch zu definieren. Ebenso hängen für ihn implizit Werte und Moral eindeutig mit Religion zusammen, ohne jedoch dies explizit so darzulegen. Ebenso bleibt er eine Erklärung von Priesterschaft schuldig, die eine große Rolle in seinem Zugang spielt. Kurz gesagt: Religionswissenschaftlich ist das Buch m. E. mangelhaft. Obwohl ständig auf Religion bezogen, wird die religiöse Dimension der Wirtschaft nicht behandelt. Schließlich muss Religion wohl mehr sein als ein Mittel zur Reduktion von Transaktionskosten (vgl. OSLINGTON 2001).

---

43 In der Volkswirtschaftslehre gibt es zwei vorherrschende Lehrmeinungen: Die Klassiker bzw. Neoklassiker stellen das Individuum und die Märkte in den Mittelpunkt. Der Preis, der am Markt entsteht, gibt den Individuen vor, was sie kaufen und verkaufen, was sie anbieten und nachfragen sollen. Marktversagen gibt es nur zu einem kleinen Ausmaß. Als erster Klassiker kann Adam Smith mit seinem Werk „An Inquiry into the wealth of nations" (1776) gesehen werden, in dem er die Bedeutung der Märkte und der Arbeitsteilung für den Wohlstand beschreibt. Die klassische Theorie bestimmte das volkswirtschaftliche Denken seit Beginn der industriellen Revolution bis zur großen Weltwirtschaftskrise am Beginn der 30er Jahre des vorigen Jahrhunderts. Dann konnte die Theorie keine Erklärung für die lang anhaltende Arbeitslosigkeit und Depression geben. John Maynard Keynes erkannte die Notwendigkeit des Staatseingriffes in einer derartig schwierigen Lage. Er wurde mit seiner Lehre zum Begründer der Makroökonomie, weil er seine Eingriffe nicht über die einzelnen Märkte, sondern gesamtwirtschaftlich erklärte. Keynesianer sehen also, dass die Märkte in bestimmten Situationen versagen können und daher die Eingriffe des Staates notwendig sind. Vor allem in ökonomischen Situationen, in denen die Erwartungen der Unternehmen und Haushalte negativ sind, ist es notwendig, dass der Staat eingreift und investiert. Keynes beschreib dies in seinem Werk „The General Theory of Employment, Interest and Money" (1936) als „socialisation of investment", was auch von einigen mit „Verstaatlichung" übersetzt wurde. Keynes sieht aber grundsätzlich auch die Bedeutung der Märkte, erkannte aber stärker als die Neoklassiker die Möglichkeit des Marktversagens und damit auch die Notwendigkeit des Eingriffes (vgl. TAFNER 2009, 84-95). Samuelson steht in der Tradition von Keynes und die Schule von Chicago in der der Neoklassik.

Das Erstaunlichste an diesem Buch bleibt aber, dass einerseits für die Kritik an volkswirtschaftliche Lehrmeinungen und deren Vermittlung religiöse Begriffe herangezogen werden und andererseits ein Volkswirtschaftsprofessor aus Maryland die Bedeutung seiner eigenen Zunft trotz aller Kritik an ihren Zugängen und Vermittlungen ins Religiöse heben möchte. Ja, er möchte dieses Religiöse sogar noch steigern und übertreffen, in dem er sich auf die Suche nach der effizienten Religion begibt – eine Volkswirtschaftslehre, deren Anwendung höheren ökonomischen Output ermöglicht,[44] m. E. ein Zugang, der nur in den USA denkbar ist. So finden wir auch in Samuelsons Lehrbuch als Einführung des Kapitels 6 mit dem Titel „Production and Business Organization“ folgenden Spruch von Calvin Coolidge: „The business of America is business“ (SAMUELSON u. a. 2001, 108).

Zusammenfassend können wir festhalten, dass der Ansatz von Nelson nicht religionswissenschaftlich fundiert, sein Zugang aber religionswissenschaftlich höchst interessant ist: Volkswirtschaft müsse den Menschen erklären, dass sie am Markt egoistisch, aber in der Gesellschaft sozial denken und handeln müssten. Dieses Paradox von Eigennutz und gesellschaftlichen Zielen könne nur von einer „efficient religion“ gelöst werden; dies sei eine Volkswirtschaftslehre, die auch das Vertrauen berücksichtige und damit Fortschritt ermögliche, der ein Schritt zum Himmel auf Erden sei.

44 „Weniger bekannt (…) ist das Buch des deutschen Ökonomen Alexander Rüstow, einem Vertreter der sozialen Marktwirtschaft, das 1945 unter dem Titel „Das Versagen des Wirtschaftsliberalismus“ als religionsgeschichtliches Problem erschien. Im Unterschied zu Weber behauptete Rüstow keine christliche Verursachung des Kapitalismus, sondern stellte die Frage nach den theologischen Voraussetzungen jenes Laissez-faire-Liberalismus, der der völlig ungebändigten Wirtschaft das wunderbare Hervorbringen des Allgemeinwohls aus dem egoistischen Handeln der E[!]inzelnen nachsagte. Nach Rüstow lässt sich diese bei Adam Smith - dem Begründer der Volkswirtschaftslehre - als "unsichtbare Hand" (Smith, Wohlstand 371) beschriebene Logik auf heidnische Wirtschaftstheologien zurückführen. So wie die griechischen Denker Heraklit und Pythagoras, die am Beginn der westlichen Philosophie stehen, die ganze Welt von einer unsichtbaren Harmonie bestimmt sahen, so glaubten auch die Väter des Wirtschaftsliberalismus an eine geheimnisvolle Harmonie, die ohne alle staatliche Eingriffe von selbst zum allgemeinen Wohlstand führen würde. Für den St. Gallener Ökonomen Hans Christoph Binswanger ist diese Wirtschaftstheologie bis heute für die Ökonomie bestimmend geblieben. In seinem Buch „Die Glaubensgemeinschaft der Ökonomen“ zeigt er, dass nur der Glaube an den positiven Beitrag der Wirtschaft zum Gemeinwohl die heute sich wieder ausbreitende theoretische und praktische Reduktion des Menschen auf den egoistisch handelnden Wirtschaftsmenschen, den "Homo oeconomicus", rechtfertigt“ (PALAVER 2003).

4.1.4 Religionsökonomie und islamische Ökonomie

„Beide Systeme [Kapitalismus und islamische Ökonomie] kennen das Prinzip eines freien Marktes. Der Kapitalismus strebt hier eine strenge Nutzenmaximierung der eigenen, wirtschaftlichen Position an, die zur Ausbeutung der schwächeren Teilnehmer führt.[45] Der Islam versucht, diese Ausbeutung durch die Überordnung religiöser Leitwerte so weit wie möglich zu verhindern und zu reduzieren" (IMRAN 2008, 21).

Die Muslimen stellen keine homogene, monolithische Einheit dar. Es gibt verschiedene Ausformungen und Ausprägungen, die aber alle eine entscheidende Gemeinsamkeit aufweisen: die Berufung auf den Koran (NIENHAUS 1982, 30-34). „Gleichgültig, ob man den Islam als umfassendes weltanschauliches System oder lediglich als Morallehre versteht, man wird in jedem Fall zugestehen müssen, dass sich die ethischen Grundsätze auch auf das Wirtschaftsleben erstrecken, ja erstrecken müssen, denn das folgende Argument eines Vertreters der christlichen Gesellschaftslehre lässt sich zweifellos auch auf den Islam übertragen: ‚Es gibt keine abstrakte, vom Menschen und seinem Gewissen losgelöste Wirtschaft. Alles Wirtschaften ist menschliche Entscheidung und damit dem Sittengesetz unterstellt. Die christliche Ethik ist zwar nicht das Gebiet, aber doch das Gebot der Wirtschaft'" (HÖFFER in NIENHAUS 1982, 62). Die islamische Ökonomik greift aber unmittelbar auf die Primärquellen zurück und leitet das wirtschaftliche Handeln daraus ab, denn das islamische Wirtschaftsrecht ist Teil des islamischen Rechts.[46] Der große Unterschied liegt darin, dass in der

45 Hier wird keine Unterscheidung der Wirtschaftsordnungen innerhalb des Kapitalismus vorgenommen. Der Kapitalismus selbst konstituiert sich in verschiedenen Ausprägungen. Auch die soziale Marktwirtschaft ist eine derartige. Es wird also der Kapitalismus in seinen negativen Ausprägungen dem Ideal der islamischen Ökonomie gegenüber gestellt. Ersichtlich wird dieser rhetorischer Kunstgriff auch an der Verwendung kommunistischer Terminologie.

46 „Das islamische Recht ist von westlichen Rechtsordnungen nicht so grundverschieden, wie dies häufig angenommen wird. Vielfach herrscht in westlichen Ländern die Vorstellung, das islamische Recht sei sehr exotisch, von den europäischen Rechtsordnungen völlig verschieden und ohne jegliche Gemeinsamkeit. Dies ist aber eine falsche Vermutung. Sie beruht auf den immer wieder in den Medien erscheinenden Berichten über Körperstrafen, über nicht allgemein anerkannte Rechtsauffassungen von Extremisten und über Willkürakte in Staaten mit islamischer Bevölkerung, die von dortigen Regierungen meist als islamisch hingestellt werden, um ihr Handeln zu rechtfertigen. Körperstrafen kennt das islamische Recht tatsächlich. Allerdings setzen das materielle Recht wie auch das Prozessrecht sehr strenge Voraussetzungen für deren Anwendung. In prozessuraler Hinsicht etwa gilt der Grundsatz in dubio pro reo, wobei das Gericht angehalten ist, nach Entlastung zu suchen. Außerdem sei darauf hingewiesen, dass manche islamische Juristen die Frage des Strafmaßes nicht für unveränderlich halten, auch wenn sie im qur'ān festgelegt ist. Manche extremistische Bewegung legt die Rechtsquellen auf eine Art und Weise aus,

jüdisch-christlichen Betrachtung der Ökonomie unmittelbar aus der Heiligen Schrift keine direkten Erkenntnisse gezogen werden können und dass die Anleitungen für ökonomisches Handeln von profanen wissenschaftlichen Erkenntnissen mit abhängen (vgl. NIENHAUS 1982, 75).[47] Kalisch weist darauf hin, dass es im islamischen Recht keine Unterscheidung zwischen Ethik und Recht gibt. „Das gesamte islamische Recht richtet sich mit all seinen Normen an den/die Gläubige/n, der/die diese einhalten muss. (...) Das gesamte Handeln des Menschen, ja selbst seine Gedanken, werden vom islamischen Recht also als Gegenstand rechtlicher Regelungen aufgefasst" (KALISCH 2006, 105).

Die verschiedenen Ausprägungen des Islam schlagen sich auch in der Auslegung der islamischen Ökonomie nieder. So haben die Teilnehmer in der Österreichischen Imam-Konferenz 2005 festgelegt, dass der Islam die Grundsätze des Pluralismus, der Rechtsstaatlichkeit und der Demokratie anerkennt und Muslime vollwertige Mitglieder der österreichischen Gesellschaft sind (vgl. ÖSTERREICHISCHE ISLAMISCHE GESELLSCHAFT 2005). Dies schließt m. E. auch das europäische Recht, insbesondere das Wirtschaftsrecht ein, in dem – wie bereits erwähnt – ein Mitgliedsstaat der EU eine offene Marktwirtschaft aufweisen muss. Es ist dies also auch ein Bekenntnis zur österreichischen, europäischen Wirtschaftsordnung, die keine islamische Ökonomie darstellt. Kalisch unterscheidet daher zwischen einer islamischen Wirtschaftsethik einerseits in einer islamischen und andererseits in einer nichtislamischen Umwelt. Grundsätzlich gelten für einen Muslim, eine Muslima auch im nichtislamischen Umfeld (dār

---

die von der großen Mehrheit der islamischen Juristen abgelehnt wird (...) Korruption und Willkür, die in Staaten mit islamischer Bevölkerung anzutreffen sind, haben mit dem islamischen Recht nichts zu tun (wobei die meisten dieser Staaten ohnehin das islamische Recht fast völlig abgeschafft und durch europäische oder an das europäische Recht angelehnte Rechtsordnungen ersetzt haben)" (KALISCH 2006, 106f).

47 „Koran und Sunna sind für die Konzeption einer islamischen Wirtschaftsordnung zweifellos von grundlegender Bedeutung; aber weder Ansätze, die den Inhalt dieser weltanschaulichen Grundlagen relativ willkürlich auf ein paar abstrakte „Axiome" reduzieren, noch solche, die die analytisch unreflektierte Übernahme und Anwendung von Regelungen und Grundsätzen, die ihren Ursprung im Arabien des 7. Jahrhunderts haben, empfehlen, sind überzeugend. Eine Betrachtung der christlichen Soziallehre könnte hier interessante Erkenntnisse bringen, denn die wirtschaftsethische Ausgangsposition ist ja in wesentlichen Fragen praktisch identisch; herrschende Meinung auf christlicher Seite ist aber wohl, dass „unmittelbar aus der Heiligen Schrift oder den Kirchenvätern geschöpfte Erkenntnisse ohne sozialphilosophische und überhaupt philosophische [d. h. wissenschaftlich-analytisch] Verarbeitung nicht Bestandteil katholischer Gesellschaftslehre werden können und dass hier das Ergebnis von der Art der angewandten Philosophie abhängt" (GRUNDLACH, Gustav (1959): Katholische Soziallehre, in: Staatslexikon, Bd. 4, 6. Aufl., Freiburg: Herder, Sp. 910-930, hier Sp 915.) (NIENHAUS 1984, 75).

al-harb[48]) die Normen des Islam, was aber keinesfalls bedeutet, dass diese Normen dem nichtislamischen Umfeld aufgezwungen werden sollen, denn das fremde Rechtssystem und der Staat müssen respektiert werden. Dies lässt sich u. a. mit dem Leben des Propheten Yūsuf (Josef des Alten Testaments), der aus muslimischer Sicht natürlich ein Muslim ist, ableiten. Er diente in einem fremden Land einem fremden Herrn. Die Achtung der Gesetze führt auch zur Achtung der Wirtschaftsgesetze und damit auch des Geldwesens, das in einer kapitalistischen Gesellschaft immer mit Zinsen verbunden ist. Wie Muslime mit ihrem Zinsverbot (siehe dazu weiter unten) in einem nichtmuslimischen Land umgehen, hängt von ihrer eigenen Interpretation (iğtihād[49]) ab, denn es gibt im islamischen Recht für die heutige Zeit keine entsprechenden Regelungen. Dies ist damit erklärbar, dass die islamischen Juristen der vergangenen Jahrhunderte davon ausgingen, dass ein Muslim sich nur aus geschäftlichen oder ähnlichen Gründen auf nicht-islamischen Gebiet aufhielt und ansonsten eben im dār al-islām. In einem westlichen Land ist es heute ohne Kreditaufnahme kaum möglich, einen gewissen Wohlstand zu erreichen bzw. überhaupt seine Existenz zu sichern. Akzeptieren Muslime in einem derartigen Kontext das Zinsverbot, so erleiden sie gegenüber Nicht-Muslimen einen großen Nachteil und ihre Einhaltung des Verbotes ändert nichts am wirtschaftlichen System, denn ein Zinsverbot greift nur, wenn es von allen eingehalten wird. Aus dieser Sicht wird der Zins als ein kleineres Übel angesehen. Das wiederum heißt noch lange nicht, dass damit auch andere Verbote, wie z. B. das Glücksspielverbot aufgehoben sind (vgl. KALISCH 2006, 105 u. 123-127).

Eine islamische Ökonomie kann sich also nur auf islamischem Gebiet entfalten. „Es ist unschwer zu erkennen, dass ein islamisches Wirtschaftssystem zurzeit in keinem Land der Welt praktiziert wird und selbst, wenn ein einzelnes Land dies praktizieren wollte, so wäre es mit der Realität konfrontiert, dass es mit dieser Wirtschaftsordnung völlig allein und isoliert dastehen würde. Ein islamisches Wirtschaftssystem hätte in der Praxis nur dann eine Chance, wenn sich eine grö-

48 Dār al-harb bedeutet wörtlich „Gebiet des Krieges“ und bezeichnete Gebiete, deren Herrscher sich dem islamischen Gesetz widersetzten. Dieser Status erlaubte es muslimische Herrschern, dieses Gebiet auch militärisch anzugreifen. Dār al-islām beschrieb Gebiete, in denen das islamische Recht herrschte und die Herrscher sich als Mitglieder der muslimischen Gemeinschaft (umma) verstanden. Heute wird das Konzept nur noch ideologisch verstanden. Als drittes Gebiet gab es auch dār as-sulh, das sich vertraglich mit einer muslimischen Herrschaft gut stellte. Aus dieser Idee entstand in jüngster Zeit der Begriff „dār aš-šhāhada“, das Gebiet der Glaubensbezeugung, das für muslimische Minderheiten in Europa gilt (vgl. AUFFARTH u. a. 2006, 101f).

49 Iğtihād ist ein Begriff aus der islamischen Rechtslehre und bedeutet „Bemühung“. Der Begriff beschreibt eine „logisch-rational abgeleitete Meinung“ in Zusammenhang mit der Auslegung von Recht. In der schiitischen Tradition hat er eine größere Bedeutung als in der sunnitischen (vgl. AUFFARTH u. a. 2006, 235).

ßere Anzahl von Ländern dafür entscheiden würde, so dass ein eigener islamischer Wirtschaftsraum entstünde (eine Idee, die theoretisch von muslimischen Intellektuellen oft gefordert wird, aber praktisch in weiter Ferne liegt)" (KALISCH 2006, 119).

Woraus aber besteht eine islamische Ökonomie, was macht sie aus?

Die Frage, ob es überhaupt eine eigene islamische Ökonomie gibt, ist erst sei dem Beginn der fundamentalistischen Bewegungen der 1970er und 1980er Jahre ein Thema geworden. In den üblichen islamischen Rechtsquellen wird eher seltener auf dieses Thema eingegangen. Im Koran wird die Wirtschaftsordnung, die zur Zeit Muhammads herrschte, nicht in Frage gestellt. Privateigentum und Lohnarbeit werden positiv betrachtet, wirtschaftliche Aktivität ebenso – war ja Muhammad vor seiner Berufung selbst Kaufmann – und Erfolg gilt als gottgefälliges Werk. Mit dem Besitz gehen aber auch soziale Verpflichtungen einher. Dies drückt sich vor allem im Geben von Almosen aus. Sparsamkeit und Einfachheit sind darüber hinaus Tugenden, die Muhammad schätzte (vgl. KHOURY u. a. 2006, 605).

Es gibt eine Universal Islamic Declaration, die auf einen Beschluss des ersten „Internationalen Seminars muslimischer Gemeinschaften in der nicht-islamischen Welt" im Juli 1978 zurückgeht (Islamrat für Europa). Dabei wurden folgende Inhalte formuliert: die Lehre vom Eigentum, die Lehre vom Erwerb irdischer Güter (Arbeit, Beruf, Zinsgeschäft) und die Lehre vom Gebrauch der irdischen Güter (Verwendung zum eigenen Gebrauch, Almosen) (vgl. NIENHAUS 1982, 60-61):

Die Lehre vom Eigentum besagt, dass im Islam der Mensch Gottes Stellvertreter ist. Deshalb ist alles, was existiert, für des Menschen Gebrauch da. Gott ist aber der letzte Eigentümer, der Mensch hat nur ein Nutzungsrecht. Dieser Zugang ist mit dem christlichen eigentlich ident. Umstritten ist im Islam die Nutzung von Produktionsmitteln und Bodenschätzen durch Private. Im muslimischen Sozialismus wird Privateigentum an Produktionsmitteln abgelehnt.

Die Lehre vom Erwerb irdischer Güter geht davon aus, dass die Quelle des persönlichen Reichtums primär die eigene Leistung, d. h. Arbeit sein muss. Das Einkommen muss aus legaler Arbeit stammen. Gesetzlich ist auch das Erbe eine Quelle des Einkommens, jedoch lässt das islamische Erbrecht nicht zu, dass eine ungeteilte Übertragung größeren Vermögens an eine Person erfolgt. Bestimmte Erwerbsquellen sind im Islam verboten: Geldverleihung gegen Zinsen oder Glücksspiel.

Die Lehre vom Gebrauch irdischer Güter konstituiert, dass Gottes Gaben gleichmäßig an alle zu verteilen seien. Allerdings reichen die Vorgaben keinesfalls aus, um eine Gleichverteilung zu erreichen: Jeder soll seine legitimen Bedürfnisse durch seinen Besitz stillen, der Überschuss sollte an andere Menschen weitergegeben werden. Zakat, Spenden, Vererbung und die Hingabe des Überschusses sind Möglichkeiten des Ausgleiches. Personen, die aufgrund einer Behinderung nicht für das eigene Wohlergehen sorgen können, sollen Unterstützung durch die Gesellschaft erhalten.

Neben diesen wichtigen wirtschaftsethischen Grundsätzen gibt es einige besondere Aspekte der islamischen Wirtschaftsmoral: Dazu zählt u. a. das Prinzip der Nicht-Schädigung. Es besagt, dass andere weder geschädigt noch ungerecht behandelt werden sollen. Gewinne auf Kosten anderer oder der Gesellschaft sind unzulässig. Spekulationsgeschäfte werden abgelehnt, ebenso das Horten von Geld oder Gütern und die Monopolisierung von Märkten. Ein weiteres wesentliches Prinzip ist der Altruismus: Wohltätigkeit, Gottesgefälligkeit und Altruismus sollen das Denken des idealen Moslem bestimmen (vgl. NIENHAUS 1982, 62-70).

Bei den analytischen Bemühungen um einen Entwurf einer islamischen Wirtschaftsordnung lassen sich zwei Ansätze unterscheiden (vgl. NIENHAUS 1982, 116 - 119):

Der retrospektive Ansatz, der Medina als Modellstaat zum Ausgangs- und Bezugspunkt aller Überlegungen macht und mit Hilfe moderner wissenschaftlichen Methoden „modernisiert“ und unter heutigen Bedingungen „wiederbelebt“ werden soll.

Der deduktive Ansatz, der sich an Grundwerten und Oberzielen orientiert. Aus ihnen sollen Ordnungsentwürfe abgeleitet werden.

Im retrospektiven Ansatz findet sich ein unwandelbares Wertsystem, das sich der Änderung in der Zeit entzieht. Zwar können sich die Lebensbedingungen wandeln, doch müssen die Wertsysteme immer daran angepasst werden. Der retrospektive Ansatz lehnt modernistische Argumentationsweisen schroff ab; Medina wird zum Ideal der muslimischen Gesellschaft. „Nach den Gesetzen des Islam entscheidet nicht der gesellschaftliche Konsens über die zentralen Ziele, an denen die Wirtschaftsordnung ausgerichtet ist, sondern einzig der Koran. Dem Religionsgesetz übergeordnete Ziele gibt es auch in säkularen Bereichen nicht. Alle angestrebten gesellschaftlichen Werte müssen mit dem Religionsgesetz des Islam in Einklang stehen und aus seinen Rechtsquellen ableitbar sein. (...) Der Absolutheitsanspruch der Scharia postuliert auch bei der Gestaltung einer Wirtschaftsordnung den Vorrang der göttlichen Wahrheit von Koran und Sunna vor rationalen Argumenten" (UCUM 1998, 148).[50]

In der deduktiven Methode werden Axiome, Normen oder Oberziele außerhalb der Diskussion gestellt. Danach wird gefragt, wie diese umsetzbar sind. Dabei sind aber gewisse Einschränkungen und Nebenbedingungen, wie das Zinsverbot oder der Zakat, zu berücksichtigen.

Die wesentlichsten Besonderheiten der islamischen Ökonomie sind der Zakat, das Zinsverbot und das Eigentumsrecht. Daneben spielen verschiedene Verbote wie Alkohol- und Schweinefleischkonsum in das Wirtschaftsleben hinein. Der Zakat ist ein konstitutives Element der Finanz- und Sozialordnung des Islam. Ohne auf Einzelheiten einzugehen, kann man den Zakat als eine Abgabe von 2,5% des Wertes bestimmter Vermögenswerte und von 5% bzw. 10 % von verschiedenen landwirtschaftlichen Erträgen bezeichnen. Die Mittel dürfen nur für

---

50 Ucum legt mit seiner Arbeit „Wirtschaftsethik im Christentum und Islam. Eine volkswirtschaftliche Analyse und ein finanzwirtschaftliches Wettbewerbskonzept" eine Abhandlung vor, die ganz dem retrospektiven Zugang folgt. Der Titel des Buches entspricht m. E. nicht dem Inhalt. Es geht nach einer allgemeinen Einführung lediglich vor allem um eine Betrachtung der Zinsen und nicht der Wirtschaftsethik per se. Eine volkswirtschaftliche Analyse findet überhaupt nicht statt. Wunsch und Realität werden vermischt, wenn er schreibt: „ Die negativen Erscheinungen des kapitalistischen Systems, Materialismus und soziale Ungerechtigkeit, würden jedoch im islamischen System nicht auftreten, denn die wirtschaftliche Freiheit des Muslim unterliegt Beschränkungen. Zwar ist das Streben nach Gewinn als Ansporn für wirtschaftliche Aktivitäten zu fördern, jedoch nicht als Selbstzweck zu verstehen. Vielmehr steht es im Zeichen des göttlichen Auftrages und wird so zum Gottesdienst" (UCUM 1998, 131).
Es ist auffallend, dass die vorhandene Literatur zu diesem Thema oft die Überlegenheit der islamischen Ökonomie sowohl gegenüber dem Kommunismus als auch dem Kapitalismus herausstreicht, aber nicht empirisch nachweist. Dabei wird vor allem gegenüber dem Kapitalismus äußerst einseitig argumentiert. Ein Beispiel möchte ich dafür geben: „Der Kapitalismus steht für eine absolute Freiheit des Besitzes. Dagegen ist im Islam die Verfügungsgewalt begrenzt, wenn zum Beispiel durch den Entzug von für die Gesellschaft existentiellen Faktoren Gefahr oder massive Schädigung der Allgemeinheit drohen" (IMRAM 2008, 21). Selbstverständlich kennt der Kapitalismus in allen seinen Ausprägungen KEINE absolute Freiheit des Besitzes. Dafür sorgt das Rechtssystem, das den Rahmen für das Wirtschaften vorgibt. In einer ausdifferenzierten Gesellschaft – wie weiter unten bei Luhmann ausgeführt – übernehmen eigene Gesellschaftsbereiche ihre eigenen Funktionen: die Wirtschaft die Zuteilung der knappen Güter und das Recht die Entscheidung über Recht und Unrecht. Die Gesellschaft kann somit nur in ihrer Gesamtheit begriffen werden. Die islamische Ökonomie ist in ihrer retrospektiven Ausprägung aber ein geschlossenes System, der Vergleich islamische Ökonomie mit kapitalistischer Ökonomie also eigentlich ein nicht tauglicher, denn es müssten bei der Betrachtung des Kapitalismus auch die anderen Systeme mitberücksichtigt werden, die als Rahmenbedingungen für den Kapitalismus fungieren, wie z. B. das Recht.

bestimmte Zwecke verwendet werden: für Arme, Bedürftige, Schuldner, Reisende, Loskauf von Sklaven, für diejenigen, die für den Islam gewonnen werden sollen, für diejenigen, die für den Islam kämpfen, für die Verwaltung von Zakat. Die Berechnung ist sehr schwierig und es zeigt sich auch in der Rückschau, dass selbst in der Zeit Muhammads nicht alles abgeliefert wurde, was hätte abgeliefert werden sollen. Wie der Zakat ökonomisch wirken könnte, ist noch unklar. Für einen Staatsanteil von 40% bis 60% in einer modernen Industriegesellschaft ist der Zakat jedenfalls viel zu gering (vgl. NIENHAUS 1982, 183-190).[51]

Genaue wirtschaftliche Vorschriften kennt der Koran beim Zinsverbot (Riba). So heißt es z. B. in Sure 2,275: „Diejenigen, die den Zins verzehren, werden so aufstehen, wie der aufsteht, den der Satan packt und zu Boden schlägt. Dies, weil sie sagen: Das Verkaufen ist gleich dem Zinsnehmen. Aber Gott hat das Verkaufen erlaubt und das Zinsnehmen verboten. Wer eine Ermahnung von seinem Herrn bekommt und dann aufhört, darf das, was vorher geschah, behalten. Seine Angelegenheit wird Gott überlassen. Diejenigen aber, die es von neuem tun, sind die Gefährten des Feuers; darin werden sie ewig weilen." In der theoretischen Diskussion ist umstritten, ob unter Riba bei Darlehen nur Wucherzinsen oder jeglicher Zins gemeint sind. Die heutigen Bankzinsen würden nicht unter Wucherzinsen fallen. Zinsen für Konsumentenkredite in Notlagen gibt es sowieso kaum – diese wären klar verboten. Unter Riba-Verbot wird allerdings heute mehrheitlich ein allgemeines Zinsverbot verstanden. Im islamischen Bankensystem sucht man nach Umgehungsgeschäften, die die Zahlung von Zinsen ausschließen, aber wie solche wirken (NIENHAUS 1982, 204-208).[52] Es hat wie bei anderen Geboten und Verboten auch Rechtskniffe gegeben, um das Verbot zu umgehen.

---

51 Natürlich kennt der Islam auch noch andere Steuern, wie z. B. die Kopfsteuer, doch ist die Idee des Zakat vor allem auch eine soziale. Sozialleistungen, die in einem modernen Staat einen beträchtlichen Teil des Staatsbudgets ausmachen (in Österreich etwas weniger als ein Drittel), können mit dieser Größe allein nicht finanziert werden.

52 In „Wucherzins und Höllenqualen" stellt Jacques Le Goff die Ökonomie und Religion im Mittelalter und die Polemik um den Wucher dar. Diese Polemik stellt für ihn die „Geburtsstunde des Kapitalismus" dar. Im 13. Jahrhundert ist der Wucher eines der großen Probleme in Europa. Die Ausbreitung der Geldwirtschaft bedroht die christlichen Werte. Vom 11. bis zum 13. Jahrhundert kommt es auch zu einer neuen theologischen Vorstellung von Sünde: Nun steht die Absicht im Mittelpunkt („Moral der Absicht"). Daraus entwickelt sich auch eine Änderung in der Beichtpraxis: Die Beichte wird privat, sie wird zur Ohrenbeichte. Das 4. Laterankonzil (1215) macht die Beichte für alle Christen zwingend. Der Beichtvater muss auf die besondere Situation des Beichtenden eingehen. Selbstbeobachtung wird gefordert und damit wird der Beginn der psychologischen Moderne gesetzt. Eigene Handbücher für Beichtväter werden verfasst, der Wucher ist dabei Bestandteil, für den Wucherer gibt es eigene kurze Erzählungen, die das schlimme Ende des Wucherers dramatisch darstellen und ihn in die Hölle schicken (vgl. LE GOFF 1988, 7-13).

In der Praxis konnte sich bislang in keinem Staat ein umfassendes islamisches Wirtschaftsmodell durchsetzen, in dem sowohl die reale als auch monetäre Wirtschaft völlig nach den Vorstellungen der Scharia ablaufen. Allerdings konnte sich das islamische Finanzwesen in gemischten Systemen etablieren. Es konnten verschiedene Finanzinstrumente entwickelt werden, die zinslose Bankgeschäfte ermöglichen. Einlagen werden dabei so gestaltet, dass sie nicht Fremd- sondern Eigenkapital sind und die Kunden keine Zinsen, sondern Beteiligungsgewinne erhalten. Anstatt Kredite, die buchhaltungstechnisch für Banken Forderungen darstellen, übernehmen die Banken Beteiligungen an den Geschäften der Kunden. Dadurch kommt es zu keinem Schulden-Gläubiger-Verhältnis, sondern zu einer Partnerschaft. Als weitere zinslose Technik haben sich verschiedene Aufschlagsfinanzierungen durchgesetzt. Dabei werden eben keine Kredite vergeben und Zinsen verrechnet, sondern Geschäftsmodelle angewandt, die von Beteiligungen ausgehen. Da Kredite meist dazu dienen, dass sich der/die Kreditnehmer/in mit den erhaltenen Finanzmittel ein Vermögensgut anschafft, kauft bei der zinslosen Variante die Bank selbst das Gut und verkauft es in Raten mit einem entsprechenden Aufschlag weiter (murabaha) oder least es ebenfalls mit entsprechenden Aufschlägen an den Kunden weiter (injara). Ebenso werden zinslose Wertpapiere (so genannte sukuks) gehandelt, die den Nullkuponanleihen (Zerobonds) vergleichbar sind, bei denen es keine laufende Verzinsung gibt, da die Zinsen sich durch die Kursdifferenz am Anfang und am Ende der Laufzeit ergeben.

Die zinslosen Geschäfte der islamischen Finanztransaktionen weisen also keine Zinsen aus, doch wirken die Beteiligungszahlungen, Mieten, Rückzahlungen oder Kursdifferenzen de facto wie Zinsen. Darüber hinaus passen die Banken diese Zahlungen auch an die internationalen Zinshöhen dadurch an, dass sie entsprechende Rücklagen bilden oder auflösen (vgl. NIENHAUS 2005, 163-169).

Auch die Finanzierung von Immobilien ist mit so genannte „diminishing musharaka“ (reducing partnerships) möglich. Bei einer „musharaka“-Finanzierung bringen zwei Partner finanzielle Mittel ein. So könnte die Bank z. B. 80% und ein privater Investor 20% aufbringen. Beide erhalten entsprechende Anteile an der Immobilie. In Raten kauft der private Investor anschließend Anteile von der Bank, um seinen eigenen Anteil zu vergrößern. Nach z. B. 30 Jahren gehört die Immobilie ganz den privaten Investor. Ein derartiges Produkt bietet z. B. die Islamic Bank of Britain an und gibt die „rent rate“ (Miete) in Prozent an. Die Miete enthält natürlich auch einen Gewinnaufschlag für die Bank. Wir sehen, wie nahe diese Variante dem Zinsgeschäft ist, ohne aber formal ein solches zu sein (vgl. ISLAMIC BANK OF BRITAIN 2009).

Die Geschäftspraxis islamischer Banken sieht vor, dass ein eigener Scharia-Rat installiert ist, in dem islamische Rechtsexperten überprüfen, ob die Finanzinstrumente wohl auch mit der Scharia vereinbar sind. Es haben sich auch internationale Institutionen etablieren können, die die Geschäftstätigkeiten der islamischen Banken unterstützen, wie z. B. Accounting and Auditing Organization of Islamic Institutions (AAOIFI) oder Islamic Financial Services Board. Heute interessieren sich die Weltbank und der Internationale Währungsfonds sowie westlichen Zentralbanken für islamische Banken und ihren Tätigkeiten. Nienhaus spricht von einem gesamten Finanzvolumen von ca. € 200 Mrd. (das österreichische BIP beträgt ca. 325 US$), das die islamischen Banken verwalten (vgl. NIENHAUS 2005, 170-176). Das entspricht in etwa zwei Dritteln des österreichischen BIP.[53]

Auch in westlichen Ländern, wie Großbritannien, den USA, Südafrika oder Russland konnten islamische Banken in Nischen einsteigen.[54] Vor allem aber in Bahrein, das sich gerne als islamisches Finanzzentrum profilieren möchte, aber auch in Malaysia, Pakistan, Iran und im Sudan haben sich islamischen Bankensysteme etablieren können. „Der Beweis der Funktionsfähigkeit vollständig islamisierter Systeme steht allerdings noch aus: Pakistan ist zu einem gemischten System zurückgekehrt, in Iran dominieren die staatlichen Banken den Finanzsektor mit starken ‚Zinsneigungen' (...) In den beiden Ländern mit den am weitesten entwickelten islamischen Finanzsektoren – Bahrein und Malaysia – existieren Mischsysteme (...) Es bleibt abzuwarten, ob im Wettbewerb der Systeme die islamische Finanzwirtschaft auf Kosten des konventionellen Finanzsektors weitere Marktanteile gewinnen kann und wie islamische Finanzinstitutionen den Konflikt zwischen ökonomischer Effizienz und ideologischer Identität lösen werden" (NIENHAUS 2005, 198).

---

53 U.S. News & Reports berichtete, dass die Summe, der mit islamischen Finanzinstrumenten finanzierten Vermögenswerte, weltweit bereits $ 500 Milliarden bis einer Billion Dollar ausmacht und die jährliche Wachstumsrate 10 bis 15% beträgt (vgl. GROSE 2008). Das islamische Finanzwesen wurde darüber hinaus weniger stark von der Finanzkrise getroffen wie konventionelle Banken. Die islamischen Produkte wachsen stark und mit hoher Rentabilität (vgl. AL-ABBADI 2008).

54 In London gibt es bereits 25 Unternehmen, die islamische Finanzierungsinstrumente anbieten. Darüber hinaus offerieren viele britische Banken „Islamic windows", d. h. sie bieten zum konventionellen Geschäft auch Instrumente an, die mit der Scharia vereinbar sind. Dieser Aufschwung hat auch damit zu tun, dass die verdienten Petrodollars in einem stabilen Umfeld investiert werden müssen. Die London Stock Exchange hat in diesem Jahr begonnen, sukuks zu handeln. Auch die Britische Regierung plant, sukuks zu begeben – ein Plan, der nicht unumstritten ist. Ein Nachteil der islamischen Finanzierungsinstrumente liegt darin, dass es keine einheitlichen Standards dafür gibt, was mit der Scharia vereinbar ist und was nicht. Die Regeln sind nicht nur von Region zu Region, sondern auch von Bank zu Bank verschieden (vgl. GROSE 2008).

Die Erarbeitung einer eigenen islamischen Ökonomie ist noch nicht abgeschlossen. Als Überbegriff für die islamische Ökonomie ist bei einigen Wirtschaftstheoretikern lt. Khoury u. a. der Begriff Solidarität anzuwenden. Ein Wort des Propheten bringt dies zum Ausdruck: „Wer satt zu Bett geht, wenn sein Nachbar hungert, ist kein Muslim." In diesem Kontext wird Besitz als eine Art Treuhandschaft verstanden, denn jeder Besitz gehört Gott (vgl. KHOURY u. a. 2006, 605-607).

Die islamische Ökonomie kann in der religionsökonomischen Betrachtung so zusammengefasst werden: Sie stellt einerseits das Religiöse in den Mittelpunkt der Ökonomie, lässt aber gerade dadurch die Ökonomie selbst nicht zur Religion werden. Die einzelnen Lebensbereiche werden nicht getrennt, es findet keine Ausdifferenzierung statt. Ökonomie und Religion sind dadurch eins, sind ein geschlossenes System, denn alle Handlungen werden auf die Offenbarung Gottes zurückgeführt. Das ökonomische Handeln der Muslime unterliegt der islamischen Ethik und damit auch dem islamischen Recht.

Nach dieser kurzen Betrachtung der islamischen Ökonomie soll im nächsten Schritt die Systemtheorie Luhmanns aufgearbeitet werden und mögliche religionsökonomische Zugänge aus seiner Theorie abgeleitet werden. Gerade dieser Übergang kontrastiert die Besonderheit der islamischen Ökonomie klar.

4.2 Interdependenzen auf der Makroebene

In diesem Unterpunkt sollen potenzielle Interdependenzen von Religion und Ökonomie auf der gesellschaftlichen Ebene anhand der Theorien von Luhmann und Habermas bearbeitet werden. Die Luhmann-Habermas-Diskussion wird damit auch gewissermaßen in diese Arbeit hineingetragen, denn die Betrachtung eines der beiden Ansätze erfordert auch die Betrachtung des anderen. Diese Diskussion wird auf soziologischer bzw. philosophischer Ebene geführt. In der mir bekannten Literatur zur Religionsökonomie werden beide jedoch kaum behandelt. Dies wahrscheinlich deshalb, weil sich einerseits Soziologen nicht besonders gerne mit wirtschaftlichen Themen auseinandersetzen, weil sie vor der wirtschaftswissenschaftlichen Methodik zurückschrecken (vgl. LUHMANN 1998, 13)[55] und weil sich andererseits die bestehende Religionsökonomie kaum um soziologische Zugänge bemüht hat, wahrscheinlich auch deswegen, um eine Abgrenzung mit der Religionssoziologie zu schaffen. Da sich Luhmann und Ha-

55 Schaper weist darauf hin, dass Theologen sich kaum bis gar nicht mit wirtschafts- und sozialgeschichtlichen Fragestellungen auseinandersetzen oder diese Themen überhaupt ignorieren. Man könnte aber seiner Auffassung nach wesentlich mehr Einblicke in die gesellschaftlichen Zusammenhänge und damit auch in die Religion selbst erhalten (vgl. SCHAPER 2006, 45f).

bermas mit Gesellschaft, Wirtschaft und Religion auseinandersetzen, lag es für mich auf der Hand, mögliche religionsökonomische Zugänge in ihren Ansätzen aufzuspüren, auch auf die Gefahr hin, Religionssoziologie und Religionsökonomie zu vermengen. Es kann aber in diesem Kontext nicht die gesamte Fülle der Systemtheorie ausgebreitet werden – auch nicht die Habermas-Luhmann Diskussion als solche – weshalb ich versuche, jene Bereiche abzustecken, die für die Religionsökonomie relevant sein könnten.

4.2.1 Luhmanns Systemtheorie und die Religionsökonomie

Erst in den letzten Jahrzehnten spielen auch die Soziologie und die funktionalistische Betrachtung eine Rolle in der Religionswissenschaft. Vorher war die Phänomenologie der bedeutendste Zugang. Auseinandersetzungen mit Luhmann sind rar (vgl. KÖTT 2003, 16f). Es ist daher eine kurze Auseinandersetzung mit der Systemtheorie Luhmanns notwendig, um seinen Zugang zur Soziologie überhaupt nachvollziehen und danach mögliche Spuren einer Religionsökonomie entdecken zu können.

Ziel der Betrachtung der Systemtheorie Luhmanns ist es, mögliche religionsökonomische Spuren in jener Theorie aufzudecken, in der die einzelnen sozialen Bereiche, insbesondere Ökonomie und Religion, am stärksten voneinander getrennt sind. Es soll gezeigt werden, dass sich selbst in dieser Theorie Zusammenhänge von Ökonomie und Religion erkennen lassen.

4.2.1.1 Systemtheorie

Soziologie ist bei Luhmann eine Beobachtung der Gesellschaft, besser gesagt eine Selbstbeobachtung und Selbstbeschreibung der Gesellschaft (vgl. BERGHAUS 2004, 21). Sein- und Realitätsaussagen der Systemtheorie sind nicht ontologisch zu verstehen, sondern immer konstruktivistisch. Es geht also um die Welt der Erscheinungen. Nicht das Was, sondern das Wie steht im Mittelpunkt. Anerkannt wird nur, was beobachtbar ist: Aus Erkennen wird Beobachten (vgl. KÖTT 2003, 22). Wer beobachtet, unterscheidet. Beobachten heißt Wahrnehmen, Denken und Handeln. Der/die Beobachter/in ist Schöpfer der Welt, seiner/ihrer Welt. Die konstruktivistische Logik daraus: Überall wo Welt ist, gibt es auch eine/n Beobachter/in! Diese/r ist unmittelbar Teil des Systems und kann daher nicht über sein/ihr Tun urteilen, er/sie hat daher auch einen blinden Fleck. Strukturen sind nur von einem/r Beobachter/in des/der Beobachters/in zu erkennen. Eine Form dieser Beobachtung zweiter Ordnung ist die Selbstbeobachtung. (vgl. KÖTT 2003, 30f). Systemtheorie ist ganz spezifische Beobachtung des/der Beobachters/in. Systemtheorie beobachtet die Welt mit der spezifischen Differenz von System und Umwelt. Es geht daher um Konstruktionen und nicht um die „reale“ Welt. Systemtheorie fragt nach der Operation, die die Differenz von

System und Umwelt produziert und reproduziert. Die Unterscheidung der Systemtheorie lautet: etwas Bestimmtes und der Rest der Welt (vgl. KÖTT 2003, 44).

Luhmann führt die Systeme auf ihre Grundstruktur, die Kommunikation zurück. Ein System entsteht durch „Ausdifferenzierung“: Es gibt also eine spezifische Kommunikation, die sich von allen anderen Arten unterscheidet. Kann diese als Leitunterscheidung beibehalten werden, so entsteht ein neues System. Für die Entstehung ist das rekursive Operieren konstitutiv. Rekursivität kommt aus der Sprachwissenschaft: Jeder Satz beruht auf bestimmten Konstituenten, den Wortbedeutungen und der Grammatik – wenn Gespräch möglich werden soll, muss der folgende Satz wieder auf diesen Regeln aufbauen. Rekursion bedeutet in der Systemtheorie re-entry: Die Wiedereinführung der Grenze in das System, um Selbst- und Fremdreferenz möglich zu machen. Durch die Rekursion wird Selbstbeobachtung möglich (vgl. KÖTT 2003, 46f).

Umwelt ist für das System Irritation, ein unerkennbarer Anstoß – wie das Nicht-Ich bei Fichte oder das Ding bei Hegel. Umwelt ist das Negativ-Korrelat von System. Die Umwelt kann das System nicht wahrnehmen, nicht behandeln, nicht beeinflussen. Die Umwelt ist alles andere. Die Umwelt ist abhängig vom System. Sie läuft ins Unendliche aus, ist immer komplexer als das System. Es gibt daher keine Punkt-für-Punkt-Verbindungen zwischen dem System und seiner Umwelt. „Will das System aus der Umwelt Informationen gewinnen, ist es gezwungen, Umweltkomplexität zu reduzieren, da ihm für ihre abbildgemäße Verarbeitung die Kapazitäten fehlen“ (KÖTT 2003, 48).

Nach Luhmann gibt es drei Arten von Systemen: biologische Systeme, psychische und soziale. Psychische und soziale Systeme sind in ihrem Funktionieren aufeinander angewiesen. Sie sind strukturell gekoppelt. Ohne biologisches System kein Bewusstsein und keine Gedanken; ohne Gedanken keine Kommunikation und ohne Kommunikation keine Gesellschaft und keine Entwicklung des Bewusstseins. Psychische Systeme kommen zeitweise ohne Kommunikation aus. Sinngebend ist das Bewusstsein. Es selektiert systemintern. Sinn bedarf der Interpenetration von psychischen Systemen (KÖTT 2003, 69f).

Es gibt keinen direkten Kontakt zwischen System und Umwelt. So hat auch das Gehirn keinen direkten Kontakt zu den Sinnesorganen, es ist mit ihnen über Nervenimpulse verbunden. Das Gehirn ist autonom u. verarbeitet die Impulse. Alle autopoietischen[56] Systeme sind strukturell mit ihrer Umwelt gekoppelt,

---

56 Das sind sich selbst erhaltende Systeme. Das Erhalten ist durch Selbstreflexion möglich. In der Selbstreflexion können Daten aus der Umwelt (Irritationen) zu Informationen wer-

denn strukturelle Kopplungen vermitteln den Kontakt zwischen Umwelt und System, einen Kontakt, den das System braucht. Strukturelle Kopplungen sind nur als systeminterne Irritationen bemerkbar und auf diese muss das System eine angemessene Reaktion finden. Irritation wird daher immer verschieden verarbeitet – heute anders als gestern. Irritationen können auch ignoriert werden. Strukturelle Kopplungen sind extrem selektiv. Die gekoppelten Systeme verbindet nicht die Kausalität, sondern die Gleichzeitigkeit. Irritationen sind systeminterne Zustände, die dem System bislang fremd waren. Strukturelle Kopplungen liefern dem System Daten, keine Informationen. Sie fungieren als Störungen und ohne Störungen gibt es keine Ordnung (vgl. KÖTT 2003, 50-52). Das Bewusstsein ist über das Hirn mit der Außenwelt verbunden. Für die Kommunikation übernimmt das Bewusstsein die Vermittlerrolle. Der Außenkontakt ist also total reduziert und schützt damit vor Reizüberflutung. Strukturelle Kopplungen zwischen den Systemen erfolgen durch Irritation also gleichzeitig im System und in der Umwelt. Die Reaktion erfolgt somit immer zeitverzögert (KÖTT 2003, 78).

Die Gesellschaft ist bei Luhmann ein System: Wirtschaft, Politik, Massenmedien, Familien, Religion etc. sind alles ausnahmslos soziale Systeme. Diese bestehen aus Kommunikation, nicht aus Menschen (vgl. BERGHAUS 2004, 21)! Bestünde sie aus Menschen – so merkt Luhmann einmal recht witzig an – würde sich die Gesellschaft ändern, wenn sich die Menschen die Haare schneiden (vgl. BERGHAUS 2004, 64). Damit Kommunikation passieren kann, bedienen sich die Systeme verschiedener Kommunikationsmittel: Macht (Politik), Geld (Wirtschaft) oder Glaube (Religion) (vgl. KÖTT, 2003, 76).

Bei Luhmann sind also Kommunikation und Gesellschaft identisch. Damit grenzt er sich deutlich von der klassischen Religionssoziologie ab.[57] Die klassische Religionssoziologie ist mehrheitlich bemüht, Gesellschaft mit Handeln zu begründen, wobei Handeln die Äußerung eines Individuums ist, die auf Nutzen oder Interesse basiert. Nach Luhmann wird aber mit dem reinen Handlungsbegriff noch keine Gesellschaft erfasst, da Handlungen nicht grundsätzlich den Zweck verfolgen, soziale Beziehungen herzustellen (KÖTT 2003, 85).[58] Handlungen sind für Luhmann zweitrangig. Kommunikation wird aber durch Handlung sichtbar, sie bekommt einen räumlich-zeitlichen Bezug. Handlungen machen also Kommunikation sichtbar und schaffen damit auch die Möglichkeit der

---

den. Durch die Abgrenzung von der Umwelt erhält das System sich selbst und schafft aus sich heraus die Elemente selbst, die es für das Funktionieren braucht.

57 Deshalb bearbeite ich in dieser Arbeit Luhmann.

58 Dieses Dilemma löste Weber mit der Hintertür: Seiner Ansicht nach sei alles sinnhafte Handeln sozial, weil es von anderen verstanden wird. Durkheim geht von einem sozialen Druck aus, der das Individuum lenkt. Bei Parsons ist es die „normative orientation", die das soziale Handeln ausmacht (KÖTT 2003, 85).

Selbstbeobachtung. Kommunikation ist nicht direkt beobachtbar, sondern kann nur durch Handlungen erschlossen werden. Das „Primat des Kommunikationsbegriffs“ unterscheidet ihn von Habermas und Apel.

Darstellung 2 auf der nächsten Seite zeigt die wichtigsten Subsysteme, die in dieser Arbeit besprochen werden.

Darstellung 2: Die wichtigsten Subsysteme in der Systemtheorie Luhmanns

System	Codierung	Programm	Kommunikations-mittel	Funktion
Wirtschaft	haben / nicht-haben	Knappheit	Geld, Eigentum	Materielle Reproduktion
Recht	recht / unrecht	Gesetze	Entscheidungen	Sicherheit und Konflikt-entscheidungen
Politik	Macht / Ohn-macht	politische Ideen und Ideologien	Macht (öffentliche Ämter, Sanktionen)	Herstellung kollektiv bin-dender Entscheidungen
Moral	gut / böse	Wert-vorstellung	Werturteile	Orientierung und Regulie-rung
Religion	Immanenz /Transzendenz	Offenbarung, Dogmatik, Texte, Rituale	Glaube	Transformation unbe-stimmbarer in bestimmba-re Komplexität

Schautafel der Funktionssysteme (nach Reese-Schäfer, Politische Theorie, München 2000). Q.: NEHRKORN, Stefan (2001): Systemtheorie: Niklas Luhmann. In: http://www.humboldtgesellschaft.de/inhalt.php?name=luhmann#G. Tabelle wurde vom Autor vereinfacht und bestimmten Termini angepasst.

Jedes der Teilsysteme der Gesellschaft übernimmt eine ganz spezifische Funktion, die nur von diesem Teilsystem übernommen werden kann. Ein Teilsystem konnte gerade deshalb entstehen, weil es möglich war, dass sich diese Teilfunktion ausgeprägt hat.

Fassen wir zusammen: Die Welt wird in der Systemtheorie in System und Umwelt zerlegt. Jedes System funktioniert als ein selbstreferentielles, operativ geschlossenes und offenes System; operativ geschlossen gegenüber der Umwelt, aber offen für Irritationen aus der Umwelt. Daher hat jedes System eine bestimmte Operationsweise, die das System auszeichnet. Grundsätzlich werden biologische, psychische und soziale Systeme unterschieden. Die Operationsweise des biologischen Systems ist das Leben, des psychischen Systems das Bewusstsein und des sozialen Systems die Kommunikation. Das soziale System – die Gesellschaft – besteht nicht aus Menschen, es besteht aus Kommunikation. Menschen sind in der Systemtheorie keine Einheit. Der Mensch besteht aus einem biologischen System und einen psychischen System. Das Bewusstsein ist von der Biologie getrennt, es nimmt Körper wahr, ist aber grundsätzlich als System von ihm getrennt. Soziale Systeme brauchen psychische Systeme, weil sie das Bewusstsein zur Verarbeitung und Ermöglichung von Kommunikation benötigen, aber die Operationsweise ist die Kommunikation. Unsere Gesellschaft ist in Teilsysteme aufgespalten, die alle eine ganz spezifische Funktion für die Gesellschaft übernehmen. Diese Funktion kann nur das ganz spezielle Teilsystem erbringen. Die wichtigsten sind: Politik, Wirtschaft, Religion und Recht. Jedes Teilsystem steuert sich selbst, ist also selbstreferentiell. Selbstreferenz ermöglicht die eigene Abgrenzung des Systems von der Umwelt (z. B. Denken über Denken). Es gibt kein übergeordnetes System, das alle Teilsysteme zusammenführen könnte – weder Politik noch Religion sind nach Luhmann dazu fähig; und Moral lässt sich nicht als eigener Funktionsbereich ausgestalten. „Im strengen Sinne gibt es keine Selbststeuerung der Gesellschaft auf der Ebene des Gesamtsystems“ (LUHMANN 1988, 341).

In dieser Arbeit konzentrieren wir uns auf Wirtschaft und Religion, weshalb wir diese beiden Teilsysteme näher betrachten müssen.

4.2.1.2 Wirtschaft in der Systemtheorie Luhmanns

Bei Luhmann findet wirtschaftliches Handeln in einem sozialen System statt, d.h. Kommunikation bestimmt die ökonomischen Handlungen (vgl. LUHMANN 1998, 8-14). Das Kommunikationsmittel der Wirtschaft ist das Geld.[59] Die Darstellung der Geldfunktion folgt für gewöhnlich in den Wirtschaftswissenschaften nicht systemtheoretisch, sondern tauschtheoretisch – das reicht für die Systemtheorie nicht aus.[60]

Gleich zu Beginn soll ein kurzer Überblick über Wirtschaft im System Luhmanns gegeben werden:

1. Wirtschaft ist nicht ökonomisches Handeln, sondern Kommunikation. Bedeutet Wirtschaften in den Wirtschaftswissenschaften – wie eingangs dargestellt – Entscheidungen über knappe Mittel zu fällen, um Bedürfnisse zu befriedigen, abstrahiert Luhmann auf der Ebene der Kommunikation.

2. Wirtschaftliche Tätigkeit drückt sich in der Kommunikation der Einheit der Differenz von Zahlung und Nicht-Zahlung aus. Geld wird damit zum wichtigsten Kommunikationsmittel. Jedes Gut kann in Geld ausgedrückt werden. Der Preis zeigt an, ob ein Gut gekauft oder verkauft, ob Zahlungen geleistet oder nicht geleistet werden sollen.

---

59 Die Bedeutung des Geldes spiegelt sich nicht nur im Ansatz von Luhmann wider, sondern auch in vielen Texten, die die Zusammenhänge von Geld und Gott oder Geld und Sinn darstellen. Siehe dazu auch Kapitel 5.1.

60 In der Wirtschaftswissenschaft wird Geld immer anhand seiner Funktionen definiert. „Geld ist ein Zahlungsmittel. Darüber hinaus ist Geld ein Schmiermittel, das den Tausch von Gütern erleichtert“ (SAMUELSON u. a. 1998, 56).

3. Die Hauptfunktion der Wirtschaft ist daher die ständige Reproduktion von Zahlungen und Nicht-Zahlungen, um den Code „haben/nicht-haben" auszuprägen. Geld spielt dabei die wichtigste Rolle, denn Geld und Preis sind etwas total Anonymisiertes, was dazu führt, dass die Gesellschaft die Unterscheidung von „haben" und „nicht-haben" weniger stark empfindet und sich Eigentumsunterschiede nicht in gewalttätigen Auseinandersetzungen äußerst. Wer etwas kauft, gibt schließlich Geld dafür aus, das danach anderen für weitere Zahlungen zur Verfügung steht.

4. Neben dieser Hauptfunktion der Wirtschaft erbringt die Wirtschaft auch Leistungen für die Teilsysteme, und zwar in der Befriedigung von Bedürfnissen, die in anderen Teilsystemen entstehen. Wir sehen also, dass die Bedürfnisbefriedigung nicht wie in den Wirtschaftswissenschaften die Hauptfunktion, sondern nur eine Nebenfunktion darstellt.

5. Um Entscheidungen zu vereinfachen, gibt es in der Wirtschaft die Kontingenzformel der Knappheit. Diese bezieht sich nicht auf die Endlichkeit der Güter, sondern auf eine im eigenen System geschaffene Knappheit, die sich sowohl auf Geld als auch auf Güter bezieht. Die Knappheit wird in Preisen ausgedrückt – hierbei unterscheidet sich Luhmann nicht von den Wirtschaftswissenschafter/inne/n – doch sind die Preise das Ergebnis der eigenen Logik des Teilsystems Wirtschaft.

Ein Teilsystem muss selbstreferentiell arbeiten können, d. h. die Kommunikationen in der Wirtschaft müssen sich als wirtschaftliche ausweisen, damit sie richtig interpretiert werden können. Selbstreferenz kommt nur in Zusammenhang mit Fremdreferenz vor – eine wichtige Erkenntnis in der neuen Systemtheorie. Geschlossene (von der operativen Seite her betrachtet) Systeme müssen immer offene Systeme sein, die Interpenetrationen ihrer Umwelt grundsätzlich empfangen können (vgl. LUHMANN 1998, 15). Im Bereich der Wirtschaft ist das Geld die dafür nötige Voraussetzung: „Geld ist instituierte Selbstreferenz. Geld hat keinen ‚Eigenwert', es erschöpft seinen Sinn in der Verweisung auf das System, das die Geldverwendung ermöglicht und konditioniert" (LUHMANN 1998, 16). Das führt zu einer Kopplung von Selbst- und Fremdreferenz, denn alle wirtschaftlichen Vorgänge können in Geldeinheiten ausgedrückt werden. Der Beziehungszusammenhang von Selbst- und Fremdreferenz führte zur Ausformung des Wirtschaftssystems: Produktion ist nur Wirtschaft, Tausch ist nur Wirtschaft, wenn Kosten bzw. Gegenleistungen anfallen; dann realisiert das System eine Verweisung auf Bedürfnisse und Wünsche, die die Folge von Ereignissen außerhalb des Systems sind, innerhalb des Systems geht es dann ums Geld – also um Fragen der Eigentumsverhältnisse (vgl. LUHMANN 1998, 16).

Die Wirtschaft ist ein autopoietisches System, d.h. die Elemente der Wirtschaft werden aus dem System selbst produziert und reproduziert. Wirtschaft ist daher immer in Bewegung – es geht nicht um eine Ruhelage[61], sondern um die ständige Reproduktion von Zahlungen, aus denen das System besteht. Die Zahlungsvorgänge werden durch das System selbst geleitet – durch die Preise. Preise sind gleichzeitig ein Informationsverlust (zeigen nicht an, woher das Geld kommt und Bedürfnisse werden nicht angezeigt) und ein Informationsgewinn (man kann beobachten, wie andere den Markt beobachten, dadurch, dass man durch Preise über Zahlungserwartungen informiert wird). Preise geben Auskunft über zu erwartende Zahlungen, ihre wirtschaftliche Funktion liegt in der Kommunikation! Sie regulieren Zahlungen, die erfolgen und solche, die nicht erfolgen – Preise halten auch vom Kaufen ab! Formal ist auch der Nichtkauf vom Preis abhängig. Der hohe Informationsverlust des Zahlungsvorganges über Preise als reduzierte Information macht ihn abstrakt u. entdiskriminiert – Geld wird aber dadurch zum „Schichtungsmerkmal". Die hohe Abstraktion durch den Preis bringt auch für das System selbst Probleme: der Preis kann zu einem zu hohen oder zu einem zu niedrigen Umsatz führen – daher müssen Preise flexibel sein, sie müssen sich anpassen können. In der Systemtheorie ist klar, dass komplexe Systeme Instabilitäten schaffen müssen, um so auf die noch komplexere und weniger geordnete Umwelt reagieren zu können (LUHMANN 1998, 17-23).

Preise sollen zwar Knappheiten von Ressourcen und Arbeit anzeigen, aber diese Knappheiten werden im System selbst erzeugt und manipuliert! Würde also z. B. die Arbeitsmotivation knapp werden, so könnte man dies an den Preisen nicht ablesen. Auch ökologische Folgeprobleme lassen sich nicht über die Preise ablesen. Die Differenz von Umwelt und System wird im wirtschaftlichen System als Zahl ausgedrückt – nicht mehr und nicht weniger. Die Wirtschaft verkürzt die Differenz von System und Umwelt auf den Preis und verkürzt dadurch die Kommunikation. Ein krasses Beispiel: Der letzte Tropfen Öl wird zu einem unglaublich hohen Preis verkauft – aber danach gibt es kein Öl mehr. Die wirtschaftswissenschaftliche Theorie lehnt es ab, limitationale Faktoren einzubauen – echte Knappheit wird also gar nicht berücksichtigt. Die Wirtschaft wird als selbstreferentielles System gesehen, das selbst die entsprechenden Substitutionsmöglichkeiten produziert, sobald es sich ökonomisch lohnt (LUHMANN 1998, 34-39).

61 Das entspricht nicht der wirtschaftlichen Vorstellung eines Gleichgewichtes, das sich einstellt, wenn Angebot und Nachfrage im Gleichgewicht sind, d. h. auf Einzelmärkten der Markt geräumt wird bzw. auf der makroökonomischen Ebene alle Kapazitäten ausgelastet sind oder Gleichgewicht bei Unterbeschäftigung herrscht (vgl. TAFNER 2009, 38f u. 84-93).

Preise sind leicht zu kritisieren, dem einen sind sie zu hoch, dem anderen zu niedrig. Der eigene Lohn wird als zu gering empfunden, aber gleichzeitig stellt sich die Frage, warum vieles wegen der hohen Lohnkosten nicht mehr produziert werden kann. Gerade das leicht Kritisierbare entzieht sich der Kritik (vgl. LUHMANN 1998, 40). „Über Daten, die auf der Basis von Preisen gewonnen werden, wird man die Auswirkungen der Wirtschaft auf ihre Umwelt innerhalb und außerhalb des Gesellschaftssystems nicht kontrollieren können. Preise und preisabhängige Daten sind daher keine Grundlage für ein Urteil über Rationalität der Wirtschaft – wenn Rationalität heißen darf, dass die Einheit der Differenz von System und Umwelt im System wiederhergestellt wird“ (LUHMANN 1998, 41)62.

Es gibt in der Wirtschaft zwei Knappheitssprachen: die der Güter und die des Geldes, die beide auf verschiedene Bedingungen ansprechen. Man kann die Knappheit der Güter nur deshalb mindern, weil man eine zweite Knappheit, eine Auffangknappheit gleichsam, daneben setzt. Das autopoietische Element der Wirtschaft – das auch zur Ausformung eines eigenen Funktionsbereiches führt – ist die Zahlung. Die Wirtschaft besteht aus immer wieder neuen, unaufhörlich entstehenden Zahlungen. Gäbe es keine Zahlungen, die Wirtschaft würde aufhören zu existieren. Wobei man dabei noch etwas hinzufügen muss: Auch die Nicht-Zahlung ist Bestandteil der Wirtschaft – denn, auch der Entschluss, etwas nicht zu kaufen, ist ein Elementarereignis im Wirtschaftssystem (vgl. LUHMANN 1998, 46-55).

Zahlreiche Dinge und Bedingungen des menschlichen Lebens sind knapp: alle Güter und Dienstleistungen sowie die Zeit. Das alleine aber genügt jedoch nicht, um Knappheit zu bestimmen. Knappheit bedeutet also etwas anderes als Endlichkeit. Es „soll von Knappheit deshalb nur gesprochen werden, wenn die Problemlage durch Entscheidungen mitbestimmt ist, die innerhalb der Gesellschaft beobachtet und zur Diskussion gestellt werden können – seien es Zugriffsentscheidungen oder Verteilungsentscheidungen“ (LUHMANN 1998, 177f).

„Der Zugriff erzeugt mithin Knappheit, während zugleich Knappheit als Motiv für den Zugriff fungiert. (…) Knappheit ist demnach, wenn man nicht von der einzelnen Operation, sondern vom System ausgeht, in dem sie stattfindet, ein paradoxes Problem. Der Zugriff schafft das, was er beseitigen will. Er will sich eine zureichende Menge sichern und schafft dadurch die Knappheit, die es erst sinnvoll macht, sich eine unzureichende Menge zu sichern“ (LUHMANN 1998,

62 Beispiele, die zeigen, dass Preise nicht funktionieren: Ölpreise können trotz der Knappheit fallen, mit der Orientierung an Preisen werden Lebensmittel vernichtet und Hunger produziert; trotz Zunahme der Bevölkerung wird die Arbeit teurer (vgl. LUHMANN 1998, 41).

179). „Für den, der zugreift, verringert sich die im Zugriff vorausgesetzte Knappheit. Für alle anderen vergrößert sie sich. Beides geschieht im selben System. (...) Knappheit erscheint dann als Differenz von „Haben" und „Nichthaben" mit der Folge, dass sich diejenigen Operationen unterscheiden, die man im Anschluss an Haben bzw. an Nichthaben ausführen kann" (LUHMANN 1998, 181f).

Die Offenheit des Systems zeigt sich in den Gründen der Zahlungen. „Die Offenheit der Wirtschaft findet ihren Ausdruck mithin darin, dass Zahlungen an Gründe für Zahlungen gebunden sind, die letztlich in die Umwelt des Systems verweisen" (LUHMANN 1998, 58). Diese Gründe sind Bedürfnisse, die nicht anthropologisch oder psychologisch begründet werden. Es gibt Bedürfnisse, die ganz von der Umwelt kommen, aber auch solche, die das System Wirtschaft selbst befriedigen muss. Das Bedürfnis führt dazu, dass die Gesamtbevölkerung in die Wirtschaft inkludiert wird (vgl. LUHMANN 1998, 59-60). Das Befriedigen von Bedürfnissen ist eine Leistung, die die Wirtschaft für die Gesamtgesellschaft erbringt. Die Funktion für die Gesellschaft und damit die Hauptfunktion der Wirtschaft ist die materielle Reproduktion, wobei Geld das Kommunikationsmittel darstellt. Das Wirtschaftssystem entsteht autopoeitisch durch Geld anhand der Unterscheidung Zahlung und Nicht-Zahlung. Die Funktion ist die Befriedigung zukünftiger Bedürfnisse durch Zahlungen, die wiederum Zahlungen ermöglichen – das Medium Geld steht im Mittelpunkt (LUHMANN 1998, 131f).

Entscheidend ist die Differenz von Eigentum und Nichteigentum. D. h. es nehmen Habende und Nichthabende an der Wirtschaft teil. „Jedes Eigentum des einen ist das Nichteigentum aller anderen. Gerade das macht eine solche Codierung, evolutionär gesehen, extrem unwahrscheinlich, denn warum sollen alle (!) anderen ihren Ausschluss akzeptieren" (LUHMANN 1998, 189). Das ist durch soziale Verpflichtung des Eigentümers möglich – am besten aber durch die Monetarisierung der Gesellschaft, da jede Nutzung von Geld gleichzeitig Übertragung und Weitergabe von Eigentum ist (vgl. LUHMANN 1998, 189). „Geld ist der Triumph der Knappheit über die Gewalt" (LUHMANN 1998, 253). Wie war es möglich, ein System aufzubauen, in dem die einen haben und die anderen nicht – wer akzeptiert das? Der Erwerber zahlt – so unterlassen andere einen gewaltsamen Zugriff. Geld ist auch die Möglichkeit, wieder etwas auszugeben. Geld kann aber nur genutzt werden, wenn es ausgegeben wird. Man erhält Geld, um es auszugeben.

4.2.1.3 Religion in der Systemtheorie Luhmanns

Jedes System reduziert die Komplexität von System/Umweltbeziehungen, indem es seine ganz typischen Reduktionsstrategien verwendet. Es kommt zu einer selbstreferentiellen Organisation des Systems. In der Religion geht es um die Transformation von unbestimmter in bestimmte Komplexität (vgl. LUHMANN 1982, 19f).[63] Auch in der Religionstheorie räumt Luhmann dem Kommunikationsbegriff das Primat ein. Sinn- und Kontingenzprobleme können nur über Kommunikation geltend gemacht werden. Religion kann nur soweit Thema der Soziologie sein, als es sich sozial artikuliert (KÖTT 2003, 127).

Versuchen wir Luhmanns Verständnis von Religion zusammenzufassen, so bedarf es der Ausformung folgender Zusammenhänge:

1. Luhmann geht vom Sinn aus, wobei Sinn Entscheidung bedeutet. Sinn bezeichnet er als die Einheit von Sinn und Unsinn. Nur der/die Beobachter/in legt in den Sinn die Form von sinnvoll und sinnlos.[64]

2. Religiöser Sinn ist nur durch den Code Transzendenz/Immanenz erklärbar, wobei in den Hochreligionen vor allem das Immanente über die Transzendenz erhöht bzw. erklärt und gedeutet wird (ähnlich argumentiert auch Berger (vgl. BERGER 1973)).

3. Die Hauptfunktion der Religion und damit auch jene Funktion, die die Religion zu einem Teilsystem der Gesellschaft hat werden lassen, ist die Unterscheidung von Transzendenz/Immanenz. Nur in der Religion wird dies thematisiert.

4. Damit Entscheidungen im religiösen Sinn einfacher getroffen werden können, greifen Gläubige auf die Kontingenzformeln Gott, die sich im Christentum dadurch ausdrückt, dass Gott die Liebe ist und Liebe als das

---

63 Luhmanns Theorie wird oft als religionskritisch oder gar -feindlich dargestellt. In „Die Funktion der Religion“ schreibt er jedoch als Widmung: „In Erinnerung an meine Frau, der Religion mehr bedeutete, als Theorien zu sagen vermögen“. Anderseits gibt es nach Luhmann keine Kommunikation mit Gott, denn Kommunikation ist die Operationsweise des Systems, nicht der Umwelt. „Das Beten ist ein abergläubischer Wahn“ (zitiert in KÖTT 2003, 193).

64 Theologie ist die Selbstreflexion. Die Beobachtung dieser ist Beobachtung dritter Ordnung. Aus diesem Blickpunkt kann Religion im Sinne Luhmanns auch beobachtet werden (vgl. KÖTT 2003, 180).

„Vom-anderen-her-Denken“ bezeichnet werden könnte, zurück. Damit wird Liebe zum Entscheidungskriterium.[65]

5. Neben der Hauptfunktion gibt die Religion auch Leistungen für andere Teilsysteme ab. Diese sind Dienste wie Diakonie i. w. S. und Seelsorge.

Unter Sinn versteht LUHMANN eine besondere Form der „Reduktion von Komplexität, die zugleich komplexitätserhaltend oder auch komplexitätssteigernd wirkt. Sinn ist, im hier gewählten Bedeutungsgehalt des Begriffs, kein begründungshaltiger, sich selbst rechtfertigender Sachverhalt“ (LUHMANN 1982, 20). In diesem Sinn ist Sinn auch Unsinn. Sinn oktroyiert Selektion. „Sinn erscheint als Simultanpräsentation von Möglichem und Wirklichem“ (LUHMANN 1982, 21). Durch Sinn wird Welt konstruiert, als die Gesamtheit von System und Umwelt, wobei das System sich selbst auf seine Umwelt und seine Umwelt auf sich selbst bezieht. Sinn zeigt mehr Möglichkeiten als vollzogen werden können, man muss daher auswählen. Durch die Wahl – und damit auch durch Sinn – wird in einem zirkulären Prozess zwischen System und Umwelt Identität geschaffen. Aus der Selektion entsteht also Sinn (LUHMANN 1982, 23). „Religion hat (...) für das Gesellschaftssystem die Funktion, die unbestimmbare, weil nach außen (Umwelt) und nach innen (System) hin unabschließbare Welt in eine bestimmbare zu transformieren, in der System und Umwelt in Beziehung stehen können, die auf beiden Seiten Beliebigkeit der Veränderung ausschließen“ (LUHMANN 1982, 26).

Sinn kann nicht verneint und nicht vermieden werden. Verneinen kann man nur bestimmte Sinnentwürfe oder -entscheidungen. Das Medium Sinn kann nicht verneint werden, allerdings seine Form. Sinn ist nicht der Gegensatz von sinnvoll und sinnlos, sondern die Einheit von gewähltem und möglichem Sinn. „Sinn ist nur als sowohl positiv als auch negativ formulierbar gegeben. Würde man eine Seite dieser Unterscheidung streichen, verlöre auch die andere ihren Sinn“ (LUHMANN 2002, 17). Aus der beobachteten Realität wird also eine bestimmte Möglichkeit gewählt, alle anderen nicht. Diese Entscheidung steuert wiederum weitere Selektion (vgl. BERGHAUS 2004, 118-120).

Sinn ist bei Luhmann nichts Ontologisches. Sinn steckt nicht in der Welt. Sinn wird vom Beobachter hinzugefügt. „Die vertraute Auffassung, beispielsweise, dass bestimmte Dinge und Taten in der Welt per se sinnlos und böse ‚sind‘, ist damit aufgegeben. In diese „ontologische Falle“ dürfen wir nicht tappen. Viel-

65 In Analogie könnte m. E. für das Judentum Gerechtigkeit und für den Islam Glaube und Barmherzigkeit stehen. Im Sinne von: Judentum ist die Religion der Hoffnung, Christentum der Liebe, Islam die Religion des Glaubens (vgl. KHOURY 2006, 237).

mehr sind es Beobachter, die solche Feststellungen treffen. (...) Sinn wird zugewiesen, ‚konstruiert'" (BERGHAUS 2004, 121).

Religion hat mit Transzendenz zu tun. Unbestimmtes ist immer mit Sinn gegeben. Bei jedem Thema, in jeder Enttäuschung oder Überraschung tritt das Kontingenzproblem auf. Die Gleichzeitigkeit von Bestimmbarem und Unbestimmbarem kann Verschiedenes besagen. Religiöse Orientierung kann nun beim Unbestimmbaren ansetzen, das wie Bestimmtes oder Bestimmbares behandelt wird. Religiöse Orientierung kann aber auch vom Bestimmbaren ausgehen, das mit der Religion aufgelöst wird und mit Unbestimmbarkeit angereichert werden kann. Hochreligionen setzen beim Bestimmbaren an und erklären es mit dem Unbestimmbaren, sie tragen also das Transzendente in das Immanente (vgl. LUHMANN 1982, 36). Der Code der Religion kann als Immanenz/Transzendenz bezeichnet werden. „Man kann dann auch sagen, dass eine Kommunikation immer dann religiös ist, wenn sie Immanentes unter dem Gesichtspunkt der Transzendenz betrachtet. (…) Erst von der Transzendenz aus gesehen erhält das Geschehen in dieser Welt einen religiösen Sinn. Aber Sinngebung ist dann auch die spezifische Funktion der Transzendenz. Sie hat keine Existenz für sich. Sie ist die Überschreitbarkeit jeder Grenze in Richtung auf ein Anderes. Aber auf der Grenze kann man nicht wohnen und im immer anderen keine ‚feste Burg' bauen" (LUHMANN 2002, 77).

Nicht jeder Sinn hat religiöse Qualität! Religion ist bestimmt durch das Problem der Simultanität von Transzendenz und Immanenz. Die Lösung dieses Problems kann nur die Religion anbieten und das ist damit die Funktion der Religion (LUHMANN 1982, 45-46). Von sich aus sind Erlebnisse nicht religiös. Es bedarf einer Problematisierung bzw. Reproblematisierung in Bezug auf das Religionssystem, es muss das Immanente durch das Transzendente seine Erklärung bekommen (vgl. LUHMANN 1982, 52). „Keine andere Codierung setzt an genau diesem Punkte an. Die Besonderheit von Religion liegt in der Radikalität dieses gegen das Unterscheiden gerichteten Unterscheidens. Nur so kann das gefasst werden, worauf es ankommt: dass alles Beobachten (alles Unterscheiden, Erleben, Handeln, Kommunizieren) immer aus der Unbeobachtbarkeit heraus operiert und dass jedes Zurückkommen auf diesen Punkt deshalb ihre eigene Spezifikation desavouiert. Daher ist das historische Auftreten von Religion unvermeidlich an den Vollzug eines re-entry gebunden, auch wenn man erst am Ende sehen kann, dass dies der Anfang gewesen ist" (LUHMANN 2002, 91f).

In jedem Teilsystem gibt es drei Typen von Systembeziehungen: die Beziehung zum Gesamtsystem, die Beziehungen zu Teilsystemen und die Beziehung zu sich selbst. In einem funktional differenzierten Gesellschaftssystem erfolgen „die Verknüpfungen nur noch teilsystemintern" (LUHMANN 1982, 56) Die Beziehung zur Gesamtgesellschaft wird zur Funktion; die Beziehung zu anderen gesellschaftlichen Systemen wird zur Leistung, die Beziehung zu sich selbst zur Reflexion.

Die Funktion des Religionssystems wird durch die geistliche Kommunikation der Kirche getragen – wie Kirche verstanden wird, ist eine andere Frage, umfasst aber eine Vielzahl von Kirchen, Denominationen und Sekten. Mitgliedschaft ist deshalb irrelevant. Die Funktion der Kirche wird nicht in der Kirche, sondern als Kirche erfüllt. Die Leistungen des Religionssystems werden in der Diakonie (in einem weiten Sinn) zusammengefasst. Diakonie heißt, dass sozialstrukturelle Probleme an Personen wahrgenommen werden. Dadurch wird das Religionssystem für „Restprobleme“ und Schicksale zuständig, die andere Funktionssysteme erzeugt haben, dort aber nicht behandelt werden. Für personale Systeme übernimmt die Religion die Aufgabe der Seelsorge. Seelsorge und Diakonie könnte man gemeinsam als einen Dienst bezeichnen (vgl. LUHMANN 1982, 56-58).

Leistungen können von sozialen oder psychischen Teilsystemen nur angenommen werden, wenn andere Systeme bereit und gewillt sind, sie anzunehmen und sie zu verarbeiten. Das funktioniert nur bei Übereinstimmung der normativen Strukturen. Luhmann kommt nun – in der Fußnote – zu folgendem Schluss: In I Kor. 13,3[66] findet man einen „Rückbezug von Leistung über Liebe auf Gott als Bezugspunkt der Funktion von Religion.“ „Vom-andern-her-Denken“ wurde mit „Liebe“ symbolisiert und Liebe verschmolz dadurch mit Religion. Aber mit diesem Dienst kommt die Religion selbst in Konflikt mit ihrer eigenen Funktion, weil sie sich Fremdnormierungen „unterstellen muss, um anzukommen“ (LUHMANN 1982, 59).[67] Hier versucht Luhmann m. E. vergebens Transzendenz und Liebe zu trennen, was im Christentum aber undenkbar ist.

Die zunehmende Komplexität der Gesellschaft – wie wir bereits mehrmals bemerkten – führt zu einer zunehmenden Differenzierung und zur Ausbildung von Teilsystemen. Religion kann in einer ausdifferenzierten Gesellschaft nicht mehr nur Kult und Ritual sein. Die Religion braucht eine Funktion. Die Überführung von Unbestimmtem zu Bestimmtem wird durch Formeln erreicht. Die Kontingenzformel der Religion in unserem Kontext ist der Gottesbegriff. Diese Kon-

66 „Und wenn ich meine ganze Habe verschenkte, und wenn ich meinen Leib dem Feuer übergäbe, hätte aber die Liebe nicht, nützte es mir nichts.“

67 Übernimmt die Religion in unserer Gesellschaft die Aufgabe einer „geistigen Müllabfuhr“ und räumt den Dreck zur Seite, den die anderen Teilsysteme der Gesellschaft in der Gesellschaft und beim einzelnen Menschen hinterlassen? Sie tut dies, weil sie die Welt (System und Umwelt) vom anderen her denkt, d.h. aus Liebe einen Dienst für Gesellschaft und Individuum erbringt. Hier tritt die Religion in den Dienst des Menschen und ist weit mehr als moralische Instanz.

tingenzformel sollte weltuniversal funktionieren. Wichtig sind aber auch Kommunikationsmedien, die in der abendländischen Tradition in Wahrheit, Liebe, Geld, Kunst und Macht zu finden sind. Kommunikationsmedien sind symbolische Codes, die die Wahl vereinfachen (LUHMANN 1982, 89-91). Der monotheistische Gottesbegriff wird zu einem Abstraktionsgewinn. Entgegengesetztes wie Leben und Tod, Nehmen und Geben, Werden und Vergehen, Zukunft und Vergangenheit werden nicht als dasselbe, sondern durch dasselbe erklärt (LUHMANN 1982, 128f). Mit Medien klappt alles viel wahrscheinlicher. Ein Medium ist die „Ordnung von Möglichkeiten". Medium ist immer nur in Form denkbar, wobei das Medium unsichtbar und die Form sichtbar ist (vgl. BERGHAUS 2004, 110-112).

Luhmann kommt zum Schluss, dass es kein Medium für geistliche Kommunikation gibt. Damit fehlt der Religion ein erfolgreicher Typus zur Übertragung von reduzierter Komplexität! Damit kann Religion als kulturell und evolutionär rückständig verstanden werden, aber auch als Andersartigkeit ihrer Funktion. Es zeigt die Problematik der Religion in einer Gesellschaft, in der Medien für Reduktion wesentlich sind (vgl. LUHMANN 1982, 125). Weiter unten kommt er aber zum Schluss, dass Glaube das Medium der geistlichen Kommunikation ist. Wir sehen, wie schwer sich Luhmann mit Glaube und Religion in seiner Systemtheorie tut.

Die Religion bedient sich der Moral, um bestimmte Handlungen zu präferieren, jene Handlungen, die gut sind. Das Gute bekommt einen transzendenten Bezug, das Gute ist in einer Macht begründet, die der Mensch nicht in den Begriff bekommt. Die Vermischung der Religion mit Moral hat über Jahrtausende die Kommunikationsfähigkeit der Religion verbessert. Auch heute sind Religion und Moral nicht gänzlich voneinander getrennt. Die Allianz von Religion und Moral war oft schwierig. Gerieten moralische Werte in Kritik, galt dies auch für die Religion.

Moral operiert nach Luhmann in anderen Zusammenhängen als die Funktionssysteme, Moral klassifiziert Personen, Funktionssysteme aber Kommunikationen. Der Wahrheit, dem Recht, der Schönheit ist die Moral egal. Religion, die sich der Moral bedient, stellt Kontakt zu anderen gesellschaftlichen Kommunikationen her, um Verbündete zu suchen. Jahrhundertelang waren die Codes gut/böse und Heil/Verdammnis gleichgeschaltet. Moral war die Zweitcodierung der Religion. In „Religion der Gesellschaft" jedoch scheint dieses Konzept nicht mehr auf. Nach Fuchs[68] ist heute die Endlichkeit der Zweitcode der Religion. Denn die Frage, wie man mit seiner Endlichkeit umgehe, treibt Menschen in den Glauben (vgl. KÖTT 2002, 156-159).

68 Fuchs war ein Schüler Luhmanns.

Mit Moral hat Luhmann in seinem System seine technischen Probleme, denn Moral zirkuliert in allen Teilsystemen. Sie kann aber nicht in einem eigenen Teilsystem festgemacht werden, so als ob sie nur dort gelte. Die Funktionssysteme sind von der Moral abgekoppelt, denn jeder Funktionsbereich hat seine eigene Codierung, die vom Moralcode unterschiedlich ist. Moral folgt dem Code gut/schlecht. Ob die Moral gut oder schlecht für die Gesellschaft ist, ist für Luhmann keine Frage. Moral hat bei Luhmann die Funktion, ein Netz von Erwartungen und Erwartungserwartungen aufzubauen, damit Handlungskoordinationen trotz doppelter Kontingenz möglich sind. Unter doppelter Kontingenz versteht Luhmann die Situation, der sich zwei Menschen aussetzen, wenn sie miteinander in Interaktion treten. Da jedes Handeln kontingent ist, kann sich keine/r der Beteiligten sicher sein, wie die andere Person handeln wird. Die doppelte Kontingenz ist damit der Startpunkt sozialer Systeme. Es geht um die Frage, wie die eigene Handlung anschlussfähig wird bzw. wie Handeln koordiniert werden kann. Zeitlich löst sich lt. Luhmann das Problem von selbst. Die Grundlage ist folgende Auffassung: „Ich tue, was Du willst, wenn Du tust, was ich will." Dieser Zirkel ist der Kern einer Einheit, die auf keines der beteiligten Systeme zurückgeführt werden kann. Damit wird die Moral aus der Gesellschaft selbst heraus geboren. Im Kern ist die Moral die gegenseitige Achtung (vgl. HORSTER 2005, 90f).

In der Kontingenzformel wird alles einem Gott zugeschrieben: Gutes und Böses. Das muss wiederum im religiösen System interpretiert werden. Das erfordert eine besondere Form und Technik der dogmatischen Generalisierung: Perfektion. Es geht um sprachliche Steigerungsmittel mit Hilfe von Negationen, die Perfektion jedoch kann nicht mehr negiert werden. Dadurch wird die Perfektion von weiterer Übertreibung geschützt. Die Perfektion wird dadurch „notwendig nicht-kontingent" (LUHMANN 1982, 130). Die Perfektion ist daher nicht-kontingent und kann nun in Bestimmbares heruntertransformiert werden (vgl. Luhmann 1982, 131).

Gott ist also nicht-kontingent und er ist im Monotheismus auch persönlich. Das führt dazu, dass die höchste Perfektion nicht steril bleibt. Und die Selektionen Gottes werden als garantiert perfekt angesehen – auch unsere Welt, denn diese hätte ja anders sein können, ist aber durch Gott so geworden, wie sie ist. Kontingenz wird umgewertet in modus positivus entis.[69] Kontingenz wird also zur

69 Ich danke Mag. Norbert Pichler für folgende Übersetzung: „wörtlich, ...positivus ist KEINE Wertung, sondern heißt „dargelegt, offensichtlich, in den Bereich der Wirklichkeit gestellt", negativ heißt in diesem Zusammenhang „irreal"; ens, Genetiv: entis.....das Sein,.... modus „Art und Weise"; Übersetzung: „die offensichtliche (=WIRKLICHE) Art und Weise des Seins".

wirklichen Art und Weise des Seins, d. h. so ist es, weil Gott es so wollte und es daher perfekt sein muss. Eine so starke Kontingenzformel muss wieder abgeschwächt werden: Der Gottesbeweis geht über in die Staatsräson, Schönheit der Kunst, ökonomischen Erfolg. Diese Kontingenzformel behauptet ihre Eigenständigkeit mit „etsi non daretur Deus“ (wäre Gott nicht gegeben/geschenkt angenommen) (vgl. LUHMANN 1982, 133).

Diese neuen Kontingenzformeln sind dadurch gekennzeichnet, dass sie Perfektion mit Entwicklung ersetzen. Damit trennen sich Kontingenzformeln und Selektionskriterien, denn die Kontingenzformel dient nicht mehr als Wert, als Selektionskriterium. Recht/Unrecht oder das Knappheitsprinzip geben noch keine Entscheidungskriterien oder -methoden vor. Diese Methoden entstehen in den speziellen Systemen. Dadurch entziehen sie sich der Negierbarkeit durch Werte. Diese Differenzierung hat das Religionssystem in der Dogmatik nicht mitgemacht. Im Gottesbegriff bleiben die Funktion der Übertragung des Nicht-Bestimmbaren in das Bestimmbare (durch re-entry[70] des Transzendenten in die Immanenz), das durch Nicht-Negierbarkeit zur Nicht-Kontingenz wird und die Funktion einer Selektionsanweisung untrennbar verschmolzen. Moral und Gottesvorstellung bleiben untrennbar verbunden. Das ist heute eine untypische Problemlösungsvariante (vgl. LUHMANN 1982, 132ff). „Das braucht jedoch ihre Überlebensfähigkeit nicht zu gefährden“ (LUHMANN 1982, 134).

Der Glaubensbegriff ist sehr bedeutsam, aber gewissermaßen ambivalent. Er ist Kernstück der theologischen Dogmatik, denn ohne Glauben keine Religion, keine Rechtfertigung, keine Gnadenwirksamkeit der Sakramente. Gleichzeitig je-

---

70 Wenn wir von Beobachter/inne/n sprechen, so sprechen wir von Unterscheidungen. Unterscheidet der/die Beobachter/in zwischen System und Umwelt, dann muss er/sie eine Grenze ziehen. Diese Unterscheidung selbst holt er/sie dann in sein System (re-entry). In der Religion geht es um die Unterscheidung von beobachtbar und nicht beobachtbar. Das re-entry der Religion holt das Nicht-Beobachtbare ins Beobachtbare (vgl. LUHMANN 2002, 32). „Das re-entry ist eine paradoxe Operation, da es zwei Unterscheidungen als dieselbe benutzt und die Unterscheidung cross/marker ambivalent werden lässt; aber es ist zugleich eine Operation, die sich von dem imaginären Raum, den sie voraussetzt, unterscheidet. Der Raum wird durch die Unterscheidung gespalten – und dadurch als Einheit unbeobachtbar. Diese Unterscheidung wird als Form markiert – als Form mit zwei Seiten. Da wird die Unterscheidung in die eine Seite der Form hinübercopiert; und eben dafür muss man jenen imaginären Raum unterstellen, der dem gespaltenen Raum jene Selbstbeweglichkeit (oder Selbstbezeichnungsfähigkeit) konzediert. Vielleicht müsste man sagen, dass dieser imaginäre Raum erst im Vollzug des re-entry entsteht. Aber wie immer: die Spezifität der Operation ist durch die Spezifität der Unterscheidung – diese und keine andere – garantiert, mit der sie vollzogen wird“ (LUHMANN 2002, 32f). „Im Beobachtbaren (wo sonst?) muss die Differenz von beobachtbar/unbeobachtbar beobachtbar gemacht werden. Es geht nicht um die eine oder die andere Seite dieser Unterscheidung, sondern um ihre Form: um die Unterscheidung selbst“ (LUHMANN 2002, 34).

doch kann Religiosität nicht nur auf den rechten Glauben reduziert werden – wie dies auch bei Jesus und anderen Religionsstiftern offenkundig wird. Glaube wird zur Kommunikation; damit neue Religionen entstehen, bedarf es auch der Begleiter. Glaube als Sprach-Code muss aber so ausgeformt sein, dass er für eine Vielzahl von Inhalten offen ist und trotzdem ausdrücken kann, was man glaubt (vgl. LUHMANN 1982, 136).

Als Kommunikationsmedium funktioniert Glaube nur, wenn unterstellt werden kann, dass der/die Kommunizierende selbst glaubt. Die Kette der Zeugnisse führt zurück auf die Offenbarung, zur Selbstoffenbarung Christi, in der wir annehmen können, dass Christus an sich selbst glaubte – er glaubte, er sei der Messias. Diese „Sicherheitsbasis" hat dazu geführt, dass sich die Kommunikationsmedien Wahrheit und Glauben trennen konnten: Wahrheit muss selbstverständlich sein oder auf Selbstverständliches rückführbar sein. Der christliche Glaube konnte sich aber auf Außeralltägliches, Unwahrscheinliches, und Fremdheitserfahrens sowie auf die „historische Kontingenz der Offenbarung" stützen (vgl. LUHMANN 1982, 138).

Kehren wir zur zentralen Aufgabe der Religion zurück, der Auffassung und Verarbeitung von Kontingenzen (vgl. LUHMANN 1982, 182). „Kontingent ist demnach alles, was zwar möglich, aber nicht notwendig ist" (LUHMANN 1982, 187). Leid und Sünde sind notwendig, aber im irdischen Geschehen kontingent. Die göttliche Entscheidung von Heil und Gnade ist notwendig. Praktiker (Priester, Propheten u. ä) bieten Leistungen an, ohne für den Erfolg oder das Ausbleiben des Erfolges verantwortlich zu sein, noch sind sie für das Entstehen des Problems verantwortlich (vgl. LUHMANN 1982, 194 f).[71] Prägt sich die professionelle-religiöse Klientenbetreuung in den Dualen Heil/Leid und Sünde/Gnade aus, dann trennt sich ihre Praxis von anderen Professionen. Kommt es zu einer weiteren Ausdifferenzierung der religiösen Praxis, so müssen die Interdependenzen neu geregelt werden. Die Duale Heil/Leid und Sünde/Gnade bringen brauchbarere Anknüpfungspunkte als die Unterscheidung Heilig/Profan. Gleichzeitig aber sind die Duale Heil/Leid und Sünde/Gnade Grundlage der Formation einer bestimmten Weltsicht der religiösen Praxis, die als Urteilsgrundlage für ökonomische, politische und familiäre Erfordernisse dienen. Diese Duale sind mit den Funktionssystemen aber nicht „natürlich" integriert, sondern müssen laufend abgestimmt werden. Damit mehren sich Konfliktpotentiale und die Kommunikationserfordernisse. Dies wirkt aber wieder auf das Religionssystem zurück, wo sich verschiedene Praktiken herausbilden, die verschiedene Zugänge (von liberal zu orthodox oder fundamental) herausbilden. Für die Ausdifferenzierung einer spezifischen religiösen Praxis ist neben dem Religionssystem

71 Diese Feststellung wird noch weiter unten in der rational choice theory und der Heilsökonomie eine Rolle spielen.

selbst auch das Verhältnis zwischen Religionssystem, politischen System und Familiensystem zu berücksichtigen. Eine starke Differenzierung ist möglich, wenn die Funktionssysteme nicht so stark integriert sind, wie es eben in der pluralistischen Gesellschaft der Fall ist (vgl. LUHMANN 1982, 196).

4.2.1.4 Mögliche religionsökonomische Zugänge in der Systemtheorie Luhmanns

Religionsökonomische Betrachtungen führen die Teilsysteme Religion und Ökonomie zusammen. Bis zum Schluss konnte Luhmann jedoch keine Antwort darauf finden, wie die Religion mit den Teilsystemen kompatibel ist. Religion scheint lt. Kött kein Teilsystem zu sein – das ist nur eine Einschätzung Luhmanns. Die Religion spielt zwar die Rolle eines Teilsystems, fühlt sich aber für alle Bereiche zuständig. Sie hat auch gewissermaßen die Rolle einer Querulantin (KÖTT 2003, 216). Bei Luhmann ist die Rolle der Religion paradox: Sie ist eine soziale Notwendigkeit, sie läuft aber mit ihren Irrationalitäten Gefahr, sich selbst aus der rationalen Gesellschaft auszuschließen. Empirisch ist aber nachweisbar, dass es einen Zusammenhang zwischen Religion und Lebensführung gibt[72] (KÖTT 2003, 217-219).

Moral ist das Bindeglied der Gesellschaft bei Durkheim.[73] Bei Luhmann erfolgt die Integration nicht mehr über die Moral, denn sowohl jene, die die Moral befolgen, als auch jene, die sie nicht befolgen, gehören zur Gesellschaft (vgl. HORSTER 2007, 1f). Moral ist auch kein eigenes Funktionssystem, weil sie sich nicht in einem eigenen System ausdifferenzieren lässt. Der binäre Code von gut und böse findet sich in keinem der sozialen Teilsysteme. Bei Augustinus (vgl. De Trinitate IX, 6, 1) war eine Aussage wahr, wenn sie von einem guten Menschen gemacht wurde. Heute kann z. B. ein Ökonom ein guter Ökonom sein, ohne ein moralisch guter Mensch sein zu müssen. Moral alleine ist also nicht mehr wirksam (vgl. HORSTER 2007, 3-6).

---

72 So gibt es z. B. einen positiven, statistisch nachweisbaren Zusammenhang von individueller Religiosität der Frauen und der Fertilitätsrate (vgl. TAFNER 2008, 17-22).

73 Durkheim geht davon aus, dass das Christentum die Individualisierung ermöglicht hat. „Der Individualismus sei älter als die Aufklärung und gehe auf das Christentum zurück. Denn das Christentum habe das Zentrum des moralischen Lebens von außen nach innen verlegt und das Individuum zum souveränen Richter seines eigenen Handelns gemacht" (KIPPPENBERG 2004, 112). Obwohl das Individuum immer autonomer werden konnte, wurde es gleichzeitig durch die Arbeitsteilung auch immer mehr von der Gesellschaft abhängig. Individualismus und Solidarität laufen also anscheinend parallel, das individuelle Leben wird durch das kollektive ermöglicht. Es muss daher ein moralisches Band der Gesellschaft geben, das das Individuum schützt und die Gesellschaft aufrecht erhält. Für Durkheim lieferte die Religion das moralische Band, das Individualismus und Solidarität ermöglicht (vgl. KIPPENBERG 2004, 110).

Moral gibt aber bestimmte Interaktionsregeln vor, damit Kommunikation überhaupt passieren kann. Die doppelte Kontingenz macht Moral notwendig: Es muss Regeln geben, auf die man sich verlassen kann, wenn beide Seiten der Kommunikation kontingent handeln. Ego muss erwarten können, dass Alter sich nach bestimmten Regeln verhält. Diese Erwartungen bzw. Erwartungserwartungen sind in Summe die Moral. Die Normen sind dabei rechtliche, moralische und konventionelle. Die moralischen Regeln leiten sich aus bestimmten Werten ab. Werte wiederum gelten laut Luhmann unbegründet, sie gelten, weil sie gelten. Die doppelte Kontingenz macht sie aus dem System heraus notwendig. Werturteile laufen in der Kommunikation immer mit und werden nicht eigens thematisiert. Das Akzeptieren der Werte wird dabei unterstellt. So ist es unmöglich zu fragen, ob man vertraut, denn die Frage selbst würde Misstrauen schaffen. Die Frage kann also niemals gestellt werden. Auch die Frage: „Bist du für den Frieden?“ würde ähnliche Vermutungen auslösen und den Verdacht auf Hintergedanken öffnen. Moral ist demnach – wie bereits oben erwähnt – kein eigenes Subsystem, sondern „eine gesellschaftsweit zirkulierende Kommunikationsweise“. Sie ist mit gut/böse codiert und kann kein eigenes Subsystem ausformen, weil sie in allen Kommunikationen mitläuft (vgl. HORSTER 2007, 7-15).

Moral irritiert aber nach Luhmann die Systeme. Wie weit sie sich dadurch aber determinieren lassen, ist eine andere Sache. Moral ist auch der Ausdruck der wechselseitigen Achtung. Die Gefahr, die von ihr ausgeht, sind der Eifer und die Aufdringlichkeit. In der Moral liegt daher auch die Möglichkeit, Streit zu erzeugen (vgl. HORSTER 2007, 7 u. 16).

Hier können wir nun religionsökonomisch ansetzen: Auch wenn Luhmann versucht, die Moral von den Religionen zu trennen, ist dies insbesondere bei den monotheistischen nicht möglich. Würde sich das Christentum von Moral verabschieden, würde es wohl die Botschaft Christi hintergehen. Ebenso sind Judentum und Islam ohne Moral undenkbar. Die religiöse Moral unterscheidet sich von anderen Formen der Moral – z. B. von jener des Diskurses bei Habermas (vgl. HORSTER 1999, 55) – dadurch, dass die Moral in der Transzendenz begründet wird. Luhmann führt ja aus, dass das konstitutive Element der Religion die Einheit der Differenz von Immanenz und Transzendenz ist. Somit ist die Transzendenz dem moralischen Denken bzw. der moralischen Handlung vorgereiht. Oder anders gesagt: Transzendenz ermöglicht religiöse Moral, die irritierend auf andere Subsysteme wirkt. Oder noch klarer: Der religiöse Mensch begründet seine moralische Handlung in der Transzendenz und irritiert durch seine Kommunikation andere Subsysteme. So kann die Religion, indem sie ethische Grundlagen schafft, durch die Moral auf die Ökonomie wirken. Dies ist zwar keine automatische Wirkungskette, doch kann prinzipiell dadurch die Religion auf die Wirtschaft einwirken, eben durch Irritationen.

Luhmann, Habermas und Berger stehen m. E. für drei verschiedene gesellschaftliche Zugänge zur Legitimation von Moral: Luhmann betrachtet die Gesellschaft funktional; Moral ist dabei keine Vorgabe, sondern aus dem System selbst entstehend. Habermas verweist immer wieder auf Moral, leitet sie aber rational her, indem für die Erhaltung einer Demokratie vor allem die Grundwerte Freiheit und soziale Gerechtigkeit gesichert sein müssen. In jüngster Zeit verweist er auch auf die „vorpolitischen moralischen Grundlagen eines freiheitlichen Staates" (HABERMAS 2004). Berger verweist auf eine Legitimationsfunktion der Religion: Religionen stellen Moral zur Verfügung, indem sie diese transzendal legitimieren. Moral also legitimiert sich aus der Gesellschaft selbst (Luhmann), aus der Vernunft[74] (Habermas) oder aus der Religion (Berger).

Ähnlich funktioniert die Irritation über das Recht. Dabei wird aber noch eine weitere Ebene, eben das Recht, zwischengeschaltet. Wenn es gelingt, durch demokratische Prozesse in einer pluralistischen Gesellschaft religiöse Werte und Normen zu Gesetzesbestandteilen zu machen, dann kann die dahinter liegende Moral über den Umweg der Gesetze auf die Wirtschaft einwirken. Auch dabei ist nicht garantiert, dass der Wirkungszusammenhang funktioniert: Zuerst muss es ermöglicht werden, dass tatsächlich aus religiöser Moral Recht wird; zweitens muss das geschaffene Recht auch von der Wirtschaft eingehalten werden, was wiederum bestimmte Institutionen wie rechtliche Strafandrohungen oder Moral voraussetzt.[75]

Dieses Zusammenführen der Subsysteme bezeichnet Luhmann selbst als eine neue Rationalität. Durch die Differenzierung der Gesellschaft wurde auch alles, was Erfolg im Sinne der Funktion war, für rational gehalten. Effiziente Politik, wirtschaftlicher Erfolg, wissenschaftliche Kenntnis, Bildung usw. gelten daher in unserer ausdifferenzierten Gesellschaft als rational.[76] Die Erfahrungen mit der System/Umwelt-Relation lassen das aber revidieren. Systeme müssen stärker die Umwelt berücksichtigen, d.h. die Umwelt in die Selbstbeschreibung einführen. Ansonsten werden die Systeme immer mehr von sich selbst abhängig. Rationalität müsste dann das bezeichnen, was die Systeme wieder zusammenbringt! In der Tradition war auch Rationalität so verstanden. (vgl. LUHMANN 1998, 40).

---

74 Wobei Habermas dabei auch der Religion eine wichtige Rolle zuweist – siehe dazu weiter unten.

75 Diese Gedanken werden im Kapitel 7 „Institutionenökonomie und Religion" eine wesentliche Rolle spielen.

76 Unklar blieb für mich, ob Luhmann dies auch für Immanenz/Transzendenz gelten lässt.

Luhmanns Theorie lässt aber nur auf indirekten Wegen, wie hier gezeigt werden soll, eine Zusammenführung der Subsysteme zu.

Die Frage nach dem Sinn von Sinn bleibt für die Gesellschaft und den Menschen eine entscheidende, ja existenzielle. Die Religion erfasst dieses Problem. Vor allem in Sinnkrisen – so Luhmann – greift der Mensch auf die Religion zurück. Es ist interessant und an dieser Stelle erwähnenswert, dass Luhmann, Luckmann, Berger und Lübbe Kontingenz zur Definition von Religion verwenden, wobei Kontingenz darin als Sinnlosigkeit, Bedrohung oder unbestimmbare Komplexität begriffen wird. Dagegen muss – nach deren Definitionen – die Religion Abhilfe schaffen (vgl. ESTERBAUER, 1989, 52-57). Nach Esterbauer sind Kontingenz und Zufall sehr oft bedrohlich oder sinnwidrig. Es wird aber vergessen, dass Kontingenz auch Glück und Freude bedeuten kann und dass auch diese religiöse begründet, gedeutet oder verarbeitet werden können (vgl. ESTERBAUER 1989, 58).[77]

„Man kann dann auch sagen, dass eine Kommunikation immer dann religiös ist, wenn sie Immanentes unter dem Gesichtspunkt der Transzendenz betrachtet" (LUHMANN 2002, 77). Dieses Zitat ist m. E. ein wichtiger Anknüpfungspunkt zur Wirtschaft, da ja sowohl ökonomischer Erfolg als auch Misserfolg im Sinne von Kontingenz nach Esterbauer religiös gedeutet werden können. Eine derartige Betrachtung würde ich auch als religionsökonomisch bezeichnen. Weber hat auch den wirtschaftlichen Erfolg religiös begründet und Benjamin ging noch ein Stück weiter, indem er den Kapitalismus überhaupt als neue Religion betrachtete. Es erscheint mir der Schluss richtig, dass ökonomische Entscheidungen religiös begründet sein können, wenn religiöser Sinn durch re-entry erzeugt wurde. Aber nicht nur Entscheidungen, sondern auch jeder ökonomische Outcome – ob

77 Esterbauer weist in seiner Phänomenologie des Zufalls und des Glücks darauf hin, dass Kontingenz etwas Positives oder Negatives sein kann. Kontingenz versteht er als Zufall, etwas, das einem zufällt. Er unterscheidet auch zwischen Glück-Haben und Glück-Sein. Der deutsche Glücksbegriff umfasst neben dem theologisch-eschatologischen Begriff Glückseligkeit zwei Bedeutungen, die sowohl im Lateinischen (fortuna u. felicitas) als auch im Griechischen jeweils eigene Begriffe haben. Auch im Englischen und Französischen findet man verschiedene Begriffe (luck – happinies bzw. fortune, chance, hasard – bonheur). Das Glück, das jemand hat, das jemandem zufällt, ist ein äußeres. Man findet dieses Glück nicht in sich, sondern man erhält dieses Glück, es ist ein objektives Glück. Es kann als „Glück-Haben" umschrieben werden. Das subjektive Glück umschreibt das Glücklich-Sein und ist eine zufriedene, freudige Grundstimmung des Lebens. Glücklich-Sein kann auch dann anhalten, wenn man einmal Pech hatte. Sowohl Glück-Haben als auch Glück-Sein weisen die Eigenschaft Zufall auf (vgl. ESTERBAUER 1989, 142-174). „Wenn positive Realität zufällt und es einem gegeben ist, diese als beglückende in der Hingabe zu erfahren, kann sich Glück ereignen" (ESTERBAUER 1989, 180).

gewollt oder ungewollt – kann religiös gedeutet werden.[78] Damit kann jeder ökonomische Erfolg (siehe Weber) oder Misserfolg religiös gedeutet werden. Eine weitere religionsökonomische Komponente in Luhmanns Systemtheorie könnte in den Leistungen der Religionen, also in Diakonie i. w. S. und in der Seelsorge zu finden sein. Wenn Diakonie Handlungen setzt, die aufgrund wirtschaftlicher Gegebenheiten notwendig sind und religiöse Organisationen jene negative Auswirkungen beseitigen müssen, die andere Systeme hinterlassen haben, kann kommt es zu einer Interdependenz von Wirtschaft und Religion und damit zu religionsökonomischen Auswirkungen. Da in der Diakonie die Religionsgemeinschaften mit Organisationen aus anderen Systembereichen zusammenarbeiten müssen, sind in diesem Bereich viele Anpassungen an deren Systeme notwendig.

Wir können mögliche religionsökonomische Zusammenhänge in Luhmanns Systemtheorie so zusammenfassen:

1. Die Moral, die in der Kommunikation in beiden Teilsystemen mitläuft, ermöglicht eine Irritation in beiden Systemen. Dadurch kommt es zu einer Koppelung. Religiöse Moral, die transzendent begründet ist, irritiert das System Ökonomie, welches auf diese Reizung reagieren kann – aber nicht muss. Über die Moral gibt es also einen möglichen religionsökonomischen Zugang.

2. Das System Recht ermöglicht eine weitere Kopplung: Im demokratisch legitimierten Verfahren kann unter Wahrung von Minderheitsrechten aus

---

78 Luhmann weist darauf hin, dass jede Entscheidung ex ante kontingent ist, da sie nur aus dem Wissen zum Zeitpunkt der Entscheidung heraus getroffen werden kann. Ob sich die Entscheidung als tatsächlich richtig herausstellen wird, lässt sich erst ex post darstellen. Vor allem ökonomische Entscheidungen hängen von den Entscheidungen anderer Marktteilnehmer, vor allem der Konkurrenz ab. Über die Marktfähigkeit entscheidet dann lt. Luhmann nicht die Richtigkeit der Entscheidung, sondern die Fähigkeit, Auswirkungen von Entscheidungen auch „aussitzen" zu können. Damit ist nicht die Fähigkeit, Entscheidungen richtig zu treffen ausschlaggebend, sondern die eigene Marktmacht. „Eine auf Gewinn abzielende Strategie kann nur dann richtig sein, wenn die des Konkurrenten falsch ist. Es mögen beide falsch sein, das ist trivial. Es mögen beide ihre Strategie für richtig halten; dann stellt sich erst später bei Überproduktion heraus, wer den kürzeren zieht, also eine falsche Strategie gewählt hatte. Wenn man vorher wissen kann, wer den kürzeren zieht, wählt dieser eine falsche Strategie. Insofern ist eine Differenz an Durchhaltevermögen der Faktor, der zwischen richtig und falsch diskriminiert. Wenn die beobachteten Marktteilnehmer dies aber nicht wissen, braucht der Beobachter zur Beschreibung der Situation einen dritten Wert: riskant. Riskant ist ein dritter Wert, der die Differenz der beiden anderen reflektiert. Eine Strategie ist riskant, wenn sie richtig ist, wenn die Strategie des anderen falsch ist, und falsch ist, wenn die Strategie des anderen richtig ist" (LUHMANN 1988, 120).

religiöser Moral Recht entstehen. Dieses Recht kann eine wahrscheinlich stärkere Irritation für die Ökonomie werden.

3. Die Religion erbringt auch Leistungen bzw. Dienste für Subsysteme. Durch Seelsorge wirkt die Religion auf psychische Systeme und durch Diakonie auf soziale Systeme.

4. Diese Irritationen können auch in die Gegenrichtung laufen bzw. Interdependenzen auslösen.

5. Nur im Religionssystem kann ökonomischen Misserfolg und Erfolg transzendental begründet werden.

6. Bislang wurde Rationalität immer als eine Rationalität der jeweiligen Subsysteme gesehen. Es gibt also eine Rationalität der Ökonomie, eine Rationalität des Rechts etc. Es wäre aber viel rationaler, die einzelnen Subsysteme wieder zusammenzuführen. Das wäre nach Luhmann eine neue Rationalität – ohne dieser aber in seiner Theorie einen Platz zu geben! Die Religionsökonomie ist ein kleiner Schritt in diese Richtung.

4.2.2 Potenzielle religionsökonomische Ankerpunkte bei Habermas

Auch Habermas geht von einer ausdifferenzierten Gesellschaft mit Systemen aus. Systeme entstehen bei ihm aber aus der Lebenswelt und formen gesellschaftliche Teilbereiche wie Politik und Wirtschaft aus. Bei Luhmann besteht die gesamte Gesellschaft aus Systemen, bei Habermas besteht die Gesellschaft aus Lebenswelt und Systemen; beide zusammen formen die Gesellschaft, der Mensch ist Teil dieser Gesellschaft. Gesellschaft entsteht im Handeln der einzelnen Menschen und ist ein Netzwerk von kommunikativen Handlungen. Alles was Gesellschaft ist, ist in Sprache konserviert. Wer Sprache versteht, kommt der Gesellschaft näher. Kommunikatives Handeln ist auf Handlungsnormen und Werte bezogen, die die Gesellschaft ausmachen. Vernunft ist letzter Bezugspunkt des handelnden und sprechenden Menschen in Alltag und Wissenschaft. „Kommunikatives Handeln spielt sich innerhalb einer Lebenswelt ab, die den Kommunikationsteilnehmern im Rücken bleibt (...) Es ist ein implizites Wissen, das nicht in endlich vielen Propositionen dargestellt werden kann; es ist ein historisch strukturiertes Wissen, dessen Elemente aufeinander verweisen; und es ist ein Wissen, das uns insofern nicht zur Disposition steht, als wir es nicht nach Wunsch bewusst machen und in Zweifel ziehen können.“ (HORSTER 1999, 79: hier ist Habermas direkt zitiert aus TkH, 1 449 u. 451) „Dieses Wissen macht das aus, was Habermas ‚Lebenswelt' nennt. ‚Erst wenn ein Ausschnitt der Lebenswelt Situationsrelevanz gewinnt, kommen die kulturellen Selbstverständlichkeiten – aber auch nur dieser Ausschnitt – in den Blick. (...) Die Lebenswelt ist für ihre Bewohner deshalb von so hoher Selbstverständlichkeit, weil sie nichts von ihr wissen'" (HORSTER 1999, 79).

Aus der Lebenswelt heraus entstehen Systeme, die die Lebenswelt verlassen und sich verselbstständigen und wieder auf die Lebenswelt zurückwirken („Kolonialisierung der Lebenswelt"). Dies führt zu einer realen Gewaltentrennung zwischen Markt, administrativer Macht und öffentlicher Kommunikation. Recht ist ein Steuerungsmedium. Die Subsysteme Wirtschaft und Staat werden immer komplexer und dringen tiefer in die symbolische Reproduktion der Lebenswelt mittels Verflechtung ein (vgl. HORSTER 1999, 82-85). „Je mehr Freizeit, Kultur, Erholung, Tourismus von den Gesetzen der Warenwirtschaft erfasst werden und Schule die Funktion übernimmt, Berufs- und Lebenschancen zuzuteilen, desto stärker wird die Lebenswelt von Systemen bestimmt" (HORSTER 1999, 83). Konflikte treten an der Nahtstelle von Lebenswelt und System auf.

Kommunikation ist das verständigungsorientierte Handeln der einzelnen Menschen in der Lebenswelt einerseits und das strategische, erfolgsorientierte Handeln in Systemen andererseits. Für Habermas ist der einzelne Mensch also für die Gesellschaft relevant und kommunikatives Handeln ermöglicht Verständigung und gesellschaftlichen Konsens (vgl. BERGHAUS 2004, 21). Ein weiterer wesentlicher Unterschied zu Luhmann liegt darin, dass es Aufgabe der kritischen Theorie im Sinne von Habermas ist, die „Diskrepanz von Sein und Sollen herauszuarbeiten" (HORSTER 1999, 17), also eine Kritik an der Gesellschaft zu vollziehen. Für Luhmann ist Soziologie Beobachtung, bei Luhmann ist Wissenschaft eine moralische Verpflichtung, die die Gesellschaft zur Verbesserung antreiben soll.

Moralisches Handeln hatte in Gott und der Offenbarung ihren Bezugspunkt. Seit Beginn der Neuzeit sind als Bezugspunkt der Moral Gott und die Offenbarung verloren gegangen. (vgl. HORSTER, 101). Woher kommt denn nun die Moral? Habermas geht davon aus, dass „in der Sprache kulturelle Selbstverständlichkeiten, lebensweltliches Hintergrundwissen und unsere moralischen Überzeugungen konserviert sind (…) Sprache repräsentiert also die Lebenswelt, die den normativen Hintergrund von Erkenntnisleistungen darstellt. (...) Menschen handeln und müssen ihr Handeln mit anderen koordinieren. Das ist eine schlichte soziale Tatsache. Hintergrundüberzeugungen leiten das Handeln an. Handeln muss aber so selbstverständlich erfolgen und koordiniert werden, dass es im Alltag reibungslos geschieht. Die Vermittlung von kulturellen Selbstverständlichkeiten erfolgt sprachlich. (…) Die Grenzen des Handelns sind durch den Spielraum möglicher Beschreibungen bestimmt. Dieser ist festgelegt durch die Strukturen der Sprache, in der sich das Selbstverständnis und die Weltauffassung einer sozialen Gruppe artikuliert. Also sind die Grenzen des Handelns durch die Grenzen der Sprache gezogen" (HORSTER 1999, 46 u. 47). Bei Habermas haben Moral und Recht eine einheitliche Grundlage, nämlich das Diskursprinzip (vgl. HORSTER 1999, 91). Aus der Selbstreflexion – wie im Freudschen Modell – übernimmt Habermas die Diskurstheorie. Im Diskurs finden die Teilnehmer auf Basis von plausibel gemachter Erfahrung zu einem Konsens. Ein im Diskurs gefundener Konsens muss immer wieder mit der Erfahrungswirklichkeit konfrontiert werden. Konsens kann immer wieder korrigiert werden (vgl. HORSTER 1999, 29). „Wir haben keine schlagenden Argumente [für die Begründung moralischer und rechtlicher Regeln]. Was sollen wir also tun? Mein Vorschlag ist, Begriffe wie Wahrheit, moralische Wahrheit, moralische Geltung, Legitimität usw., diese Geltungsbegriffe mit Blick auf Verfahren zu klären, in denen wir Gründe angeben und andere überzeugen" (HORSTER 1999, 19). In der pluralistischen, demokratischen Gesellschaft bedeutet dies, dass Normen und Moral über demokratische Prozesse aus der Gesellschaft generiert werden müssen. Böckenförde hat bereits Mitte der 60er Jahre darauf hingewiesen, dass der freiheitliche, säkularisierte Staat nicht selber Werte vorgeben kann (sonst wäre er totalitär), sondern auf normativen Vorgaben aufbaut (vgl. BÖCKENFÖRDE 1976, 60). Es sind also verschiedene Weltanschauungen und Religionen, die die moralischen Grundlagen für die Gesellschaft liefern. Habermas führt aus, dass zwei gegenläufige Tendenzen derzeit die geistige Situation beherrschen: einerseits die Ausbreitung naturalistischer Weltbilder und andererseits der wachsende politische Einfluss religiöser Orthodoxien (vgl. HABERMAS 2005, 7). Er versteht die kulturelle und gesellschaftliche Säkularisierung als einen Lernprozess, der Aufklärung und religiöse Lehren zum Abstecken der gegenseitigen Grenzen benötigt. Von der Gesellschaft wird verlangt, dass sie das Recht auch respektiert und auch bereit ist, sich selbst in den demokratischen Rechtssetzungsprozess einzubringen. Bestimmte politische Tugenden sind also für das Funktionieren der Demokratie notwendig.[79] Diese Tugenden hängen sicher mit ethischen und kulturellen Überzeugungen zusammen. Solidarität könne sich nach Habermas nur dann herauskristallisieren, wenn „die Gerechtigkeitsprinzipien in das dichtere Geflecht kultureller Wertorientierungen Eingang finden" (HABERMAS 2004, 3). Allerdings könne eine „entgleisende Modernisierung der Gesellschaft" im Ganzen aber doch die Solidarität zerstören, die eine Demokratie braucht. Eine derartige Entwicklung sieht er im „Abbröckeln der staatsbürgerlichen Solidarität" durch eine „unbeherrschte Dynamik von Weltwirtschaft und Weltgesell-

79 Dies erinnert an die Gedanken Nelsons, der für das Funktionieren der Marktwirtschaft und der Lösung des volkswirtschaftlichen Paradoxons Zugänge sucht, die sicherstellen, dass Eigennutz nur in der Marktwirtschaft verfolgt wird und in anderen Bereichen das Soziale in den Mittelpunkt rückt. Auf der Suche nach der effizienten Religion wird er nur in der Volkswirtschaftslehre und ihren Vermittlern fündig.

schaft".[80] Märkte, die ja nicht demokratisch funktionieren, übernehmen immer mehr Steuerungsfunktionen, sogar in Bereichen, die „in politischen oder vorpolitischen Formen der Kommunikation zusammengehalten worden sind. Dadurch werden nicht nur private Sphären in wachsendem Maße auf Mechanismen des erfolgsorientierten, an je eigenen Präferenzen orientierten Handelns umgepolt; auch der Bereich, der öffentlichen Legitimationszwängen unterliegt, schrumpft. Verstärkt wird der staatsbürgerliche Privatismus durch den entmutigenden Funktionsverlust einer demokratischen Meinungs- und Willensbildung, die einstweilen nur in den nationalen Arenen halbwegs funktioniert und darum die auf supranationale Ebenen verschobenen Entscheidungsprozesse nicht mehr erreicht" (HABERMAS 2004, 3). Hier kommt ganz eindeutig und klar die moralische Bewertung Habermas' zum Ausdruck: Die Ökonomie greift in zu viele Bereiche ein, das Selbstinteresse führt zu einer Entsolidarisierung der Gesellschaft, damit gehen Werte verloren, die auch als moralische Grundlage für die Demokratie notwendig wären. An diesem Punkt fragte Nelson nach der effizienten Religion, die der Ökonomie dienen könnte. Habermas geht in die andere Richtung, ruft aber nicht nur nach einer Vernunft der Aufklärung, sondern nach Religion. Religion ist für ihn nicht nur eine soziale Tatsache, sondern ein soziales Faktum, das Werte schafft oder erhält, die anderswo schon verloren gegangen sind. „Ich verteidige (...) Hegels These, dass die großen Religionen zur Geschichte der Vernunft selbst gehören. Das nachmetaphysische Denken kann sich selbst nicht verstehen, wenn es nicht die religiösen Traditionen Seite an Seite mit der Metaphysik in die eigene Genealogie einbezieht. Unter dieser Prämisse wäre es unvernünftig, jene ‚starken' Traditionen gewissermaßen als archaischen Rest beiseite zu schieben, statt den internen Zusammenhang aufzuklären, der diese mit den modernen Denkformen verbindet. Religiöse Überlieferungen leisten bis heute die Artikulation eines Bewusstseins von dem, was fehlt. Sie halten eine Sensibilität für Versagtes wach. Sie bewahren die Dimensionen unseres gesellschaftlichen und persönlichen Zusammenlebens, in denen noch die Fortschritte der kulturellen und gesellschaftlichen Rationalisierung abgründige Zerstörung angerichtet haben, vor dem Vergessen" (HABERMAS 2005, 12f). Habermas geht in seinem Gespräch mit Kardinal Ratzinger sogar so weit, dass er eine Lernbereitschaft der Philosophie gegenüber der Religion attestiert, die sich in der Asymmetrie der verschiedenen erkenntnistheoretischen Zugänge begründen lässt. Die Hellenisierung des Christentums habe zwar nicht nur Segen gebracht, aber auch die Aneignung von christlichen Inhalten durch die Philosophie ermöglicht. Die Philosophie habe zwar den religiösen in philosophischen Gehalt transformiert, den Inhalt aber nicht deformiert. Das Gottesebenbild des Menschen sei in die von allen zu achtende Menschenwürde umgewandelt worden. Hier bringt Habermas auch das Böckenförde-Theorem ins Spiel und will damit aufzeigen, dass das Umsetzen von religiösen und philosophischen und damit säkularen Werten

80 Im Hinblick auf die Weltwirtschaftskrise sind das beinahe prophetische Worte.

durchaus möglich ist. Es ist also gezeigt, dass die Religionen Wertelieferanten für den moralischen Unterbau der Gesellschaft sind. Der Ausdruck „postsekulär“ trage nach Habermas implizit der Anerkennung der Religionen Rechnung. Damit das Verhältnis von Glauben und Wissen auch in der Gesellschaft seinen verdienten Platz eingeräumt bekommen kann, wird sowohl von Gläubigen als auch Nicht-Gläubigen viel abverlangt. „Die Erwartung einer fortdauernden Nicht-Übereinstimmung von Glauben und Wissen verdient womöglich nur dann das Prädikat ‚vernünftig', wenn religiösen Überzeugungen auch aus der Sicht des säkularen Wissens ein epistemischer Status zugestanden wird, der nicht schlechthin irrational ist. In der Öffentlichkeit genießen deshalb naturalistische Weltbilder, die sich einer spekulativen Verarbeitung wissenschaftlicher Informationen verdanken und für das ethische Selbstverständnis der Bürger relevant sind, keineswegs prima facie Vorrang vor konkurrierenden weltanschaulichen oder religiösen Auffassungen. Die weltanschauliche Neutralität der Staatsgewalt, die gleiche ethische Freiheiten für jeden Bürger garantiert, ist unvereinbar mit der politischen Verallgemeinerung einer säkularistischen Weltsicht. Säkularisierte Bürger dürfen, soweit sie in ihrer Rolle als Staatsbürger auftreten, weder religiösen Weltbildern grundsätzlich ein Wahrheitspotential absprechen, noch den gläubigen Mitbürgern das Recht bestreiten, in religiöser Sprache Beiträge zu öffentlichen Diskussionen zu machen“ (HABERMAS 2004, 4).

Ich fasse zusammen: Religion ist nicht schlechthin irrational. Sie kann in der Gesellschaft eine wesentliche Rolle als Wertelieferant leisten. Die Ökonomisierung der Gesellschaft führt zu einer Aushöhlung der moralischen Grundlagen der Gesellschaft. Der Ankerpunkt in der Theorie Habermas' könnte nun in der moralischen Bedeutung der Religion im Setzen von Grenzen der Ökonomisierung und der Vernunft verstanden werden. Religionsökonomie in diesem Kontext verstehe ich hier als einen wirtschaftsethischen Zugang, aber darüber hinaus auch als eine Betrachtung der Werte, wie z. B. Vertrauen, die vor allem in der Institutionenökonomie, im Konzept des Sozialkapitals, aber auch der Frame-Selektion eine große Rolle spielen (siehe weiter unten). Die weiterführende religionsökonomische Betrachtung bleibt also nicht bei der moralischen Betrachtung per se stehen, sondern geht einen Schritt weiter und hinterfragt, was diese moralischen Grundlagen für die Gesamtwirtschaft einerseits und für die Einzelwirtschaft andererseits u. a. ökonomisch bedeuten könnten. Im nächsten Kapitel wird genau dies beleuchtet: Welche Rolle könnte die Religion für das Sozialkapital spielen?

4.3 Der ökonomische Blick auf die Religion (economics of religion): Religion und Sozialkapital

In Habermas' Theorie wird ein moralischer Unterbau benötigt, der von verschiedenen Religionen und Weltanschauungen mit ethischen Grundsätzen gefüllt wird. Aus diesem Unterbau werden Moral und Recht geschöpft. In Transformations- und Entwicklungsländern lässt sich feststellen, dass Länder mit der gleichen Ausstattung an Produktionsfaktoren verschieden hohen ökonomischen Output produzieren. Daraus ergab sich die Frage, wie dies möglich ist und welche Kräfte eine Gesellschaft zusammenhalten, um den wirtschaftlichen Fortschritt zu fördern. Die Antwort auf diese Frage wurde mit dem Begriff Sozialkapital gefunden. Verschiedene Volkswirte haben sich mit diesem Konzept auseinander gesetzt, besonders hervorgehoben können die Arbeiten von James Coleman und Robert Putnam werden. Putnam sah das Sozialkapital als ein Netz von horizontalen Verbindungen („set of horizontal associations") zwischen Menschen, um die Kooperation zugunsten eines gemeinsamen Ziels der Gemeinschaft („benefit") zu fördern. Coleman erweiterte diese Definition und ergänzte sie um vertikale Beziehungen durch hierarchische Strukturen und ungleicher Machtverteilungen. Er brachte ein, dass Sozialkapital auch negative und schädigende Effekte auf die Gesellschaft haben kann. Neben vielen weiteren Beiträgen zu diesem Thema soll noch Douglas North erwähnt werden, der auf die große Bedeutung von Institutionen für den ökonomischen Fortschritt hingewiesen hat. Francis Fukuyama stellt in seinem Buch „The End of History and the Last Man" (1992) das Vertrauen in den Mittelpunkt des Sozialkapitals. Vom Vertrauen hängen Fortschritt, Demokratie und Wettbewerbsfähigkeit ab. Vertrauen lässt sich seiner Ansicht nach durch Reziprozität und erfolgreiche Kooperation in Netzwerken ziviler Einrichtungen messen. Sozialkapital wird seiner Auffassung nach von kulturellen Wurzeln, die er als ethische moralische Gewohnheiten bezeichnet, getragen. Werte und Tugenden sind daher für das Ausbilden von Vertrauen und damit von Sozialkapital maßgebend. Er untermauert seine Ausführungen mit empirischen Studien. Christian Grootaert weist darauf hin, dass Sozialkapital sowohl Output als auch Input ist. Er sieht aber die Schwierigkeit im Messen dieser Ursachen und Wirkungen (vgl. FELDMANN u. a. 1999, 1- 37).[81]

81 Als ich gerade dieses Kapitel bearbeitete, erhielt ich ein E-Mail von einem Kollegen, der für eine in Not geratene Familie um finanzielle Unterstützung bat. Er bot an, die Zahlungen über sein Konto laufen zu lassen, damit die Abwicklung erleichtert wird. Ich habe zugesagt und einen Beitrag überwiesen, weil ich ihm voll vertraue. Das ist Sozialkapital! Der wichtigste Bestandteil des Sozialkapitals ist das Vertrauen. Es erleichtert die Kommunikation und reduziert die Transaktionskosten unglaublich.

Bereits Coleman sah in der Religion eine besondere Bedeutung für das Sozialkapital. Für ihn haben die Netzwerkbildungen von Familie, Schule und religiöser Gemeinschaft gerade in privaten katholischen Schulen einen positiven Einfluss auf Schulleistung und Schulabschluss. Der Religion wurde allerdings bei der Forschung im Bereich des Sozialkapitals lange Zeit wenig Beachtung geschenkt. Vor allem in Nordamerika wurden aber entsprechende Studien durchgeführt, kaum welche hingegen im deutschsprachigen Raum. In den Vereinigten Staaten löste Robert Putnam mit seinem Artikel „Bowling Alone“ (vgl. PUTNAM 1995) eine große Diskussion über das Sozialkapital aus.

“The early sixties were an unusual period in America. There was a great deal of political discussion and activism – it was the time of civil rights (and we were all involved in sit-ins and protests to some degree) and of Kennedy's election to the White House, which had an amazingly strong impact on young people at the time. (…) The language of his speech – 'Ask not what your country can do for you, but what you can do for your country' – had a powerful personal impact” (INFED SEARCH 2008a). “For many years, I've been worried . . . as a citizen . . . about things like the collapse of trust in public authorities. When I was growing up in the 1950s and 1960s, 75 percent of Americans said that they trusted their government to do the right thing. Last year, same survey, same question, it was 19 percent“ (INFED SEARCH 2008b). “We are not talking here simply about nostalgia for the 1950s. School performance, public health, crime rates, clinical depression, tax compliance, philanthropy, race relations, community development, census returns, teen suicide, economic productivity, campaign finance, even simple human happiness – all are demonstrably affected by how (and whether) we connect with our family and friends and neighbours and co-workers. And most Americans instinctively recognize that we need to reconnect with one another” (INFED SEARCH (2008c)). Schließlich definiert Putnam Sozialkapital: “Whereas physical capital refers to physical objects and human capital refers to the properties of individuals, social capital refers to connections among individuals – social networks and the norms of reciprocity and trustworthiness that arise from them. In that sense social capital is closely related to what some have called “civic virtue.” The difference is that “social capital” calls attention to the fact that civic virtue is most powerful when embedded in a sense network of reciprocal social relations. A society of many virtuous but isolated individuals is not necessarily rich in social capital“ (PUTNAN 2000, 19). Auf der Homepage Putnams ist seine Idee zusammengefasst zu lesen: “We are bowling alone. More Americans are bowling than ever before, but they are not bowling in Leagues” (PUTNAN 2008).[82] Als Lösungsansätze sieht Putnam das En-

---

82 Auf der Homepage Putnams zu seinem Artikel finden sich ohne Quellenangabe folgende Zahlen für die USA: Attending Club Meetings 58% drop, Family dinners 43% drop, Having friends over 35% drop (PUTNAM 2008).

gagement in Vereinen und Gemeinschaften sowie die informelle Bildung, die sich vor allem auf Gespräche und Konversation gründet.

Putnam sieht aber kaum den Bezug zur Religion. Mit dem Buch „Religion as social capital“ legen Smidt und Kane eine umfassende Darstellung des Zusammenhangs von Religion und Sozialkapital vor. Sie gehen davon aus, dass keine andere Institution so viel zum Sozialkapital in den USA beisteuert wie die Religion: das sind vor allem soziale Netzwerke, Freiwilligenarbeit, materielle und geistige Unterstützung sowie die ethischen Grundsätze der Religionsgemeinschaften (vgl. KANE u. a. 2003, 1-4).

Traunmüller führte eine empirische Studie mit ca. 9.000 Beteiligten für Deutschland durch, in der er hinterfragte, ob die individuelle Religiosität Auswirkungen auf die Bildung und Aufrechterhaltung des Sozialkapitals hat und ob es Unterschiede in den religiösen Traditionen gibt.

Derzeit beherrschen zwei Ansätze die wissenschaftliche Diskussion auf diesem Gebiet: Der erste geht davon aus, dass der religiöse Glaube mit moralischen Vorstellungen verbunden ist, die den Umgang mit Menschen bestimmen. Der zweite stellt den kulturellen Zugang insofern stärker in den Mittelpunkt, als kirchliche Einrichtungen einen gesellschaftlichen Rahmen bieten, in dem zwischenmenschliche Interaktion möglich ist. Diese beiden Zugänge wirken – so die wissenschaftliche Annahme – in den verschiedenen Religionsgemeinschaften verschieden. So werden der Katholizismus als kollektivistisch und der Protestantismus als individualistisch eingestuft. Im ersten Zugang sind die Netzwerke stärker durch Tradition und Familie vorgegeben und im zweiten stärker durch freiwillige Beziehungen wie Freundschaften. Muslimische Gemeinschaften sind nach dieser Ausführung den katholischen sehr ähnlich. In der Fragebogenerhebung wurden die sozialen Kontakte auf verschiedenen Ebenen und die Religiosität erhoben und miteinander in Beziehung gesetzt. Sowohl die individuelle Religiosität als auch die öffentliche religiöse Praxis haben demnach eine Auswirkung auf die Sozialintegration. „Dabei lassen sich jedoch zum Teil deutliche Unterschiede zwischen den religiösen Traditionen ausmachen. Während etwa regelmäßiger Gottesdienstbesuch für alle Religionen mit einem größeren Freundschaftsnetzwerk einhergeht und zu häufigeren Treffen mit Freunden und Nachbarn führt, wird die Einbindung in formelle Netzwerke zivilgesellschaftlichen Engagements vornehmlich in christlichen Konfessionen und hier insbesondere im Protestantismus gefördert. Allerdings zeichnet sich keine der betrachteten religiösen Traditionen durch besondere identitäts- oder statusüberbrückende Wirkungen aus“ (vgl. TRAUNMÜLLER 2008, 1).

Spiegel hat in seiner Masterarbeit untersucht, was Menschen zur ehrenamtlichen Mitarbeit in der Katholischen Aktion bewegt. Er fand in seiner empirischen Untersuchung heraus, dass die Vermittlung von Werten und die Stärkung von sozialen Aspekten in der Gesellschaft die Hauptmotivationen seien. Demotivierend für das Engagement sind die knapper werdenden finanziellen Mittel, die „Doktrin des Geldes", die begrenzten zeitlichen Ressourcen und die Strukturdebatten (vgl. SPIEGEL 2008). Aus diesem Befund ist eindeutig die Bedeutung der Freiwilligenarbeit für das Sozialkapital herauszulesen.

Noch klarer wird die Bedeutung der Freiwilligenarbeit für das Sozialkapital in der Untersuchung der Freiwilligenarbeit in Österreich durch Statistik Austria. „Freiwilligenarbeit ist eine Leistung, die freiwillig und ohne Bezahlung für Personen außerhalb des eigenen Haushaltes erbracht wird. Damit ist die im eigenen Haushalt geleistete unbezahlte Haus- und Familienarbeit nicht einbezogen" (STATISTIK AUSTRIA 2007a, 10). Über drei Millionen Österreicher/innen sind in der Freiwilligenarbeit aktiv, das sind 44% der über 15-jährigen Österreicher/innen. Im Durchschnitt arbeiten diese Personen 3,9 Stunden pro Woche und erbringen eine Arbeitsleistung von einer halben Million Erwerbstätigen! Als Motiv gaben fast zwei Drittel an, dass es ihnen Spaß mache, 58% wollen damit anderen helfen und 49% gaben an, dass sie dabei andere treffen und Freunde gewinnen (vgl. STATISTIK AUSTRIA 2007a, 113). In der Untersuchung wurde zwischen formeller und informeller Freiwilligenarbeit unterschieden. Zur formellen Freiwilligenarbeit zählen: „Katastrophenhilfs- und Rettungsdienste" (z.B. Freiwillige Feuerwehr, Berg- Wasserrettung, Rotes Kreuz), „Kunst, Kultur, Unterhaltung und Freizeit" (z.B. Musikkapelle, Theatergruppe), „Umwelt, Natur- und Tierschutz" (z.B. WWF, Greenpeace), „Kirchlicher, religiöser Bereich" (z.B. Kirchenchor, Pfarrgemeinderat, Ministrant), „Sozial- und Gesundheitsbereich" (Hilfsorganisationen zur Betreuung anderer Personen, Pensionistenverband, Leitung von Selbsthilfegruppen), „Politische Arbeit und Interessensvertretung" (z.B. Politische Partei, Berufsverband, Gemeinderat), „Bürgerliche Aktivitäten und Gemeinwesen" (z.B. Ortsentwicklungsverein, BürgerInnen-Initiativen), „Bildung" (z.B. Elternverein, Lernhilfezentrum) sowie „Sport und Bewegung" (z.B. Sportverein, Bewegungsgruppe). Zur informellen Freiwilligenarbeit gehört die Nachbarschaftshilfe, wie Haushaltsarbeiten, Einkaufen, Kinderbetreuung, Gartenpflege (vgl. STATISTIK AUSTRIA 2007a, 10f). In dieser Definition ist Religion äußerst eng eingegrenzt, in dem sie sich lediglich auf den kirchlichen, religiösen Bereich bezieht. Es lässt sich nicht sagen, ob jemand z. B. anderen aus einer religiösen Motivation heraus hilft oder das Helfen an sich im Mittelpunkt steht. Geht man von dieser Definition aus – eine andere können wir ja ohnehin nicht vornehmen – dann erbringen 62% der Freiwilligen eine Tätigkeit im informellen Bereich. „Danach folgt „Kunst, Kultur, Unterhaltung und Freizeit" mit 17,1%, „Sport und Bewegung" mit 15,7%, „Kirchlicher und religiöser Bereich“ mit 14,2% und „Katastrophenhilfs- und Rettungsdienste“ mit 13,7%. Nur 4,8% gaben den Bereich „Bürgerliche Aktivitäten und Gemeinwesen“ und je 5,8% „Umwelt, Natur und Tierschutz“ sowie „Bildung“ an“ (STATISTIK AUSTRIA 2007a, 20). Selbst in dieser engen Definition kommt die Bedeutung des religiösen Bereiches für das Sozialkapital in Österreich zum Ausdruck. Umgerechnet auf die gesamten Freiwilligen erbringen die im kirchlichen Bereichen Aktiven die Arbeitsleistung von 71.000 Erwerbstätigen (14,2% von 500.000). Würden diese 71.000 Arbeitstätigen genau das österreichische Durchschnittseinkommen lt. Bruttomedianeinkommen am Arbeitsort verdienen (dieses liegt für 2007 bei € 25.256 brutto jährlich (vgl. TAFNER 2008d, 5)), so würden sie insgesamt ein jährliches Einkommen von € 1,8 Mrd. erwirtschaften!

Auf das Vertrauen im Speziellen wird an dieser Stelle nicht eingegangen, denn es ist auch ein wesentlicher Bestandteil in der Institutionenökonomie, die weiter unten dargestellt wird.

Zusammengefasst kann festgestellt werden, dass die Religion ein Bestimmungsfaktor im Sozialkapital ist und dass noch weitere Studien auf diesem Gebiet für den deutschsprachigen Raum notwendig sind.

5. Mikroreligionsökonomie

Die bisherigen Betrachtungen waren makroreligionsökonomische. In diesem mikroreligionsökonomischen Segment gibt es eine unglaubliche Fülle an Themen, die behandelt werden könnten. Verschiedene Elemente können vom religiösen oder ökonomischen Blickwinkel aus gesehen werden, oder es können die religiösen und ökonomischen Interdependenzen aufgezeigt werden. Es ist nicht möglich, alle derartigen Elemente hier aufzulisten oder gar im Überblick darzustellen. Es sollen stellvertretend vier Themen behandelt werden: das Geld, die rational choice theory, das Modell der Frame-Selektion und die Institutionenökonomie. Das Thema Geld soll als Beispiel für die unglaubliche Fülle an verschiedenen Themen dienen, die als einzelnes Element betrachtet werden können. Die rational choice theory jedoch ist von besonderer Bedeutung. Sie steht auch für die Vernetzung von Religion und Ökonomie, aber eben nur auf der Mikroebene, denn die Elemente ihrer Untersuchung sind Individuen oder Organisationen. Ihre wirtschaftliche Systematik ist der Mikroökonomie entnommen. Die rational choice theory stellt derzeit in der Literatur den wichtigsten Vertreter der Religionsökonomie dar. Verschiedene Veröffentlichungen sehen die Religionsökonomie gar nur in diesem Zugang abgebildet. Ich habe bereits mehrmals darauf hingewiesen, dass ich dies einerseits für eine eingeschränkte Sicht halte und andererseits das Modell selbst in seinen Prämissen und Zugängen einer kritischen Beleuchtung bedarf.

5.1 Der religiöse Blick auf die Wirtschaft (religious economics) am Beispiel Geld

Es ist nicht möglich, die gesamte Thematik dieses Bereiches auch nur annähernd in dieser Arbeit zu beleuchten. Es kann hier nur ein leichtes Antippen einer hoch spannenden und äußerst interessanten religionsökonomischen Materie vorgenommen werden, um es in seiner Bedeutung in die Struktur einzuordnen und eine marginale Vorstellung des Themas zu ermöglichen.

Steiner weist darauf hin, dass Geld etymologisch von „gelten“ abgeleitet wird. Ursprünglich bezeichnete „gelten“ und „Geld“ eine offene Leistung, also Schulden, zuerst eine Schuld gegenüber einer Gottheit; eine Schuld, die man mit Opfern lösen konnte. „Kelt“ lässt sich als Bezeichnung für heidnische Gottesdienste nachweisen. Es gibt Belegstellen, die „Geld“ auch als Bezeichnung für den Kultus verwendeten. Geld konnte auch für die Gottheit selbst oder das Götzenbild stehen. Von „Geld“ und „gelten“ kommt auch die Anwendung im Rechtsbereich. „Wergeld“ war die Geldbuße für die Verletzung oder Tötung eines Menschen, um Blutrache abzuwenden. Es war keine Strafe, sondern eine Buße für die Ehrverletzung der Sippe. Ähnliches findet sich auch im Ablass. Das Wort

„Schuld“ beschrieb etwas, was man tun soll, was man schuldig ist. Heute wird Schuld vor allem im Zusammenhang mit der Zahlungsverpflichtung verwendet. Mit der Begleichung einer Schuld war ursprünglich eine Sühneleistung, das Wiedergutmachen durch Zahlen von Wergeld oder einer anderen Buße gemeint (STEINER 2004, 41f).[83]

---

83 Selbst im Vaterunser taucht der Schuldenerlass aus, wird in Matthäus 6 nicht von der Vergebung der Schuld, sondern von Vergebung der Schuld*en* gesprochen. Darüber hinaus wird in der Hinführung zum Vaterunser auch vom Lohn gesprochen, den jene erhalten, die gerne in der Synagoge oder an den Straßenecken beten. „Wenn ihr betet, macht es nicht wie die Heuchler. Sie stellen sich beim Gebet gern in die Synagogen und an die Straßenecken, damit sie von den Leuten gesehen werden. Amen, das sage ich euch: Sie haben ihren Lohn bereits erhalten. Du aber geh in deine Kammer, wenn du betest, und schließ die Tür zu; dann bete zu deinem Vater, der im Verborgenen ist. Dein Vater, der auch das Verborgene sieht, wird es dir vergelten. Wenn ihr betet, sollt ihr nicht plappern wie die Heiden, die meinen, sie werden nur erhört, wenn sie viele Worte machen. Macht es nicht wie sie; denn euer Vater weiß, was ihr braucht, noch ehe ihr ihn bittet. So sollt ihr beten: Unser Vater im Himmel, dein Name werde geheiligt, dein Reich komme, dein Wille geschehe wie im Himmel, so auf der Erde. Gib uns heute das Brot, das wir brauchen. Und erlass uns unsere Schulden, wie auch wir sie unseren Schuldnern erlassen haben. Und führe uns nicht in Versuchung, sondern rette uns vor dem Bösen. Denn wenn ihr den Menschen ihre Verfehlungen vergebt, dann wird euer himmlischer Vater auch euch vergeben. Wenn ihr aber den Menschen nicht vergebt, dann wird euch euer Vater eure Verfehlungen auch nicht vergeben“ (Mt 6,5-15). „Ganz unbefangen geht der Text vom Lohngedanken aus. Dass das Tun des Guten belohnt wird, ist die Basis der Argumentation und wird als Erwartung nicht kritisiert. Allerdings fällt der Lohn für die beiden Verhaltensweisen sehr unterschiedlich aus. Wer seine Wohltätigkeit vor den Menschen tut („um von den Menschen gepriesen zu werden“), empfängt den Lohn von Menschen – durch deren Lobpreis. Er hat seinen Lohn schon erhalten. Wer seine Wohltätigkeit vor Gott tut, also im Verborgenen, wird den Lohn von Gott erhalten. Das Forum, vor dem die gute Tat getan wird, ist auch das Forum der Vergeltung der guten Tat. Ist mit der Erwartung solcher Vergeltung die Wohltätigkeit nicht desavouiert und als geheimer Egoismus entlarvt? Der Text stellt sich dieser Frage nicht, gibt allerdings zwei Hinweise, die gegen eine bejahende Antwort sprechen. (1) Die Vergeltung durch Gott wird nicht als Ziel des Handelns bezeichnet. Es heißt nicht, man solle Almosen im Verborgenen geben, damit Gott das Gute vergelte. Der Finalsatz in 6,4 zielt nicht auf den Lohn, sondern auf die Verborgenheit des Tuns (ebenso in 6,18; in 6,5f ist das positive Verhalten gar nicht mit einem Finalsatz verbunden). Der erwartete Lohn wird also nicht als Motivation des Handelns dargestellt. (2) Die Vergeltung durch Gott ist konsequent futurisch formuliert (…). Dadurch spielt das Moment des Vertrauens auf Gott in die Mahnung hinein. Während derjenige, der seine Guttaten ausposaunt, dafür Ansehen bei den Menschen erhält, handelt der verborgene Wohltäter ohne unmittelbare „Gegenleistung“, ohne die Sicherheit einer Vergeltung. Die Perspektive beim Lohngedanken ist allerdings weniger anthropologisch als vielmehr theologisch bestimmt. Es geht primär nicht um die Frage, ob der Mensch sich von der göttlichen Vergeltung zu seinen guten Taten motivieren lässt. Entscheidend ist der Gedanke der Zuverlässigkeit Gottes: Er lässt das Gerechtigkeitshandeln der Menschen nicht ins Leere laufen. Deshalb interessiert sich die Mahnung auch nicht für die Problematik einer subtilen religiösen „Ehrsucht“ (also: vor Gott etwas gelten zu wollen oder nur um des er-

Geld ist betriebswirtschaftlich Umlaufvermögen, volkswirtschaftlich erfüllt es die Tausch- und Recheneinheitsfunktion sowie die Wertaufbewahrungsfunktion[84]. Geld erfüllt aber mehr als diese Funktion. Wir haben bei Luhmann bereits erfahren, dass Geld Kommunikationsmittel ist. Es kann aber auch unter der Funktion der „Lösbarkeit" verstanden werden, dann kommen wir nämlich in die religiöse Sphäre. Das Geld hat also auch einen „soteriologischen Charakter". Mit dieser Metapher behaftet, passt es in die christliche Metaphorik des Heils (vgl. SOOSTEN 2004, 129).

Die Entstehung des Geldes ist die Entstehung des Münzgeldes. Für den Tausch wurde ein bestimmtes Volumen an Edelmetall vereinbart. Für die biblische Zeit war ein babylonisches Gewichtssystem ausschlaggebend (Talent, Mine, Scheckel). In der Weiterentwicklung wurden die Edelmetallstücke mit einem Gewicht standardisiert und mit einer Gewichtsangabe versehen. Dies waren also prä-monetäre Werteinheiten. Standardisierte Goldbarren gab es bereits 4000 v. Chr. in Ägypten. Der nächste Schritt war der eigentliche Schritt zum Geld: Die vereinbarte Leistung wurde nicht mehr im Gewicht bestimmt, sondern mit der Anzahl der Münzen, die standardgewichtet waren. Abwiegen war also nicht mehr notwendig, sondern zählen. Daher auch die Bezeichnung Zahlung. Geld erleichterte den Tausch und steigerte die Effizienz des Handels. Erst durch die Erfindung des Geldes wurde auch der Preis der Waren möglich und damit auch das Rechnungswesen, die Planung und das Denken in monetären Gewinn- und Verlustgrößen. Die Ausgabe von Münzen war von einigen Ausnahmen abgesehen immer in der Hand des Staates (vgl. ERNST 2006, 3-5 u. 13 u. 17).

Aber Münzen sind nicht die einzige Form von Geld. Alles, was die oben erwähnten drei Funktionen erfüllt, ist Geld. Im Laufe der Geschichte waren dies Naturalien, Muscheln, Speerspitzen, Gold oder Silber (vgl. REDEN 2008, 17). Heute unterscheiden wir zwei Formen von Geld: Bargeld in Form von Banknoten und Münzen sowie Giralgeld (Buchgeld), wobei das Giralgeld über 90% des gesamten Geldbestandes im Euroraum ausmacht. Der größte Anteil des Geldes sind also Forderungen bzw. Verbindlichkeiten auf Konten.[85] Die frühesten Spuren von Geld finden sich in Ägypten und Mesopotamien; Gold und Silber wurde abgewogen und für Zahlungen, insbesondere für Steuern und Abgaben verwen-

---

warteten Lohnes willen Gutes zu tun) und setzt den Akzent auf die Zusicherung: ‚und dein Vater, der im Verborgenen sieht, wird dir vergelten'" (HÄFNER, 4f)

84 Es ist interessant, dass Geld in den einschlägigen wirtschaftswissenschaftlichen Lehrbüchern nicht ontologisch, sondern ausschließlich funktional erklärt werden kann. Deutschmann dazu: Es „müsste eine Definition des Geldes gefunden werden. Dies aber erweist sich nicht minder schwierig als im Fall der Religion" (DEUTSCHMANN 2004, 149).

85 In der Währungsunion der Europäischen Union definiert die Europäische Zentralbank, was Geld ist, und unterscheidet dabei drei Geldaggregate von M 1 bis M 3, die sich durch ihre Liquidität unterscheiden (M steht dabei für Geldmenge)(vgl. TAFNER 2009, 102).

det. Im 3. und 2. Jahrtausend v. Chr. wurde das Geld über Verteilungssysteme in Umlauf gebracht, die an Tempel und Paläste angebunden waren. Metalle und Naturalien ergingen an Könige und Priester, die einen Teil als Löhne und Belohnung an Untertanen weiter gaben. Geld diente auch – wie oben beschrieben – als Sühneleistungen. Im Gesetzeskodex des babylonischen Königs Hammurabi (frühe 2. Jahrtausend v. Chr.) finden sich Bestimmungen über Strafzahlungen in Silber.

Die ersten Münzen der westlichen Geschichte stammen aus Ephesos. Dahinter steckt der legendäre Reichtum von König Krösus (560-546 v. Chr.). Der Reichtum der Lydier baute auf natürliche Ressourcen: Der Fluss Paktolos lieferte ein Gemisch aus Gold und Silber, aus dem im 7. Jh. v. Chr. die erwähnten Münzen geschlagen wurden. Sie wurden unter den Fundamenten des Artemistempels gefunden.

Scheidegeld[86] taucht erstmals in hellenistischer und römischer Zeit auf, wird jedoch nicht über die Grenzen hinweg akzeptiert. Ausnahme waren die Ptolemäer in Ägypten, die im 3. Jh. v. Chr. Silbermünzen als Scheidegeld verwendeten. Damit diese auch akzeptiert wurden, mussten alle anderen Währungen umgetauscht werden, was natürlich einen großen Gewinn brachte (vgl. REDEN 2008, 26-21).

Der wesentliche Unterschied zwischen der Antike und unserer modernen Welt ist die ausdifferenzierte Gesellschaft, wie wir sie bereits zu Beginn erörtert haben.[87] In der frühen Geldwirtschaft spielten die Tempel eine entscheidende Rolle; sie waren die Wirtschaftszentren schlechthin. So war der Artemistempel in Ephesus als einer der größten Tempel im römischen Reich ein wichtiges Wirtschaftszentrum: Steuern, Pachtgelder, Zehentabgaben und Geldstrafen wurden dort entrichtet (vgl. SCHAPER 2008, 28-30). Seaford weist darauf hin, dass es bereits in der Salonischen Gesetzgebung die Festlegung von Preisen für Opfertiere gibt. Dabei spielte der Opferstier eine zentrale Rolle, weil er als Wertmaßstab für alle Austauschbeziehungen galt. Die „Monetarisierung des Kults" könnte dann in einen weiteren Schritt auch zur Entstehung des Monismus in der grie-

86 Darunter versteht man Geld, dessen Nominalwert höher ist als der Edelmetallwert.

87 „Religion, Politik, Ökonomie und Recht bildeten im Alltagsgeschehen der Antike ein ineinander verzahntes Geflecht von Überzeugungen, Machtstrukturen, Wirtschaftsformen, Vorschriften und Gewohnheiten. Münzen waren nicht nur Zahlungsmittel, sondern auch Träger religiöser und politischer Botschaften. Politische Herrscher hatten nicht nur weltliche Macht, sondern waren auch Priester oder galten gar als göttliche Wesen. Tempel waren nicht nur religiöse Kultstätten, sondern auch bedeutende Wirtschaftsfaktoren und Orte der Rechtssprechung. Religiöse Überzeugungen waren nicht zuletzt auch wichtige Faktoren politischer Entscheidungen. Nehmen wir dieses Ineinander unvoreingenommen wahr, verstehen wir so manchen biblischen Text besser" (ALKIER 2007, 2).

chischen Philosophie, die sich auf die Suche nach dem einen materiellen Prinzip begab, beigetragen haben (vgl. SCHAPER 2006, 49f).

Auch im Jerusalemer Tempel wurden Naturalien und auch Geld im Tempel aufbewahrt, wie wir im Deuteronium lesen können.[88] Es ist erwiesen, dass der Wert der kultischen Abgaben am Tempel mit Hilfe von Edelmetallen standardisiert wurde, wahrscheinlich seit der Josianischen Reform, wenige Jahrzehnte vor dem Babylonischen Exil. Darüber hinaus wurde mit hoher Wahrscheinlichkeit Hacksilber, d.h. in kleine Barren gegossenes Silber hergestellt, wovon das zweite Buch der Könige berichtet.[89] Die Funktion als Münzstätte dürfte der Tempel auch nach dem Babylonischen Exil wieder aufgenommen haben. Das Zehnte wurde möglicherweise nicht nur für die Priester und Beschäftigten am Tempel genutzt, sondern auch zur Finanzierung von staatlichen u. a. militärischen Ausgaben. Es ist anzunehmen, dass in Juda kurz vor der Exilszeit neben der Naturalwirtschaft auch eine monetäre Wirtschaft entstand. Im zweiten Buch der Makkabäer wird Gott selbst zum Hüter des Geldschatzes, was aufzeigt, welche existentielle Bedeutung der Tempel hatte (vgl. 2 Makk 3,9-38). Bis zur Zerstörung des Tempels unter Titus im Jahr 70 n. Chr. blieb der Tempel Wirtschaftszentrum. Ab 66 n. Chr. weigerten sich die Juden Steuern zu zahlen, weshalb sich der Statthalter Gessius Florus die Steuern aus dem Tempelschatz holte. Der Tempelschatz und die kultischen Einrichtungen wurden nach Rom gebracht – eine Szene, die auf einem Relief auf dem Titusbogen zu sehen ist (vgl. SCHAPER 2008, 28-33).

Unter Wirtschaftshistorikern gibt es einen Streit zwischen jenen, die die Entstehung des Geldes auf den Handel und jenen, die sie auf die kultischen Zusam-

---

88 „Du sollst jedes Jahr den Zehnten von der gesamten Ernte geben, die dein Acker erbringt aus dem, was du angebaut hast. Vor dem Herrn, deinem Gott, sollst du an der Stätte, die er auswählt, indem er dort seinen Namen wohnen lässt, deinen Zehnten an Korn, Wein und Öl und die Erstlinge deiner Rinder, Schafe und Ziegen verzehren, damit du lernst, den Herrn, deinen Gott, zu fürchten, solange du lebst. Wenn aber der Weg dorthin deine Kräfte übersteigt, weil die Stätte, die der Herr auswählt, indem er dort seinen Namen anbringt, so weit entfernt liegt und der Herr, dein Gott, dich so gesegnet hat, dass du den Zehnten nicht dorthin tragen kannst, dann sollst du alles für Silber verkaufen, das Silber als deinen Besitz zusammenbinden, zu der Stätte ziehen, die der Herr, dein Gott, auswählt, dort für das Silber alles kaufen, worauf du Appetit hast - Rinder, Schafe, Ziegen, Wein und Bier, alles, wonach es deinen Gaumen verlangt -, und dann sollst du vor dem Herrn, deinem Gott, Mahl halten und fröhlich sein, du und deine Familie" (Dtn 14, 22-29).

89 „Wenn sie dann sahen, dass viel Geld im Kasten war, kam der Schreiber des Königs mit dem Hohenpriester. Sie leerten den Kasten, zählten das Geld, das sich im Haus des Herrn befand, und übergaben es abgewogen den Werkmeistern, die die Arbeiten im Haus des Herrn beaufsichtigten. Diese verwendeten es für die Zimmerleute und Bauarbeiter, die im Haus des Herrn beschäftigt waren" (2 Kön 12, 11-12a).

menhänge zurückführen. Letzteres wird durch die historischen Befunde aus Mesopotamien und Juda bestätigt. Laum ist der Auffassung, dass das Geld seinen Siegeszug als „heiliges Geld“ antrat (vgl. LAUM 2006).

Schaper vertritt eine äußerst interessante religionsökonomische These: Grundlage seiner These ist Dtn 14,22-29, in dem das Zehentgesetz angesprochen ist, also der Zehnt vom gesamten Ertrag der Ernte. Interessant ist der Hinweis, dass kultische Opferleistungen auch in Silber bzw. Geld geleistet werden können. Es ist dies der älteste Text, der von einer derartigen Ersatzleistung spricht. Diese Stelle könnte ein Hinweis auf den Modernisierungsschub des Staates und der Gesellschaft Juda sein. In dieser Zeit spielte sich auch der Übergang von der Tausch- zur monetären Wirtschaft ab. Der Tempel war das Wirtschafts- und Finanzzentrum des Landes, was man auch daran sieht, dass es dort eigene „Einschmelzer“ gab, die für die Herstellung von Hacksilber bzw. Geld zuständig waren. Die Opfergaben in Geld- bzw. Silberform wurden im Tempel gesammelt und für die Arbeiten am Tempel und für andere Zwecke verwendet. Geld konnte also alle Opfergaben ersetzen. Damit wurde das Abstrakte für das Opfer anerkannt. Schaper folgt, dass dieser Gedanke der Abstraktion des Geldes auch Auswirkungen auf die Abstraktion des Gottesgedanken gehabt haben könnte, die die deutoronomischen und deutoronomistischen Autoren und Redaktoren in ihrer Entwicklung des Monotheismus beeinflusste. Diesen Zusammenhang hat auch Seaford für die Vereinheitlichung des Geldes und dem Monismus der früheren griechischen Philosophie gesehen, die Schaper zur Analogie mit Juda führte (vgl. SCHAPER 2006, 48-54).

Geld ist gewissermaßen auch die höchste ökonomische Einheit, Gott ist – in theistischen Religionen – die höchste Einheit. „Walter Benjamin hatte in seinem Fragment dekretiert, die Geschichte des Christentums sei im Wesentlichen als die ‚seines Parasiten, des Kapitalismus‘ (...) zu beschreiben. Zu klären wäre, welche Voraussetzungen und Bedingungen zusammenkommen müssen, damit sich derjenige Substitutionsprozess vollziehen kann, in dessen Verlauf das Geld mit der heilsgeschichtlichen Symbolik des Christentums fusionieren, diese besetzen oder schließlich ersetzen kann. Die Klärung hatte Benjamin in seinem Fragment angemahnt“ (SOOSTEN 2004, 128). Der Prozess der Substitution beginnt mit innertheologischen Fragestellungen, vor allem mit dem Abendmahlverständnis. Von Soosten führt dafür Thomas von Aquin ins Treffen, der für das Abendmahlverständnis die Geschichte über den König und die Bleimünze heranzieht (vgl. THOMAS v. AQUIN 1878), in der ein Schuldner seinen Kredit mit einer Bleimünze zurückzahlt. Der Materialwert der Münze ist relativ wertlos, ja sogar auch Gegenstand von Fälschern. Entscheidend ist nicht der Materialwert, sondern der Nennwert. Auch in späteren Werken – von Soosten zitiert Gabriel Biel (15. Jahrhundert) – wird Geldtheorie mit innerdogmatischen Fragestellungen verbunden. Die Parallele wird so gezogen: Nicht der Nennwert, sondern die Deckung des Geldes ist ausschlaggebend. Wie der Wert des Geldes durch die Wirtschaftskraft und das Vertrauen gedeckt ist, ist der Wert der Sakramente gedeckt durch Gott. Der Nominalismus wird typisch für die Neuzeit: er umfasst sowohl Sakramentstheologie als auch Wirtschaftsethik und Geldtheorie. „Seine [des Geldes] letzte „Deckung“ ist unsichtbar und ruht, nicht anders als beim religiösen „Glauben“, im „Vertrauen“ der Wirtschaftssubjekte“ (DEUTSCHMANN 2004, 149).

Bei Aristoteles und Thomas von Aquin wird davon ausgegangen, dass Geld sich nicht fortpflanzen kann (nummus non parit nommos). Auch bei Luther wirkt dieser Zugang noch im Hintergrund. Anders jedoch bei Calvin. Er weist diesen Zugang zurück und sieht die Produktivität des Geldes. Damit eröffnet sich ein neuer wirtschaftsethischer und m. E. auch religionsökonomischer Zugang: Geld und Kreditwesen mit Zins und Zinseszins werden dadurch möglich. Nach Ernst Troeltsch sei spätestens hier die Zeit erreicht, in der sich der Kapitalismus in das Christentum einschlich (vgl. SOOSTEN 2004, 129-132). Geld bekam auch einen Selbstzweck, es war nicht mehr nur „Mittel“ allein, sondern „allgemeines Mittel“ und damit Endzweck und erhielt „substantielle“ Bedeutung. Alles, was erworben wird, wird „implizit oder explizit im Hinblick auf seine Rekonvertierbarkeit in Geld bewertet“ (DEUTSCHMANN 2004, 153).

Erwähnenswert in unserem Kontext ist auch die Bedeutung des Geldes als Instrument der Zukunftsvorsorge. Durch Kredit wird ein Vorgriff auf die Zukunft möglich. Schulden sind somit Investitionen in die Zukunft.[90] Von Schulden wird

90 Das Kreditwesen spielt in unserem Wirtschaftssystem aus mehreren Gründen eine herausragende Rolle: Erstens ermöglichen Kredite Investitionen. Investitionen werden getätigt, wenn die Erwartungen über zukünftige Entwicklungen positiv sind und die Kredite sich rechnen. Gleichzeitig wird durch die Vergabe von Krediten Geld in die Wirtschaft gepumpt. Aufgabe der Banken ist es, einerseits Einlagen von ihren Kunden zu erhalten, um andererseits diese nach Abzug einer Mindestreserve als Kredite an Kunden weiterzugeben (sogenannte Transformationsfunktion der Banken). Aus dem Unterschied von Kredit- und Einlagenzinsen decken die Banken ihre Kosten und können Gewinne erwirtschaften. Geld, das durch die Geschäftsbanken geschöpft wird, erhöht die Geldmenge. Dieser Mechanismus funktioniert nur, wenn Vertrauen in das Geld- und Finanzsystem vorhanden ist. Wirtschafts- und Finanzkrisen können dieses Vertrauen erschüttern. In diesem Fall müssen Maßnahmen gesetzt werden, die das Vertrauen wieder stärken (z. B. durch Staatshaftung für Einlagen). Kredite selbst aber schaffen keinen Wohlstand, denn bei der Vergabe von Krediten entstehen immer sowohl Forderungen (von der Bank aus gesehen) als auch Schulden (vom Kreditnehmer aus gesehen). Erst der Einsatz der Kredite in der realen Wirtschaft – eben durch Investitionen – schafft tatsächlich neue realwirtschaftliche Werte. Nettoinvestionen (jene Investitionen, die über die Ersatzinvestitionen hinausgehen) schaffen Wirtschaftswachstum, sind also die Grundlage für ökonomische Weiterentwicklung. Das Wirtschaftssystem funktioniert also nur in einem Zusammenspiel von

man erlöst, wenn Investitionen richtig kalkuliert und die erwarteten Ereignisse tatsächlich eintreten. Auch hier wird die Erlösungsfunktion des Geldes sichtbar (vgl. SOOSTEN 2004, 139f). „Auf Gott setzen, und/oder auf Geld, das [im Original dass!] heißt jetzt gleichermaßen: trading in futures. Am besten man kombiniert beides miteinander. Geld wird zum Doppelgänger von Gott – Gott wird zum Double von Geld. Gott und Geld erkennen sich wechselseitig in ihrem Bild (imago) und Gleichnis (similitudo). Das Spiegelstadium zwischen Gott und Geld ist erreicht" (SOOSTEN 2004, 132). Hans Sachs und Simmel fassen es zusammen. Sachs: "Geld ist auf Erden der himmlische Gott" (SIMMEL 2005, 137). Simmel selbst: „Es ist das Symbol, im Engen und Empirischen, der unsagbaren Einheit des Seins, aus der der Welt in ihrer ganzen Breite und all ihren Unterschieden ihre Energie und Wirklichkeit strömt" (SIMMEL 2005, 322). Da wundert es nicht, dass Geld selbst zum Mythos wird (vgl. BORNSCHEUER 2006).

Zusammengefasst können wir feststellen, dass das Geld religionsökonomisch sehr vielfältig ausgedeutet werden kann und dies im Laufe der Geschichte auch immer so gemacht worden ist. Die besondere Ausprägung des Geldes und seine zentrale Rolle in der Ökonomie lassen es auch als etwas äußerst Wichtiges erscheinen, so dass es zum Mythos oder gar zum Sinn selbst werden kann. Dieser Sinn kann auch religiös gedeutet werden, wobei ein derartiger Zugang uns auch nahe oder ganz zum Gottesverständnis führt und schließlich in der Theorie mündet, dass die gedankliche Grundlage des Monotheismus in der Bedeutung des Geldes als Ersatz und Ausdruck aller Güter gefunden werden könnte.

5.2 Der ökonomische Blick auf die Religion (economics of religion)

Der ökonomische Blick auf die Religion wird anhand von drei Zugängen besprochen: der rational choice theory, des Modells der Frame-Selektion und der Institutionenökonomie. In dieses Feld gehören auch die betriebswirtschaftlichen Untersuchungen und Beobachtungen. Religionsgemeinschaften sind auch Organisationen bzw. Unternehmen, für die betriebswirtschaftliche Instrumente und Denken eingesetzt werden können. Diese im Kern betriebswirtschaftlichen Betrachtungen werden in dieser Arbeit nicht dargestellt, obwohl sie m. E. auch Teil der Religionsökonomie bzw. der Ökonomie der Religion sind. Entsprechende Ausführungen können aber in der einschlägigen betriebswirtschaftlichen Literatur nachgelesen werden.

---

monetären und realen Handlungen unter der Voraussetzung von Vertrauen (vgl. TAFNER 2009, 102-117).

5.2.1 Rational choice theory und Religionsökonomie

Am Beginn stehen die Bearbeitung der rational choice theory und ihre Anwendung in der Religionsökonomie. Zuerst werden die Prämissen und das Modell mit den Schlussfolgerungen erarbeitet und danach folgt eine Kritik.

5.2.1.1 Annahmen, Modell und Schlussfolgerungen

Im Rahmen der Religionsökonomie beschäftigen sich Wissenschafter/innen insbesondere mit der Rationalität und dem Nutzen von Religion. Die rational choice theory wurde in den 1990er Jahren zu einem sehr populären Instrument für Sozial- und Wirtschaftswissenschafter. In den USA formierte sich eine eigene Sektion innerhalb der American Sociological Association, die sich damit beschäftigte. In einer Werbung des führenden Journals dieser Vereinigung heißt es: „The paradigm of rational action is the one paradigm that offers the promise of bringing a greater theoretical unity among social science disciplines such as economics, sociology, cognitive psychology, political science, moral philosophy and law" (YOUNG 1997, xi). Young beurteilt den Einfluss der rational choice theory auf die Religionswissenschaft als dramatisch ("dramatic"). Von den stärksten Vertretern wird es als ein neues Paradigma in der Religionssoziologie begriffen, denn dieser Zugang zeitigt wichtige Auswirkungen auf die organisatorische und individuelle Ebene von Angebot und Nachfrage. Themen, mit denen sich die rational choice theory auseinandersetzt sind u. a.: Wer bringt sich in religiöse Organisationen ein? Warum entscheiden sich viele Individuen für strenge Religionsgemeinschaften? Warum wachsen gewisse Religionsgemeinschaften während andere schrumpfen? Was ist der Unterschied zwischen Wettbewerbsmärkten und Monopolen in der Religion? Gerade diese Fähigkeit, eine große Breite an Fragen behandeln zu können, hat diesen Zugang so beliebt werden lassen (vgl. YOUNG 1997, xi-xii).

Gary Becker geht in seinem Werk von der allgemeinen Definition von Wirtschaft aus: Wirtschaftlich Handeln heißt Entscheidungen zwischen konkurrierenden Zielen unter der Vorgabe von knappen Mitteln zu treffen. Expliziter und intensiver – so argumentiert er – wird im ökonomischen Ansatz das nutzenmaximierende Verhalten unterstellt. Diese Nutzenmaximierung wird allen Marktteilnehmern unterstellt: Haushalten, Unternehmen und dem Staat. Der ökonomische Ansatz geht sogar noch ein Stück weiter, indem er unterstellt, dass der Markt die verschiedenen Beteiligten so über den Preis koordiniert, dass sie miteinander in Einklang gebracht werden können. Das ganze menschliche Verhalten kann nach Gary Becker „so betrachtet werden, als habe man es mit Akteuren zu tun, die ihren Nutzen, bezogen auf ein stabiles Präferenzsystem, maximieren und sich in verschiedenen Märkten eine optimale Ausstattung an Information und anderen Faktoren schaffen“ (BECKER 1982, 15).

Iannaccone fasst die Annahmen zusammen, die in der religionsökonomischen Betrachtung durch die rational choice theory getroffen werden:

1. Individuen handeln rational, wägen Kosten und Nutzen für mögliche Handlungen ab und wählen jene Alternative, die den maximalen Nettonutzen erzielt. Diese Annahme ist die wichtigste, besagt aber nicht, dass wirklich alle Menschen in diesem Sinne rational handeln. Diese Annahme jedoch wird als sehr hilfreich und fruchtbar gesehen, weil eben gerade sie zu nützlichen Ergebnissen geführt hat. Diese Annahme besagt auch, dass im Prinzip alle Menschen auf die gleiche Art Entscheidungen treffen: Sie bewerten Kosten und Nutzen und wählen den größten Nettonutzen.

2. Die grundlegenden Präferenzen (ultimate preferences or needs), die Individuen anwenden, um Kosten und Nutzen zu bewerten, ändern sich von Person zu Person bzw. von Zeit zu Zeit kaum.[91]

3. Aus den individuellen Handlungen und deren Interaktionen entsteht der gesellschaftliche Output.

4. Für die Erstellung eines Modells sind drei Faktoren zu klären: Erstens müssen die möglichen Handlungen festgelegt werden, aus denen gewählt werden soll. Zweitens muss das Ziel definiert werden, das maximiert werden soll. Drittens müssen die Nebenbedingungen bzw. Einschränkungen festgelegt werden; diese sind vor allem Kosten und Zeit, können aber auch Wissen, Fähigkeiten, Erfahrung oder soziale Positionen sein. Es wurde bereits erwähnt, dass aus pragmatischen und philosophischen

91 „Im Rahmen der Religionsökonomik ist die Annahme charakteristisch, dass die Individuen ihre Gesamtnutzen unter Einbeziehung des Nutzens im Jenseits maximieren (Azzi/Ehrenberg 1975). Die Teilnahme an religiösen Aktivitäten, so diese Überlegungen, erfolgt dann im Wesentlichen aus zwei Gründen: Erstens, weil religiöse Aktivität per se angenehm sei – das direkte Konsummotiv; und zweitens weil mit religiöser Aktivität im Diesseist eine Belohnung im Jenseits erlangt werden könne – das Jenseits-Konsummotiv („afterlife consumption motive“). Das Jenseits-Konsummotiv wird von vielen Autoren, die sich zur Religionsökonomik geäußert haben, als zentraler Grund für die religiöse Nachfrage angesehen. Hierin unterscheide sich religiöse Nachfrage von anderen Nachfragen. Das Jenseits-Konsummotiv sei spezifisch für Religion und mache die Existenz von Religion verständlich, während andere Motive, die vielleicht in der Religion ebenfalls ihre Befriedigung finden, auch auf andere Weise und ohne Religion befriedigt werden könnten“ (SCHLICHT 2007, 275).

Gründen[92] die letzten, ultimativen Ziele, also die Präferenzen als relativ stabil angenommen werden. Nebenbedingungen bzw. Einschränkungen können verschiedene Formen annehmen: Kosten, Einkommen, Fertigkeiten, Technologien etc. Diese Annahme führt dazu, dass Verhaltensänderungen nur durch Änderungen der Nebenbedingungen bzw. Einschränkungen möglich sind. Verschiedene Wahlentscheidungen unter Individuen lassen sich unter diesen Prämissen nur durch verschiedene Nebenbedingungen (weil ja die gleichen Präferenzen unterstellt werden) erklärt werden. Kommt es also zu einer Verhaltensänderung, ist dies auf die Änderung von Kosten, Zeit oder Änderungen von anderen Nebenbedingungen zurückzuführen.

Mit diesen Annahmen kann bereits das einfachste Modell für das religiöse Verhalten gebaut werden. Dabei wird Religion wie jedes andere Haushaltsgut betrachtet. Wie im Punkt 4 dargestellt, sieht das einfache Modell so aus:

Mögliche Handlungen:
Zeit und Geld für religiöse Handlungen versus Zeit und Geld für säkulare Handlungen.
Ziel, das maximiert werden soll:
der Gesamtnutzen aus säkularen und religiösen Gütern.
Nebenbedingungen, Einschränkungen:
Einschränkungen durch das Haushaltseinkommen und der verfügbaren Zeit.

Dabei muss noch berücksichtig werden, dass religiöse Güter keine herkömmlichen Güter oder Dienstleistungen sind. Sie sind Haushaltsgüter (diese Betrachtung geht ebenfalls auf Gerry Becker zurück): Das sind Güter, die Haushalte für ihren eigenen Konsum produzieren. Das können Mahlzeiten, aber auch abstrakte Dinge wie Entspannung oder Ausflüge sein. Diese Haushaltsprodukte werden auch mit knappen Produkten produziert: Man benötigt gekaufte Güter, Haushaltsarbeit und eigene oder fremde Fertigkeiten. So können auch die Kosten für diese Güter berechnet werden: die Kosten des Zukaufes, der eigenen oder fremden Haushaltsarbeit in Form von Opportunitätskosten, weil man ja die Zeit anders, d. h. ökonomisch produktiv hätte verwenden können. Das ist ein wichtiger Punkt: Religiöse Güter sind schwer messbar, beobachtbar oder beschreibbar. Nichtsdestotrotz sind aber die Inputs, die dafür verwendet werden, nämlich Geld und Zeit (Zeit wiederum als Opportunitätskosten in Geld), messbar. Dies führt nun zur fünften Annahme:

92 Es wird von der Überzeugung ausgegangen, dass menschliche Grundbedürfnisse über Zeit und Ort ziemlich stabil bleiben.

5. Für die Herstellung von religiösen Gütern wird Zeit und Geld eingesetzt, was messbar ist.

Damit ergibt sich schon eine ganz wesentliche Erkenntnis aus Sicht dieser Religionsökonomie: Die Produktion von religiösen Gütern hängt stark vom Wert der eingesetzten Zeit des Haushaltes ab. Je größer der Wert der Zeit, umso wahrscheinlicher ist es, dass die Zeit durch Geld substituiert wird. Es wird also von zeitintensiver Produktion hin zu geldintensiver umgeschichtet. Dies ist ja auch der Grund, warum Haushalte mit hohem Einkommen tendenziell eher auswärts essen, Sprinkleranlagen installieren oder ihre Kinder in die Tagesbetreuung schicken. Für die Religion bedeutet dies, dass Menschen mit einem hohen Einkommen sich eher mehr mit finanziellen Werten als mit Zeit in religiöse Aktivitäten einbringen und vice versa. Für religiöse Güter lässt sich aber noch etwas genauer festlegen: (1) Haushaltsausgaben für religiöse Haushaltsgüter korrelieren stark mit dem Haushaltseinkommen, aber der ANTEIL des Haushaltseinkommens für religiöse Haushaltsgüter hängt viel weniger vom Einkommen ab. (2) Einkommen hat auf die in Religion investierte Zeit in Form von Kirchenbesuchen weniger Auswirkungen. (3) Viele andere Faktoren haben Einfluss auf religiöse Aktivitäten und auf die zeitliche und finanzielle Beteiligung. Iannaconne schließt daraus, dass finanzielle Zuwendungen von zwei Faktoren abhängig sind: Haushaltseinkommen und Religiosität. Kirchenbesuche jedoch hängen vor allem von einem Faktor ab – der Religiosität.[93] Finanzielle Zuwendungen sind dabei viel asymmetrischer als Kirchenbesuche (vgl. IACONNE 1997 25-32).

Iannaconne erweitert den Zugang und bringt das Konzept des religiösen Humankapitals ein, das den vorhandenen religiösen Kapitalstock bestehend aus Wissen, Fähigkeiten und „Sensitivität" beschreibt und fasst damit Wissen über Rituale und Dogmen, Freundschaft mit Mitgliedern der Religionsgemeinschaft und Glaube als Produkt der Erfahrung zusammen. Dies führt zur sechsten Annahme:

6. Durch die Produktion von religiösen Gütern akkumulieren die Haushalte einen religiösen Kapitalstock, der ihre religiöse Befriedigung aus religiösen Aktivitäten erhöht.

Iannaconne fügt nun auch eine weitere Besonderheit der Religion hinzu: religiöses Risiko. Religion bedeutet auch, sich auf übernatürliche Kräfte zu verlassen. Die religiösen Versprechungen sind riskant, weil sie rein auf Glauben beruhen. Dies führt zur siebenten Annahme:

93 Ob man für diese Feststellung eine haushaltsökonomische Modellierung braucht?

7. Die meisten religiösen Güter sind riskant. Sie versprechen großen, aber unsicheren Ertrag.

Risiko ist für die Ökonomie nichts Unbekanntes, weisen Entscheidungen doch immer in die Zukunft hinein. Risiko taucht immer dann auf, wenn die Eigenschaften eines Produkts vor seinem Kauf nicht voll bestimmt werden können. Das ist vor allem dann ein Problem, wenn das Produkt teuer ist, schwer zu bewerten und nicht mehr retourniert werden kann. Dieses Phänomen trifft auch auf die Religion zu. Eigene, persönliche Erfahrung kann kaum die religiösen Behauptungen verifizieren oder falsifizieren. Erhalten wir jedoch Zeugnisse von vertraulichen Quellen, dann werden sie gehört und geglaubt. Dies ist ein Hauptgrund dafür, dass religiöse Aktivitäten meist kollektiv sind und Religionsgemeinschaften entstehen. Dies führt zur achten Annahme:

8. Kollektive Produktion reduziert die Risiken und erhöht den Wert religiöser Handlungen.

Iannacconne führt noch weitere drei Annahmen an, die ich hier nicht wiedergebe. Ich greife aber seine letzte noch auf: Er fasst zuerst zusammen, dass die einfachsten Modelle von speziellen Eigenschaften religiöser Güter wie Risiko und religiöses Humankapital abstrahieren. Dann wird die Bestimmung der Nachfrageseite des religiösen Marktes sehr simpel, wie wir unten gleich sehen werden. Die Angebotsseite kann dann ebenso einfach als Annahme 9 dargestellt werden:

9. Kirchen sind gewinnmaximierende Unternehmen, die auf die Produktion von Gütern und Dienstleistungen spezialisiert sind. Kirchliche Mitarbeiter sind gleich wie säkulare Mitarbeiter motiviert.

Aus Punkt 9 ergibt sich dann auch, dass es auch für religiöse Angebote einen Markt gibt, der in seinen Extrempunkten monopolistisch oder wettbewerbsorientiert ausgerichtet sein kann. Ist dies der Fall, dann müssen Religionsgemeinschaften in einer Wettbewerbssituation mehr für ihre Mitglieder tun, sie werden aktiver sein. In einem Monopol wird die Religiosität aufgrund der Marktsituation zurückgehen. Iannaconne verweist auf Studien, die dies auch nachweisen konnten. Stimmt diese Aussage grundsätzlich, dann müsste in Europa die Religiosität wieder zunehmen, weil die traditionellen Kirchen ihr Monopol einbüßen und verschiedene Konkurrenz mit verschiedenen Formen der Religiosität sich auftut (vgl. IANNACONNE 1997, 33-42).

Schmidtchen folgt ebenso der logischen Struktur von rationalen Entscheidungsmodellen und greift auf das Modell von Azzi und Ehrenberg zurück. Azzi/Ehrenberg gehen von drei Motiven für religiöse Aktivitäten aus: das Heilsmotiv, das Konsummotiv und das Reputationsmotiv. Erstes bedeutet, dass der religiöse Haushalt religiöse Güter produziert, um sich Seligkeit zu sichern. Zweites Motiv setzt bei den religiösen Feiern und Riten an, die einen gewissen Unterhaltungswert haben und Haushalte anleiten, diese Güter zu produzieren. Schließlich das dritte Motiv, das davon ausgeht, dass die religiöse Teilnahme vom sozialen Druck abhängt.

Schmidtchen, der grundsätzlich gleich wie Iannaconne vorgeht, definiert zuerst das Ziel, das zu maximieren ist: Es gibt zwei Handlungen, von denen er ausgeht – der Konsum im irdischen Leben und der Konsum im jenseitigen Leben. Diese beiden Faktoren tragen zum Gesamtnutzen bei. Formal: $U = U\ (C_{t1}, C_{t2}, \ldots, C_{tn}, A)$. Diese Funktion drückt die Zielfunktion aus.

Wobei U für utility, also Nutzen, C für consumption (Konsum) im irdischen Leben, t für die zeitlichen Perioden von $_{t1}$ bis $_{tn}$ und A für den erwarteten Verbrauch (Konsum) im Leben nach dem Tod stehen, wobei Konsum hier nicht wörtlich zu nehmen ist. Es gilt also, den Nutzen aus irdischem und jenseitigem Konsum zu maximieren.

Wir haben bereits gesehen, dass es in der Haushaltstheorie um selbstproduzierte Güter geht. Die hier verwendeten Konsumgüter C sind also vom Haushalt selbst hergestellte Güter. Damit diese Haushaltsgüter hergestellt werden können, benötigt man die dafür aufgewendete Zeit (T für time) und gekaufte Güter X. Damit ist der Haushaltskonsum in einer Periode abhängig von Zeit und gekauften Gütern, d.h. $C_t = C\ (X_t, T_t)$ für $t = (1, 2, \ldots n)$. Wir definieren also bereits Nebenbedingungen bzw. Einschränkungen. Wir können das Ziel nun unter Nebenbedingungen auch so darstellen:
$U = U\ (C\ (X_1, T_1) + C\ (X_2, T_2) + \ldots + C\ (X_n, T_n) + A$.

Wir sehen, dass A noch nicht genauer bestimmt ist. Hier kommt der Kunstgriff dieses religionsökonomischen Zuganges: Es wird unterstellt, dass der Nutzen aus dem jenseitigen Konsum durch die Zeitfolge der religiösen Aktivitäten R_1 bis R_n bestimmt wird. Der heutige Nutzen wird also von den Vorstellungen des Haushaltes bestimmt, die „er" sich vom Jenseits macht. Der Bezugspunkt liegt also im Jenseits. Damit ist die Nutzenfunktion m. E. eine rein weltliche und erinnert an das re-entry bei Luhmann. Auf diesen Punkt komme ich weiter unten nochmals zurück. Religiöse Aktivitäten sind vom Einsatz gekaufter Güter Y und der eigenen eingesetzten Zeit RT (ich nenne es religious time) abhängig. Formal sieht das so aus: $A = A\ (R_1, R_2, \ldots R_n)$, wobei $R_t = R\ (Y_t, RT_t)$, wobei für $t = 1, 2, \ldots n$ gilt. Damit gilt: $A\ (R_1\ (Y_1, RT_1) + R_2\ (Y_2, RT_2) + \ldots + R_n\ (Y_n, RT_n))$.

Die Nutzenfunktion mit einigen Nebenbedingungen, die maximiert werden soll, sieht damit so aus:

$U = U (C (X_1, T_1) + C (X_2, T_2) + ... + C (X_n, T_n) + A (R_1 (Y_1, RT_1) + R_2 (Y_2, RT_2) + ... + R_n (Y_n, RT_n))$; wobei t = (1, 2, ... n).

Jetzt muss noch eine weitere Nebenbedingung definiert werden. Erstens ist die gesamte zur Verfügung stehende Zeit TT (total time) von Haushalten begrenzt. Diese Zeit kann als Arbeitszeit LT (labour time) für die Produktion von irdischen Haushaltsgütern als T oder in Form von Zeit für religiöse Aktivitäten als RT eingesetzt werden. Formal: $TT = LT_t + T_t + RT_t$. Wobei t = 1, 2, ... n. Zweitens ist noch die Nebenbedingung des Einkommens zu definieren.[94] Das Gesamteinkommen TY (total yield) besteht aus Vermögenseinkommen (investment income, hier IY) und dem Arbeitseinkommen (Y). Formal: $TY = IY_t + Y_t$, wobei t = 1, 2, ... n. Das Einkommen kann für Sparen oder Konsumieren ausgegeben werden. Die Konsumausgaben können in irdischen oder religiösen Konsum fließen. Das Vermögenseinkommen nehme ich als autonom an und das Arbeitseinkommen ist ebenso von autonomen Größen[95] (a) und dem Lohnsatz abhängig und damit von der Arbeitszeit. Formal $Y = Y_t (LT_t$ * Lohnsatz, a), wobei t = 1, 2, ... n.

Der Lohnsatz bestimmt das Einkommen, die Preise die Güter. Die Menge der gekauften Güter hängt von der eingesetzten Zeit ab. Die Lösung dieser Maximierungsaufgabe liegt damit in der optimalen Aufteilung der verfügbaren Zeit auf die Verwendungsmöglichkeiten: Arbeitszeit (LT), Freizeit (T) und religiöse Zeit (RT), weil sie auch die Menge der Güter und das Einkommen mitbestimmt. Formal zusammengefasst:[96]

$U = U (C (X_1, T_1) + C (X_2, T_2) + ... + C (X_n, T_n) + A (R_1 (Y_1, RT_1) + R_2 (Y_2, RT_2) + ... + R_3 (Y_3, RT_3))$;
Weitere Nebenbedingungen:
$TT = LT_t + T_t + RT_t$.
$TY = IY_t + Y_t (LT_t$ * Lohnsatz, a) ,
wobei t = 1, 2, ... n

Für X und Y gilt, dass diese mit den gegebenen Preisen bestimmt sind und die Mengen davon abhängen, wie viel für die Produktion aufgrund der zur Verfügung stehenden Zeit eingesetzt wird. Somit bestimmt die Zeit auch den Einsatz

94 Schmidtchen stellt diese Nebenbedingung nicht formal dar.
95 Autonom heißt außerhalb des Modells gelegen, dies könnte Ausbildung oder Ähnliches sein.
96 Diese Zusammenfassung liefert Schmiedtchen ebenfalls nicht.

der Güter. Die Gesamtzeit TT ist ebenfalls vorgegeben, denn ein Tag hat nicht mehr als 24 Stunden. Das Gesamteinkommen TY ergibt sich wiederum aus der eingesetzten Zeit, da der Lohnsatz vorgegeben ist. Es bleibt also die Zeit als alles bestimmender Faktor übrig.

Die Lösung liegt also darin, die Opportunitätskosten der Zeitverwendung für die Herstellung von profanen und religiösen Gütern abzuwägen. Die Zeit soll optimal eingesetzt werden. Haushalte, die mehr Zeit für religiöse Aktivitäten einsetzen, haben weniger für weltliche Dinge übrig, weshalb der Nutzen aus weltlichen Gütern sinkt. Der geringere Grenznutzen aus weltlichem Konsum sind die Opportunitätskosten für den zusätzlichen religiösen Konsum. Sind die Opportunitätskosten des zusätzlichen religiösen Konsums (die gleichzeitig der geringere Grenznutzen des weltlichen Konsums sind) höher als der Grenznutzen des religiösen Konsums, dann hat der Haushalt zu viel in religiösen Konsum investiert. Es wird also so umgeschichtet, dass die zusätzlichen Opportunitätskosten der religiösen Güter gleich dem Grenznutzen der religiösen Güter sind. Oder anders gesagt: „Ein Optimum ist erreicht, wenn der Grenznutzen aus weltlichem Konsum gleich ist dem aus religiösen Konsum“ (SCHMIDTCHEN 2000, 17).

Schmidtchen fragt da gleich zu Recht und gibt sich selber die Antwort: „Hat diese Austauschbeziehung zwischen weltlichen und religiösem Konsum, die den Angelpunkt des Modells bildet, überhaupt noch etwas mit Religion zu tun, so wie wir sie kennen? Ist sie nicht eine Ausgeburt eines fehlgeleiteten Formalismus, ein Hirngespinst der Ökonomie? Ein Blick auf die Bibel lehrt anderes. So dreht sich etwa die Erlösungslehre des neutestamentlichen Jesus weithin um Güter, die man als weltliche lassen soll, um dafür geistliche zu bekommen. Der Trost, der aus der Erwartung des Genusses der geistlichen Güter resultiert, wirkt bereits im Diesseits – und um ihn zu erhalten, muss man auf den Genuss weltlicher Güter verzichten. Auch die Geschichte vom reichen Jüngling steht für diesen Gedanken. Er soll seine irdischen Güter verkaufen und den Erlös den Armen geben und dafür einen Schatz im Himmel haben. Zwar lehnt er den Austausch ab – aber die Geschichte ist damit nicht zu Ende. Nach dem berühmten Ausspruch vom Kamel und dem Nadelöhr (Mt 19,24) ruft Petrus verzweifelt: „Siehe wir haben alles verlassen und sind dir nachgefolgt; was wird uns dafür?“ Schöner kann man den ökonomischen Austauschgedanken eigentlich nicht formulieren! Das Erstaunliche ist nun, dass Jesus diesen Schacher Armut gegen seliges Leben nicht etwa zurückweist, sondern sagt: „Und wer verlässt Häuser oder Brüder oder Schwestern oder Vater oder Mutter oder Weib oder Kinder oder Äcker um meines Namens willen, der wird’s hundertfältig nehmen und das ewige Leben ererben“ (Mt 19,19)“ (SCHMIDTCHEN 2000, 18).

Es ist klassisch, dass die (neo)klassische Volkswirtschaftslehre über den Lohnsatz argumentiert. In der Zusammenfassung der Einsichten des Modells spielt dieser auch eine entscheidende Rolle.[97] Ältere Menschen besuchen deshalb mehr Gottesdienste, weil ihr Einkommen nicht mehr von der Arbeitszeit abhängig ist. Jene jedoch, die aufgrund ihres Alters auch einen höheren Lohnsatz erhalten, werden auch im fortgeschrittenen Alter nicht den Gottesdienst besuchen. Ökonomisch kann das so ausgedrückt werden: Durch die Erhöhung des Lohnsatzes werden die Opportunitätskosten für den Gottesdienst höher, weshalb diese Zeit reduziert wird. Das Modell drückt auch aus, dass Haushalte mit niedrigeren Lohnsätzen aufgrund der niedrigeren Opportunitätskosten mehr Zeit in religiöse Aktivitäten investieren als Haushalte mit höheren Lohnsätzen. Schmidtchen argumentiert auch, dass Arbeitslose mehr Zeit für religiöse Aktivitäten aufbringen, weil ihre Opportunitätskosten so niedrig sind. Haushalte mit hohen Lohnsätzen werden mehr in Spenden investieren als in zeitintensive religiöse Aktivitäten (SCHMIDTCHEN 2000, 18). Schmidtchen selbst weist darauf hin, dass die empirischen Befunde ein „gemischtes Bild" liefern (SCHMIDTCHEN 2000, 20). Was empirisch nachgewiesen werden kann, ist die Aussage, dass mit steigenden Löhnen die religiösen Aktivitäten geldintensiver werden. Weiters zeigen sie, dass Denominationen mit Mitgliedern, die hohe Lohnsätze lukrieren können, mehr hauptberufliche Mitarbeiter anstellen und auch über bessere Infrastruktur verfügen.[98] Weniger klar sind andere Zusammenhänge. Es sind die Grenzen des Modells zu sehen und empirische Befunde in diesem Kontext stammen meist aus den USA (vgl. SCHMIDCHEN 2000, 20).

5.2.1.2 Religionsökonomische Kritik an der rational choice theory

Allgemein kann festgestellt werden, dass es einige Stärken gibt, die für die rational choice theory sprechen: Es ist ihre Sparsamkeit und logische Stringenz sowie die umfassende Anwendbarkeit auf verschiedene Phänomene. Doch stecken dahinter einige sehr vereinfachende Annahmen, von denen als die wesentlichsten folgende genannt werden können: Der Mensch wird als rein rational entscheidend und handelnd dargestellt. Die sozialen Beziehungen und Prozesse sowie die Kultur und Werte werden nicht in den Blick genommen (vgl. HALLER 2003, 374-388).

Schmidtchen selbst scheinen die Kritikpunkte am Modell klar zu sein. Er meint jedoch, dass, auch wenn nicht alle Menschen völlig rational handeln, diese Un-

97 Ähnlich sind die Argumente, die Schmidtchen und Mayer auch in „Kirche, Geld und Seelenheil: Die ökonomische Theorie der Religion" einbringen (vgl. SCHMIDTCHEN u. a. 1992).

98 Feststellungen, die ebenso nicht überraschen und m. E. keiner besonderen ökonomischen Theorie bedürfen.

terstellung wissenschaftlich fruchtbar sei. „Im Übrigen lässt sich auch eine methodologische Position vertreten, nach der es nicht auf die Wirklichkeitsnähe einer Annahme im ‚harten Kern' eines Forschungsprogramms ankommt, sondern auf deren theoretische Fruchtbarkeit bei der Generierung empirisch überprüfbarer Hypothesen. Dabei soll das durchschnittliche menschliche Verhalten erfasst werden, also das eines repräsentativen Individuums. Vielfach wird auch übersehen, dass die wissenschaftliche Fruchtbarkeit von Modellen gerade daraus resultiert, dass sie unrealistische Annahmen enthalten. Man denke an eine Landkarte, deren Nutzen gegen null ginge, wenn sie die Realität im Maßstab 1:1 abbilden würde" (SCHMIDTCHEN 200, 14). Gerade letztes Argument wird und wurde immer wieder als ein vermeintlich sehr treffendes angeführt.[99] Doch dieses Argument trifft m. E. nicht. Können in einer Landkarte klar vermessbare Tatsachen wie Landschaften mit Hilfe von Höhenschichtlinien u. ä. eingetragen werden, so muss in der Volkswirtschaft das Objekt selbst erst einmal definiert werden – da sind wir also weit von einer Landkarte entfernt, denn der Berg ist objektiv da und braucht als solcher nicht definiert zu werden. Gehen wir aber auch bei der Kritik systematisch vor und greifen wir auf die Annahmen Iannacones zurück.

Annahme 1 geht davon aus, dass die Menschen jene Alternativen wählen, die den größten Nettonutzen erbringen. Mit dieser Annahme wird unterstellt, dass die Menschen im Schnitt rationale Entscheidungsabwägungen vornehmen. Die Problematik beginnt damit, dass es in der Sozialwissenschaft, zu der ja auch die Wirtschaftswissenschaften zählen, verschiedene Vorstellungen über Rationalität gibt (vgl. NEITZ u. a. 1997, 107) und die Religion selbst unter den meisten Soziologen als grundsätzlich rational erkannt wird (vgl. HECHTER 1997, 148). Wir haben bereits bei Luhmann erfahren, dass als rational das verstanden wird, was Erfolg im jeweiligen Subsystem bringt. Rational ist daher der ökonomische Erfolg, die medizinische Leistung, die wissenschaftlich erfolgreiche Arbeit etc. Als rational müsste aber lt. Luhmann alles bezeichnet werden, was die Systeme wieder zusammenbringt - dies ist aber gerade in Luhmanns Systemtheorie auf direktem Wege unmöglich! In der Tradition war auch Rationalität so verstanden (vgl. LUHMANN 1998, 40). Bei Habermas haben wir gehört, dass Religion nicht per se arational ist, sondern sie als Wertelieferant wichtige Leistungen für die Gesellschaft erbringen kann, weil sie der aufgeklärten Philosophie die Schranken weisen kann, wie auch die aufgeklärte Philosophie das gleiche mit der Religion machen muss (vgl. HABERMAS). Religion hat damit auch rationale Aufgaben. Wir haben in verschiedenen Kontexten erfahren, dass Religion Nutzen stiften kann (vgl u. a. MILL 1984). Was einen Nutzen stiftet, muss rational sein. Kurz gesagt: Religion selbst kann rational betrachtet werden und ist

99 Vor allem in meiner eigenen Studienzeit habe ich mich mit diesem immer wieder von Professor/inn/en aufgestellten Vergleich nie anfreunden können.

eine von mehreren Rationalitäten. Die ökonomische ist eine von mehreren Zugängen zur Betrachtung der Rationalität. Schauen wir aber genauer auf den Begriff Nutzen, so kommen wir zu einem überraschenden Ergebnis: „...the concept of utility is substantively empty" (HECHTER 1997, 152). Der Nutzen kann nicht objektiv, sondern nur subjektiv gemessen werden.[100] Die subjektive Messung ist nichts anderes als die Erstellung einer Präferenzliste, wenn es um die Wahl von Alternativen geht. Kardinal ist der Nutzen nicht messbar und damit ist „ein interpersonelle[r] Nutzenvergleich (Nutzenvergleich zwischen zwei Menschen) unmöglich. Ein Ausweg besteht manchmal darin, dass Nutzen individuell wenigstens ordinal messbar ist (...) Nach wie vor ist es aber nicht möglich, einen – auch nur ordinalen – Vergleich zwischen den Brathähnchennutzen für A und B anzustellen, in dem Sinne, dass der Nutzen für B höher sei als für A" (ALTMANN 2003, 18). Der Nutzen misst also die individuelle Bedürfnisbefriedigung. Diese wiederum ist von inneren Einstellungen abhängig. Ökonomisch gesehen, äußern sich subjektive Vorstellungen in Präferenzen der Konsumenten. Die rational choice theory setzt nun so an, dass „rational" in diesem Zusammenhang bedeutet, dass der/die Konsument/in jene Güter auswählt, die den größten Nutzen unter Berücksichtigung des knappen Haushaltsbudgets erbringen (vgl. HANUSCH u. a. 1998, 377). Wir sehen hier, dass es sich um eine ganz eingeschränkte, ganz bestimmte, eben ökonomische Rationalität handelt. Wie bringt uns aber diese Rationalität in unserer Erkenntnis über Religion überhaupt weiter? Die Frage, die die rational choice theory in der Anwendung der Religion im Kern m. E. beantwortet, ist für die Religion eigentlich gar nicht interessant. Das führt mich direkt zur Annahme zwei: Das Entscheidende in der Religion, nämlich der Glaube, wird als Präferenz im Modell vorausgesetzt. Es kann die alles entscheidende Frage, warum jemand glaubt, bzw. was Glaube und damit auch Religion ausmachen, nicht beantworten, weil die Antwort darauf vorausgesetzt wird (vgl. BRENITZER 2001). Der Zugang kann einzig und allein beantworten – wenn man allen Prämissen des Modells zustimmt – wie sich die verfügbare Zeit eines Gläubigen auf rein weltliche und religiöse Aktivitäten aufteilt, um seinen Gesamtnutzen zu erhöhen. Selbst dann bleibt der Begriff „Gesamtnutzen" ein unklarer, denn der Gesamtnutzen aus weltlichen und transzendenten Konsum bleibt objektiv unbestimmbar.

Auch das Modell selbst ist unter Akzeptanz aller Prämissen m. E. zu hinterfragen. Wenn man davon ausgeht, dass das Leben nach dem Tod ewig dauert, das irdische aber bekanntlich begrenzt ist, dann muss der Konsum A immer unendlich größer sein als der Konsum C und C ist dann im Vergleich zu A vernachlässigbar klein. Wenn, wie im Modell unterstellt wird, die irdische Herstellung von religiösen Haushaltsgütern den Jenseitskonsum bestimmen, dann müsste jede/r

100 In den Anfängen der Nutzentheorie im 19. Jahrhundert versuchte man den Nutzen noch objektiv zu messen.

Gläubige all ihre/seine Zeit und Güter in A investieren, um sicher zu gehen, dass die irdischen Investitionen in religiöse Zeit und Güter ausreichen, um ewigen Konsum zu erhalten. Man wird dann nur so viel an Zeit und Einkommen in irdische Güter investieren wie zum Überleben bzw. einfachen Leben notwendig sind. Nach dieser Überlegung würden aufgrund des Modells Asketen, Heilige oder Mönche die ökonomisch rational richtige Entscheidung treffen. Fraglich bleibt dabei auch, wie viel Investition in religiöse Güter und Zeit tatsächlich notwendig sind, um unendlichen Konsum zu erreichen. Sollte der Glaube alleine ausreichen und nicht die Aktivitäten, dann ist jede zusätzliche Investition in religiöse Aktivitäten allerdings sinnlos.

Äußerst problematisch bleiben in diesem Modell m. E. jedoch die Annahme der Präferenzen und die damit unterstellte Vorstellung von Erlösung und dem Leben nach dem Tod. Das Modell nimmt im ersten Schritt an, dass Glaubende an ein Leben nach dem Tod glauben. Es wird auch angenommen, dass diese Menschen glauben, dass ihr jenseitiges Leben von den religiösen Aktivitäten und damit von den investierten Finanzen und der investierten Zeit in diese Aktivitäten abhängt. Dies ist m. E. ein sehr naiver Zugang zur religiösen Heilserwartung, denn es scheint dahinter die Vorstellung von einem „Buchhalter-Gott“ zu stehen, der alles mit aufzeichnet, um danach über das jenseitige Leben zu entscheiden. Dieser Zugang ist für die monotheistischen Religionen aber m. E. nicht haltbar. Für Hinduismus und Buddhismus scheint mir dieses Modell überhaupt nicht brauchbar zu sein.[101] „However, economists have had almost nothing to say about how religion comes to be believed in the first place. In the end, religion is about making claims of truth – as economists see their own economic research in this light. (...) If economists typically assume a pre-existing preference structure, much of religion is about changing the preference structure. Religion often teaches us to want different things or to be happier with what we have. In all these respects it is difficult to fit discussion of religion into the standard framework of economic thought. An economist might ask the question, How much is a belief in a heaven in the hereafter worth in dollar terms? Or, What is the economic value of an individual of believing in God? These are simply absurd questions form the perspective of the religious true believer” (NELSON 2001, xviii).

---

101 Buddhismus und Hinduismus werden in dieser Arbeit aufgrund der Fokussierung auf Europa nicht behandelt und müssten in einer eigenen Arbeit untersucht werden. In diesem Zusammenhang möchte ich nur auf die Bedeutung des absichtslosen Meditierens hinweisen, das in bestimmten buddhistischen Meditationsansätzen zur Anwendung kommt. Jedes absichtslose Tun, dass Nicht-Tun – das etwas Anderes als das Nichtstun ist – kann per definitionem keinen Nutzen stiften, selbst die Frage nach dem Nutzen widerspricht dieser Form.

Friedrich Schleiermacher fasst das Christentum unter dem Titel „Erlösung“ zusammen. Dieser Begriff sei aber nicht sehr präzise, weil man dies sehr verschieden interpretieren könne. Er verstehe den Begriff „bildlich“ (vgl. SOOSTEN 2004, 125). Erlösung hängt mit Jesus Christus zusammen. Es geht dabei um eine Ellipse mit zwei Brennpunkten: einer wird durch die „Liebes- und Gabethematik“ und der andere durch die „Vergeltungs- und Gewaltthematik“ gebildet. Im Neuen Testament sind die Übergänge fließend. „Allerdings kompliziert sich die Struktur der Metapherfelder dadurch, dass die beiden Brennpunkte der Ellipse nicht nur auseinander liegen, sondern sich auch ineinander spiegeln. So lässt sich die Liebes- und Gabethematik nicht von der Opferthematik (Hingabe) trennen, genauso wenig wie die Vergeltungsthematik (Gerechtigkeit und Sühne) von der Gabethematik zu trennen ist. Sowohl Liebe als auch Vergeltung können die in den neutestamentlichen Schriften der Bibel mehrfach bezeugte Frage hervorrufen: Womit habe ich das verdient? Mit gar nichts. Eben darum. Das Heilsbegehren wird durch die neutestamentliche Ökonomie des Heils doppelt durchkreuzt. Die Liebesgabe ist Doppelgänger der Vergeltung, diese wiederum ein Wiedergänger der Liebe. Warum gibt es überhaupt diese vielspältige Pluralität? Zum einen deswegen, um vor dem Hintergrund der bereits vorhandenen heilsgeschichtlichen Metaphoriken Plausibilität über die Heilsbedeutung des Todes Jesu Christi zu erzeugen. Aber der Verweis auf die Plausibilitätsfunktion der mehrsprachigen Rede erreicht das Phänomen nur auf einer ersten Ebene. Zerstreute Versprachlichung ereignet sich aus Gründen von Unsagbarkeit. Die Metaphernfelder gelten der Mitteilung eines Unsagbaren. Dieses Paradox reagiert auf die allgemeine Schwierigkeit, die angenommene „Realität“, besser, die Tatsächlichkeit des Heils zuzusagen, mimetisch zu versprachlichen oder sprachlich einzuholen“ (SOOSTEN 2004, 126f).

Ratzinger beschreibt die Auferstehung als das „Stärkersein der Liebe gegenüber dem Tod“ (RATZINGER 1968, 249). „Nur wo für jemanden der Wert der Liebe über dem Wert des Lebens steht, das heißt, nur wo jemand bereit ist, das Leben zurückzustellen hinter der Liebe und um der Liebe willen, nur da kann sie auch stärker und mehr sein als der Tod. Damit sie mehr werden kann als der Tod, muss sie zuerst mehr sein als das bloße Leben. Wo sie das aber dann nicht bloß dem Wollen, sondern der Wirklichkeit nach zu sein vermöchte, da würde das zugleich heißen, dass die Macht der Liebe sich über die bloße Macht des Biologischen erhoben und sie in ihren Dienst genommen hätte“ (RATZINGER 1968, 251). Damit hat Jesus durch seinen Kreuzestod für alle die Unsterblichkeit gegründet. In diesem Sinne ist auch der folgende Korinthertext zu verstehen: „Wenn er auferstanden ist, dann auch wir, denn dann ist die Liebe stärker als der Tod; wenn er nicht auferstanden ist, dann auch wir nicht, denn dann bleibt es dabei, dass der Tod das letzte Wort hat, nichts sonst“ (I Kor 15,16f). Der Kosmos ist mehr als ein leerer, statischer Behälter, in dem sich die Menschheitsgeschichte und die Geschichte des Einzelnen ereignet. Der Kosmos selbst ist Bewegung, der letztlich auf einen Punkt zusteuert. Der feste Boden des Kosmos ist der Sinn. Die Materie gibt dem Sinn Wirklichkeit. Damit sind Geist und Natur eins. In der Entwicklung des Kosmos wird der Geist aber immer bedeutender. Der Geist besteht im Individuum, weshalb der Kosmos auf die Vereinigung im Personalen zugeht. Deshalb steht auch der Einzelne vor dem Allgemeinen. „Die Welt bewegt sich auf die Einheit in der Person zu“ (RATZINGER 1968, 267). Das Ganze erhält seinen Sinn vom Einzelnen und nicht umgekehrt. Deshalb steht immer die Person im Mittelpunkt und nicht das Kollektiv oder irgendeine Idee. Der Einzelne ist der Mittelpunkt der Geschichte. „Wenn es wahr ist, dass am Ende der Triumph des Geistes steht, das heißt der Triumph der Wahrheit, Freiheit, Liebe, dann ist es nicht irgendeine Kraft, die am Schluss das Sagen davonträgt, dann ist es ein Antlitz, das am Ende steht. Dann ist das Omega der Welt ein Du, eine Person, ein einzelner“ (RATZINGER 1968, 268). „Wenn der Durchbruch in die Ultrakomplexität des Letzten auf Geist und Freiheit gegründet ist, dann ist er keinesfalls eine neutrale, kosmische Drift, dann schließt er Verantwortung mit ein. Er geschieht nicht wie ein physikalischer Prozess von selbst, sondern beruht auf Entscheidung. Deshalb ist die Wiederkunft des Herrn nicht nur Heil, nicht nur das alles ins Lot bringende Omega, sondern auch Gericht. Ja, wir können von hier aus geradezu den Sinn der Rede vom Gericht definieren. Sie besagt genau dies, dass das Endstadium der Welt nicht Ergebnis einer naturalen Strömung ist, sondern Ergebnis von Verantwortung, die in Freiheit gründet. Von solchen Zusammenhängen her wird man auch verstehen müssen, warum das Neue Testament trotz seiner Gnadenbotschaft daran festgehalten hat, dass am Ende die Menschen ‚nach ihren Werken' gerichtet werden und dass niemand sich dieser Rechenschaft über seine Lebensführung entziehen kann“ (RATZINGER 1968, 268). Die Lebensentscheidung des Menschen ist also notwendig, dem Menschen wird sein endgültiges Geschick nicht an seiner eigenen Entscheidung vorbei aufgedrängt.

Nach Ratzinger gibt es beides: die Radikalität der Gnade, die den ohnmächtigen Menschen befreit, und die Verantwortung des Menschen (vgl. RATZINGER 1968, 269f). Einerseits bedeutet das für Christen eine gewisse Gelassenheit, denn die Gnade Gottes ist unermesslich groß und andererseits ist die Verantwortung nicht aufgehoben. Beide Zugänge spiegeln sich auch in zwei gegensätzlichen Aussagen wider, die im Christentum ihre je besondere Bedeutung erlangt haben: das „Maranatha“ einerseits und das „Dies irae“ andererseits. Im ersten wird die Naherwartung der Urchristen ausgedrückt: „Unser Herr, komm!“ Die Freude und Hoffnung der Wiederkunft wird dadurch ausgedrückt. Ganz anders jedoch das „Dies irae“, das den Tag des Zorns ankündet, an dem Gericht über den Menschen gehalten wird. Die Wiederkunft hat hier nichts mehr mit Freude und Hoffnung sondern nur noch mit Gericht und Abrechnung zu tun; „das Christentum erscheint praktisch auf den Moralismus reduziert und wird so jenes Atems der Hoffnung und der Freude beraubt, der seine eigentlichste Lebensäußerung ist" (RATZINGER 1968, 271). Im Glaubensbekenntnis taucht Christus als Richter auf. Für die Urchrist/inn/en war die Rolle Jesu als Richter bereits ein Ausdruck der Hoffnung und der Gnade. Ratzinger macht in diesem Zusammenhang auf den zweiten Clemensbrief aufmerksam, wo es heißt: „Brüder, so müssen wir über Jesus Christus denken wie über Gott, wie über den, der Lebendige und Tote richtet. Wir dürfen nicht klein denken von unserer Rettung, denn indem wir von ihm klein denken, denken wir auch von unserer Hoffnung gering" (RATZINGER 1968, 271f).

Küng weist darauf hin, dass die Aussagen über Gottes Allmacht und des Menschen Verantwortung sowohl im Koran als auch in der Bibel unverbunden neben einander stehen. Beide Pole finden keinen Ausgleich, beide ziehen sich durch beide heiligen Bücher. Interpreten reden daher von zwei Komplementärwahrheiten (vgl. KÜNG 2006, 121).

Im Christentum und im Islam gibt es die Vorstellung über das Leben nach dem Tod, in dem der/die Verstorbene eine „wesenhafte Identität" beibehält und über eine Leiblichkeit verfügt. Wie das vorzustellen ist, bleibt umstritten. Selbst die Evangelien schwanken zwischen leiblicher Existenz wie in der Geschichte des ungläubigen Thomas (vgl. Joh 20, 24-29 u. Lk 24, 36-41) oder einem nicht materiellen Leib, wie ihn Maria erfährt, die den Auferstandenen nicht umarmen darf (vgl. Joh 20, 11-18). Im Judentum ist die Auferstehung in der Hebräischen Bibel noch nicht denkbar. Nur das einmalige Wunder bei Ezechiel, der in Gottes Auftrag das israelitische Herr „wieder ins Leben ruft" (Ez 37), gibt einen Hinweis auf die Auferstehung. Zur Zeit Jesu war die Vorstellung über das Leben nach dem Tod unter den Juden gespalten: Die Sadduzäer glaubten nach wie vor an das Verschwinden der Toten in der Unterwelt (Scheol). Die Pharisäer, die ja für die Weiterentwicklung des Judentums nach dem Untergang des Tempels entscheidend waren, stehen für die Auferstehung. Die Vorstellung von der Auferstehung taucht bei den Makkabäern auf, weil Gott die Märtyrer direkt in den Himmel holt (2 Makk 7). Dies stammt eher nicht aus der jüdischen Tradition, sondern könnte griechischen Ursprung haben, weil diese ihre gefallen Helden vergöttlichten (vgl. AUFFAHRT u. a. 2006, 54). Vor allem nach der Zerstörung des Tempels wurde die Frage der Auferstehung eine wesentliche. Flavius Josephus berichtet, dass die Essener den Körper für vergänglich, die Seele aber für unsterblich hielten. Die Sadduzären leugnen jedoch das Bestehen der Seele sowie die Bestrafung und den Lohn im Hades. Die rabbinische Literatur stellt dar, dass Gott als gerechter Richter nach dem Tod belohnt oder bestraft. Die Strafe wird im Gegensatz zum Christentum oder dem Islam nicht ausgemalt. Aber es ist damit nicht die „Vorstellung ewiger Bestrafung" verbunden, denn die größte

Strafe, die man sich vorstellen kann, ist der „ewige Tod", das Nichts. Was das Heil der Gerechten anbelangt, darüber können Rabbinen keine Aussagen tätigen, denn niemand hat die zukünftige Welt gesehen außer Gott (vgl. STEMBERGER 1996, 107-111).

Küng definiert in diesem Kontext die Gretchenfrage des religiösen Selbstverständnisses, „die heute an alle Vertreter[/innen] einer religiösen Gesetzlichkeit gerichtet werden muss – die Gretchenfrage wahrhaftig nicht nur für die jüdischen Orthodoxen, sondern auch für islamische Fundamentalisten und erst recht für traditionalistische römische Katholiken und protestantische Pietisten, welche beanspruchen, vom jüdischen Gesetz befreit zu sein, nur um ein neues, kirchliches aufzurichten. In Konfrontation mit dem hingerichteten Juden Jesus von Nazareth heißt die entscheidende Frage: Kommt Gottes Wille in der exakten Beachtung des Gesetzes - es sei dies Halacha, Kirchenrecht oder Scharia – zum Ausdruck oder in dem jedem Gesetz übergeordneten Tun des Willens Gottes, das auf die Liebe abzielt?" (KÜNG 2007, 595) Ohne jetzt auf diese Diskussion einzugehen, ist im Kontext dieser Arbeit der Hinweis wichtig, dass es in der Theologie selbst zwei wesentliche Unterscheidungen im religiösen Handeln gibt: das Erfüllen des Gesetzes oder das Handeln in Liebe. Es gibt also keine eindeutige Richtschnur für das richtige religiöse Tun. Ja, es gibt auch Stellen in den Evangelien – um wieder auf das Christentum zurückzukommen – die eindeutig fern von jeder im Sinne der rational choice theory rationalen Bewertung stehen. Zwei Beispiele möchte ich geben: Lukas erzählt, dass zwei Verbrecher mit Jesus gekreuzigt werden. „Einer der Verbrecher, die neben ihm hingen, verhöhnte ihn: Bist du denn nicht der Messias? Dann hilf dir selbst und auch uns! Der andere aber wies ihn zurecht und sagte: Nicht einmal du fürchtest Gott? Dich hat doch das gleiche Urteil getroffen. Uns geschieht recht, wir erhalten den Lohn für unsere Taten; dieser aber hat nichts Unrechtes getan. Dann sagte er: Jesus, denk an mich, wenn du in dein Reich kommst. Jesus antwortete ihm: Amen, ich sage dir: Heute noch wirst du mit mir im Paradies sein" (Lk 23, 39-43). Wir wissen nicht, welches Leben dieser „Verbrecher" geführt hat. Es wäre jedenfalls durchaus vorstellbar, dass er viel seiner Zeit in weltliche und wenige in religiöse Aktivitäten investiert hat, um seinen Gesamtnutzen zu maximieren. Jesu Versprechen hebelt jede Kalkulation, jede Nutzenbetrachtung aus: Der jenseitige Konsum wird zum Geschenk, weil die Umkehr in letzter Sekunde – aber authentisch – kam. Das Gedankenspiel könnte man nun weiterführen: Jede/r, die/der ihre/seine Zeit so investiert, dass sie/er viel in religiöse Aktivitäten investiert, um damit im Jenseits zu punkten, handelt nicht aus Liebe, macht die Sache Gottes zu einem kalkulierbaren Geschäft. Erinnert das nicht an Mt 21,13 und Jesu Vorwurf? „Mein Haus soll ein Haus des Gebetes sein. Ihr aber macht daraus eine Räuberhöhle"? Wer aber nun anders handelt und hofft, noch kurz am Ende seines Lebens Reue zu zeigen und dann umzukehren, kalkuliert ebenfalls und setzt sich darüber hinaus der Gefahr aus, dass er/sie ja nicht weiß, wann ihm/ihr die Stunde schlägt. „Seid also wachsam! Denn ihr wisst nicht, an welchem Tag euer Herr kommt“ (Mt 24, 42). Dort heißt es weiter, dass bei der Ankunft des Menschensohns „von zwei Männern, die auf dem Feld arbeiten, einer mitgenommen und einer zurückgelassen [wird]. Und von zwei Frauen, die mit derselben Mühle mahlen, wird eine mitgenommen und eine zurückgelassen“ (Mt 24, 40). Eine Erklärung für das Zurückgelassensein gibt der Text nicht. Damit wird die Ungewissheit auf die Spitze getrieben – es gibt keine Sicherheit, jeder kann betroffen sein. Jeder Mensch, der das Evangelium liest, soll sich betroffen fühlen, denn wer kann von sich sagen, dass er/sie gerecht sei? Kein Mensch entkommt der Unsicherheit (vgl. WUSSOW 1993, 8). Oder anders gesagt: Gott ist allmächtig, er kann entscheiden. Was hilft da unsere Kalkulation?

Oder nehmen wir abschließend das Gleichnis vom verlorenen Sohn (Lk 15, 11b-32). Der verlorene Sohn kommt reumütig zum Vater zurück, doch bevor der Sohn noch um Vergebung bittet, hat der Vater ihm schon vergeben. „Die Liebe des Vater hat kein ‚darum'“ (HARNISCH 2001, 209). Hier geht es nicht um die Frage der Leistung, denn der ältere Sohn hat immer gedient. Dieser ist natürlich auch vom seinem Vater geliebt, doch ist es für ihn schwer, das Fest für seinen Bruder anzunehmen, weil dieser nicht so vorbildlich gehandelt hat. Auch hier kommt die Allmacht Gottes zum Ausdruck: als Liebe, die alles vergibt und jenseits der erbrachten Leistung liegt.

Im Islam ist der Mensch für sein Heil verantwortlich, einen Mittler zwischen Gott und dem Menschen gibt es nicht (außer der Möglichkeit der Fürsprache Muhammads) (vgl. KHOURY u. a. 2006, 164). Auch hier finden wir, wie bereits erwähnt, die Verantwortung des/der Einzelnen und Gottes Allmacht. Auch im Koran gibt es den Tag des Gerichts und den Tag der Abrechnung. Paradies und Hölle sind ausführlich geschildert (vgl. KÜNG 2006, 120-123). In keiner anderen heiligen Schrift wird Gott aber so häufig als der Barmherzige beschrieben wie im Koran. Jede Sure des Korans, außer der neunten, beginnt mit der Basmala. Gott als der Barmherzige taucht im Koran immer wieder auf. Der Barmherzige ist auch eine der 99 Namen Gottes. Barmherzigkeit und Gerechtigkeit können nicht voneinander getrennt werden. Auch die Liebe Gottes spielt im Koran ein Rolle, sie ist jedoch eine, die an Bedingungen geknüpft ist: die Bedingung des Glaubens und des Vertrauens. Wer glaubt, kann also auf das Paradies hoffen, wer nicht glaubt, stürzt in die Hölle. Es ist deshalb auch notwendig, dass der/die Glaubende immer wieder Buße tut und Gott um Verzeihung bittet. Doch auch in dieser Logik ist nicht das letzte Wort gesprochen. Denn Gott kann aufgrund seiner Allmacht anders entscheiden. Er ist nicht daran gebunden, das Gute zu belohnen und das Böse zu bestrafen. Gott ist Richter und Herr, der

Richter ist immer an das Recht gebunden, der Herr entscheidet nach freiem Ermessen (vgl. KHOURY u. a. 2006, 86-91). Auch im Islam finden wir keine letzte Sicherheit, ist das Heil ganz in Gottes Hand und entzieht sich letztendlich unserer weltlichen Kalkulation. So weist Brinitzer darauf hin, dass die Modelle Gott seiner Allmächtigkeit beraubt, weil die Prämissen davon ausgehen, dass Gott nur die Taten, nicht aber die dahinter liegende Motive erkennt (BRINITZER 2001, 144).

Kehren wir wieder zu den Annahmen der rational choice theory und der Kritik an ihr zurück. Nachdem jetzt versucht wurde, die Heilsökonomie in ihrer vermeintlichen Rationalität zu hinterfragen, soll nun der Aspekt der Entscheidung angesprochen werden, wie er in den Annahmen 1 und 4 sowie im Problem des Risikos allgemein dargestellt wird. Die Entscheidung, die hier gefällt wird, ist eine ökonomische, die in die Zukunft hinein wirkt. Die Theorie geht davon aus, dass Entscheidungen, wenn sie rational sind, auch richtig sind.

Für Luhmann bleibt Entscheidung immer mit Kontingenz verhaftet: „Entscheidung ist, wie Handlung, ein Ereignis, also ein Systemelement ohne eigene Dauer. Sieht man genauer hin, so geht es um Kontingenzverarbeitung unter Inanspruchnahme von Zeit (aber eben nicht: von Dauer!). Vor der Entscheidung präsentiert sich Kontingenz als Wahlsituation. Man kann die Erwartungen erfüllen oder sich ihr widersetzen. Welcher Kurs gewählt wird, ist (mehr oder weniger) unsicher. Auch wenn man routinemäßig den Erwartungen folgt, kann man Unsicherheit ablesen an der Überlegung, was geschehen würde, wenn man es nicht täte. Erst durch diesen Seitenblick wird das Handeln zum Entscheiden. Nach der Entscheidung steht fest, für was [wofür?] man sich entschieden hat. Aber weil man sich entschieden hat, bleibt Kontingenz[102] an der Entscheidung haften: Sie hätte auch anders ausfallen können. Oft wird erst im Blick zurück ein Handeln als Entscheiden gesehen“ (LUHMANN 1988, 282). Da Entscheidungen in einer Umwelt, die immer mehr potenzielle Alternativen anbietet, immer schwieriger werden, sind Entscheidungen im Sinne der rational choice theory schon aufgrund der enormen Transaktionskosten kaum möglich.

Die rational choice theory geht, wie schon mehrmals festgehalten, von vollkommener Information und Rationalität aus. Das bedeutet, dass die Akteure/innen alle Informationen haben und diese auch verarbeiten können. Sie können also im schlimmsten Fall zumindest eine Abschätzung der Eintrittswahrscheinlichkeit vornehmen. Es liegt daher immer eine Situation der Sicherheit,

102 „Der Kontingenzbegriff ist hier im logischen bzw. modaltheoretischen Sinne benutzt, definiert durch Negation von Notwendigkeit und Negation von Unmöglichkeit. Die Zweitbedeutungen ‚abhängig von‘ und ‚zufällig‘ sind nur Unterfälle der modaltheoretischen Grundbedeutung“ (LUHMANN Fußnote 11, S. 279).

des Risikos oder der Ungewissheit vor. Es gibt aber Situationen, die über die geschilderte Situation hinausgehen. Dies zeigt die folgende Darstellung 3. Risiko ist dabei die mildeste Variante von Unsicherheit, weil Ereignisart, Ereignisfolgen und Eintrittswahrscheinlichkeit bekannt sind; lediglich der Eintrittszeitpunkt ist offen. Kann keine Eintrittswahrscheinlichkeit mehr angegeben werden, dann sprechen wir von Ungewissheit. Sind auch die Ereignisfolgen nicht klar, dann tritt der Umstand der Undeutlichkeit ein. Kann schließlich nicht einmal mehr eine Aussage über das Ereignis selbst gemacht werden, dann liegt Unkenntlichkeit vor.

Sehen wir uns dazu die Darstellung 3 an:

Darstellung 3:
Formen der Unsicherheit

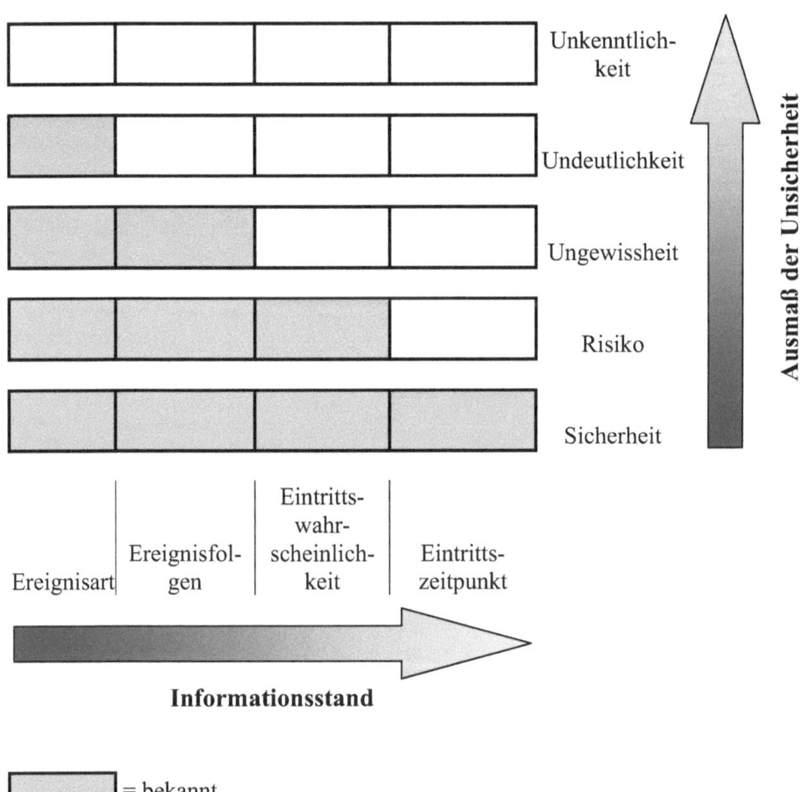

Q: Eigene Darstellung in Anlehnung an Jakubowski/Tegner/Kotte (1997): Strategien umweltpolitischer Zielfindung. Münster.
Abgebildet in BRINITZER 2001, 146.

Wir kommen mit der rational choice theory nicht wirklich weiter, denn religiöse Fragen greifen weiter aus: Die Ereignisse, die nach dem Tod eintreten, liegen jenseits der menschlichen Vorstellungskraft. Es gibt wahrscheinlich keinen anderen Bereich, in dem sich Menschen mit einem derart hohen Grad an Unsicherheit auseinandersetzen müssen. Derartige Situationen sind der rationalen Entscheidungstheorie aber unbekannt. Deshalb muss die ganze Situation in ein

Modell gepresst werden, in dem Ereignisfolgen und Ereignisart klar definiert sind. Es wird damit künstlich ein Maß an Sicherheit hergestellt, das so aber nicht vorhanden ist. Sicherheiten können dadurch konstruiert werden, dass einerseits ein Glaube mit Heilsmotiv unterstellt wird und andererseits der Zusammenhang zwischen Handlungen und Heil klar festgelegt sind (vgl. BRINITZER 2001, 137-151). Man könnte noch einen weiteren Zugang wählen, in dem das Risikoelement durch Erwartungswerte eingebaut wird – das haben Durkin/Greeley auch gemacht. Auch das Problem der Ungewissheit könnte nach Weise u. a. noch gelöst werden. Diese Variante erinnert an Pascals Wette[103] und führt zur Darstellung 4.

Darstellung 4:
Auszahlungsmatrix für die Alternativen „glauben“ und „nicht-glauben“

		Umweltzustände	
		Gott existiert	Gott existiert nicht
Handlungs-alternativen	glauben	unendliche Seligkeit = Nutzen ist unendlich positiv (+ ∞)	ein asketisches Leben (-)
	nicht-glauben	ewige Verdammnis = unendliche Kosten (- ∞)	ein angenehmes Leben (+)

Q.: Nach Weise / Brandes / Eger / Kraft (1993): Neue Mikroökonomie, 3. Aufl., Heidelberg, 355.
Abgebildet in BRINITZER 2001, 146.

Die neoklassischen Modelle geben vor, die Frage von Glaube oder Nicht-Glaube lösen zu können: Es gibt folgende Unsicherheitssituationen, in denen sich keine Wahrscheinlichkeiten berechnen lassen, zwei Umweltzustände, nämlich die Existenz oder Nichtexistenz Gottes sowie zwei Handlungsalternativen, nämlich glauben oder nicht-glauben auftreten können. Aus den Kombinationen ergeben sich vier Felder. Existiert Gott und es wird geglaubt, so bringt dies unendlich positiven Nutzen; existiert Gott und es wird nicht geglaubt, so bringt das unend-

103 Pascals Wette: Wer auf die Existenz Gottes setzt, kann die Ewigkeit gewinnen, der Gewinn ist unendlich. Falls Gott nicht existiert, hat man zumindest ein anständiges Leben geführt. Wer nicht auf die Existenz Gottes setzt, kann das ewige Leben verlieren, wenn Gott existiert – das würde einen unendlich großen Verlust darstellen. Wenn Gott nicht existiert, hat er nichts verloren, außer sein hedonistisches Leben. Pascal schließt daraus, dass man auf Gott setzen soll (vgl. KREINER 1999, 134).

lichen negativen Nutzen bzw. Schaden. Wird geglaubt und Gott existiert nicht, so führt man ein asketisches Leben, der Nutzen wird als negativ betrachtet. Existiert Gott nicht und wird seine Existenz auch nicht geglaubt, so wird ein angenehmes Leben geführt, der Nutzen ist positiv. Folgt man bei einer Entscheidung unter Unsicherheit der Laplace-Regel, so gibt es keinen Grund dafür, ein Ereignis wahrscheinlicher als ein anderes zu halten. Es ist daher das Ereignis mit dem höchsten Erwartungswert – in diesem Fall der unendliche Nutzen – zu wählen, d. h. es ist rational zu glauben. Ein derartiges Verhalten ist risikoneutral. Es gibt aber auch Menschen, die risikoavers handeln. Für derartige Fälle ist die Maximin-Regel anzuwenden, also von den schlechtesten Möglichkeiten die beste. In diesem Fall wäre dies das asketische Leben. Also auch bei dieser Variante ist es besser zu glauben. Risikofreudige wenden die Maximax-Regel an: Von den besten Möglichkeiten ist die maximale zu wählen. Da auch ewige Seligkeit besser als ein angenehmes Leben ist, siegt auch in diesem Verfahren der Glaube.[104]

Die rationale Entscheidungstheorie gibt also vor, mit Situationen klar zu kommen, die sicher, riskant oder ungewiss sind.

M. E. sind aber selbst in dieser Betrachtung einige Schlüsse enthalten, die so nicht zutreffen müssen. Erstens: Wie kann behauptet werden, dass in einer Situation, in der Gott existiert und der Mensch nicht glaubt, automatisch der größte negative Nutzen folgen muss? Könnte das Erbarmen Gottes nicht auch die Ungläubigen erretten? Wir wissen es nicht. Zweitens: Ebenso ist es m. E. unrichtig zu behaupten, dass, wenn jemand glaubt, aber Gott nicht existiert, der Nutzen negativ ist. Wir sehen auch hier die Problematik des Nutzenbegriffes. Nutzen ist immer subjektiv betrachtet. Für jemanden, der glaubt, bringt der Glaube bzw. das asketische Leben einen Nutzen, selbst dann, wenn Gott nicht existiert. Glaube, nicht Heuchelei, geht davon aus, dass Gott existiert und man deshalb im Diesseits so handelt, als ob es im Jenseits einen Gott gäbe.[105] Subjektiv ist dieses Leben aus dem Glauben eine Bereichung. Das religiöse Handeln ist ja niemals eines aus Wissen, sondern immer eines aus dem Glauben. Die Bewertung eines negativen Nutzens erfolgt im Grid von außen, obwohl der Nutzen aber nicht objektiv, sondern nur subjektiv bewertbar ist. Drittens: Aus dem zweiten Punkt folgt, dass im Falle der Nicht-Existenz Gottes eigentlich sowohl der/die Gläubige als auch der/die Nicht-Gläubige ein Plus stehen haben müsste, denn für beide bringt ihr ausgewähltes Leben einen Nutzen – außer wir hätten es

104 Selbst die Hurwicz-Regel, die versucht, die verschiedenen Methoden auszugleichen, indem das beste und das schlechteste Ergebnis jeder Alternative mit einem persönlichen Gewicht multipliziert und danach addiert wird, kommt in diesem Fall zum Ergebnis, dass Glauben besser ist, denn die Unendlichkeit der Seligkeit wiegt immer positiver als die ewige Verdammnis.

105 Natürlich nur in einer Religion, in der Gott im Mittelpunkt steht.

mit einem/r Heuchler/in zu tun, der/die nur glaubt, weil er/sie Seligkeit erlangen will und das käme wiederum bei Gott vielleicht nicht gut an. Viertens: Es wird nur zwischen Glauben und Nicht-Glauben unterschieden. Doch welcher Glaube ist der richtige? Welche Handlungen und welche Gedanken aus dem Glauben wünscht sich Gott? Oder genügt es, so zu sein, wie wir sind, weil Gott uns eben so erschaffen hat?

Brinitzer dazu: „In Religionsfragen erhält er [der Homo oeconomicus] Wahrscheinlichkeiten aber erst, wenn er entweder an bestimmte Ereignisse glaubt, also verschieden[en!] Umweltzuständen ex ante Wahrscheinlichkeiten zumisst, oder aber durch die Akzeptanz einer gegebenen Auszahlungsmatrix. Auch dadurch befindet er sich bereits innerhalb einer Religion, denn er glaubt an die durch sie bestimmte Matrix und weist ihr insgesamt positive Wahrscheinlichkeiten zu. Damit kann er aber nicht unbefangen darüber entscheiden, ob er glauben soll oder nicht. Vollständige Rationalität und Glaubensfragen sind damit ein Widerspruch in sich“ (BRINITZER 2001, 150f). Damit greift Brinitzer das Hauptargument für die Anwendung der rational choice theory an, die versucht, mithilfe der ökonomischen Rationalität die Rationalität des Glaubens zu belegen. Sie versucht, die Religion als ökonomisch rational zu begründen, er jedoch weist dies als einen Widerspruch in sich zurück. Der Glaube lässt sich nicht rational begründen, die Religion, wie wir bereits gesehen haben, schon. Andere Zugänge wählen sowohl das Modell der Frame-Selektion als auch die Institutionenökonomie, die wir beide unten betrachten.

Wir können also zusammenfassen: Die rational choice theory versucht in ihrem Modell der Nutzenmaximierung die Religion mit Hilfe der ökonomischen Rationalität zu erklären, weil sie aufzeigt, dass der Haushalt seinen Gesamtnutzen maximieren kann, wenn er seine verfügbare Zeit optimal für weltliche und religiöse Dinge aufteilt. Damit wird aber nicht der Glaube selbst rational begründet, denn dieser wird im Modell als gegeben vorausgesetzt, sondern eben nur im besten Fall die optimale weltliche Zeitverteilung.

5.2.2 Das Modell der Frame-Selektion

Das Modell der Frame-Selektion geht nicht wie die rational choice theory von totaler Rationalität, sondern von begrenzter Rationalität aus und versucht, eine generelle Handlungstheorie für die Sozialwissenschaften zu sein. In dieser Arbeit sollen das Wesentliche dieser Theorie und seine ökonomische Modellierung dargelegt werden und eine Kritik unter religionsökonomischen Gesichtspunkten erfolgen.

5.2.2.1 Theorie und Modellierung im Überblick

Am Beginn soll ein Überblick über die Theorie gegeben werden. Die folgende Darstellung 5 gibt eine erste Übersicht über das ganze Modell.

Darstellung 5: Modell der Frame-Selektion

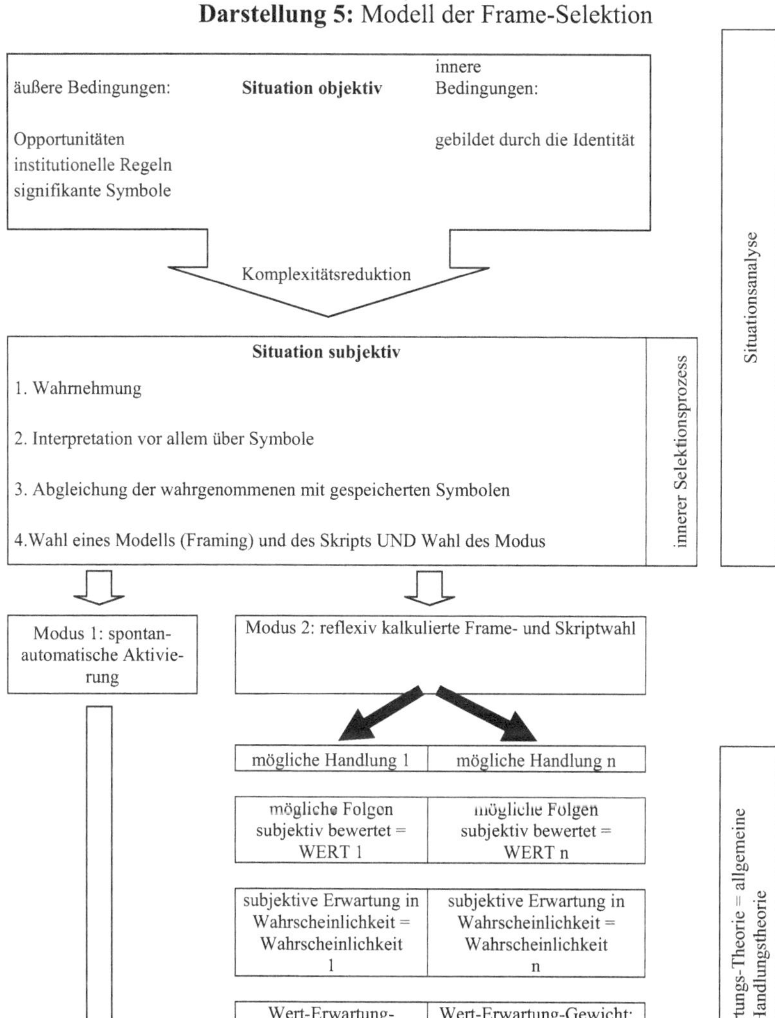

Q.: Eigene Darstellung.

Esser zeigt, dass die zwei Entscheidungsanleitungen, nämlich die rational-ökonomische, die sich auf Kosten und Nutzen stützt, und die „irrational"-soziologische, die sich auf bestimmte Programme stützt, miteinander versöhnt werden können. Das menschliche Verhalten folgt aus Sicht der Neurobiologie und Neuro-Psychologie zunächst bestimmten Programmen, die erlernt oder angeboren sind. Eine bewusste Kalkulation erfolgt erst, wenn eine neue Situation eintritt und es sich dabei um wichtige Dinge handeln könnte. Wenn es die Zeit und die Situation zulassen, erfolgt eine „rationale" Kalkulation. Somit kann das rationale Handeln als eine Spezialform des Programms verstanden werden (vgl. ESSER 2005, 87 u. 90f).

Esser geht von einem sehr interessanten Nutzenbegriff aus: Alles menschliche Handeln dient dem Zweck, den eigenen Organismus aufrecht zu erhalten. Das Erleben des Funktionierens des Organismus ist Nutzen. Nutzen ist damit das höchste Gut, um das es den Menschen geht. Nutzen wird durch die Befriedigung der Bedürfnisse hergestellt, wobei bei Esser dies die zwei grundlegenden Bedürfnisse „soziale Wertschätzung" und „physisches Wohlbefinden" sind. Diese beiden müssen ständig befriedigt werden, denn physisches Wohlbefinden ist für den Organismus notwendig und die Wertschätzung ist ein wesentliches Feedback für das sozial richtige Handeln und damit auch für die Orientierung (vgl. GRESSHOF, 4-20). Handeln ist somit „der Reproduktion des menschlichen Organismus verpflichtet. Die subjektiv erlebte ‚Zuträglichkeit' der Reproduktion des Organismus wird als Nutzen bezeichnet" (SCHWINN 2006, 46). Alle Bedürfnisse lassen sich bei Esser auf physisches Wohlbefinden und soziale Wertschätzung zurückführen. „Die Bedienung dieser beiden Bedürfnisse ist das Mittel, das zur Erzeugung des Nutzes führt" (SCHWINN 2006, 46). Zur Erfüllung dieses Nutzens benötigt der Mensch „Zwischengüter", weil sie zwischen der Bedürfnisbefriedigung und der sozialen Umwelt liegen. Für die Produktion dieser Zwischengüter braucht der Mensch verschiedenste Ressourcen, also nicht nur Güter und Dienstleistungen, sondern u. a. auch Eigenschaften, Liebe, soziale Infrastruktur. So kann eine gute wissenschaftliche Arbeit ein Zwischenprodukt sein, um Anerkennung zu erlangen. Die Produktion der Zwischenprodukte ist oft mit viel Emotion begleitet und Motivation für den Menschen. Der Antrieb des Menschen kommt bei Esser aus den beiden Grundbedürfnissen. Werte, Liebe, Macht, Geld u. ä. sind bei ihm Zwischengüter zur Befriedigung von physischen Wohlbefinden und sozialer Anerkennung (vgl. SCHWINN 2006, 46f).

Hier gibt es einen großen Unterschied zu Weber, bei dem die „Werte nicht Mittel zum Zweck sondern Selbstzweck, ein Wert an sich sind, um dessen Willen man handelt. Diese Endzwecke dienen nicht ihrerseits nochmals als Zwischenglieder einem weiteren Ziel oder Zweck" (SCHWINN 2006, 47) Wir werden auf die Handlungstypen von Weber weiter unten im Rahmen der Kritik aus religionsökonomischer Sicher noch zurückkommen.

Das Frame-Selektion-Modell (siehe Darstellung 5) setzt bei einer gegebenen objektiven Situation an, die mit äußeren und inneren Bedingungen beschrieben werden kann. Die äußeren Bedingungen bestehen aus drei Teilen: Erstens den Opportunitäten, also allen Alternativen, die als knappe Mittel gewählt werden können. Zweitens den institutionellen Regeln wie Gewohnheit, Sitten und Normen. M. E. kann auch die Religion dazu gezählt werden, denn Religion gehört lt. Institutionenökonomie (siehe weiter unten) zu den Institutionen. Drittens beschreiben signifikante kulturell definierte Symbole, auch hier hätten religiöse Symbole Platz, die Situation. Die inneren Bedingungen werden von der Identität gebildet, die bestimmte gedankliche Modelle ausbildet (siehe dazu auch die mentalen Modelle in der Institutionenökonomie). Die Modelle machen sich an bestimmten Symbolen fest.

Jede soziale Situation ist eine komplexe. Menschen müssen diese Komplexität reduzieren und formen sich daher ihre subjektive Situation. Diese Komplexitätsreduktion ist ein mehrstufiger Vorgang und setzt zuerst bei der Wahrnehmung und ihrer Interpretation an. Für beides spielen Symbole eine entscheidende Rolle. Aufgrund der wahrgenommenen Symbole wird nach im Gedächtnis gespeicherten Modellen gesucht. Durch die Wahl eines Modells verortet sich der Mensch in eine bestimmte soziale Situation, die er aufgrund seiner Erfahrung und der gespeicherten Symbole wieder erkennt. Diese Selektion ist ein inneres Handeln und wird von Esser als „Framing“ bezeichnet. Mit dem Frame ist aber nicht nur ein bestimmtes Modell einer Situation festgelegt, sondern auch die zum Frame passende Handlung, die Esser als „Skript“ bezeichnet. Skript ist also ein Programm an Handlungen innerhalb eines bestimmten Rahmens. Im Programm sind auch die für die dazugehörigen Alltagsvorstellungen und Erwartungen und die erfahrene Effektivität bestimmten Mittel festgelegt. Der innere Selektionsprozess legt also den Rahmen und das Skript fest; aber nicht nur das. Er legt auch den Modus fest, also die Art und Weise, wie die Entscheidung getroffen wird. Esser unterscheidet zwei Modi: die spontan-automatische Aktivierung von Frame und Skript und die reflexiv-kalkulierte Wahl. Bei der spontan-automatischen Aktivierung wird nicht berücksichtigt, welche Folgen die Entscheidung haben wird. Im „Normalfall des Alltagshandelns“ weiß der Mensch, in welcher Situation er sich befindet und wie er zu handeln hat. Den Normalfall erkennt die Person daran, dass ein gedankliches Modell voll mit der wahrgenommenen und interpretierten Situation übereinstimmt. In diesem Fall spricht Esser vom „perfekten Match“. Ein perfekter Match führt dazu, dass die Person auf die spontan-automatische Aktivierung zurückgreift und das gewohnte Programm gestartet wird. Erst wenn Anormalitäten und Probleme auftreten oder die

Symbole nicht eindeutig sind, wird auf die reflexiv-kalkulierte Wahl umgeschaltet. In diesem Fall erfolgt die Frame- und Skriptwahl bewusst und reflektiert.

Diese reflexiv-kalkulierte Wahl erklärt Esser anhand der Wert-Erwartungs-Theorie. Diese Handlungstheorie setzt bei den subjektiven Vorstellungen und Zielen des Menschen an und geht davon aus, dass jede soziale Situation eine „materiell-strategische" Grundlage hat. Aus verschiedensten Gründen haben Menschen Interesse an Ressourcen i. w. S.[106], die sie selber nicht haben. Menschen gehen Beziehungen ein, weil sie Ressourcen von anderen brauchen. In sozialen Systemen tritt doppelte Kontingenz auf, weshalb das Handeln der einen Person immer auch vom Handeln der anderen Person abhängt und vice versa. Kein Mensch hat das Ergebnis seines Handelns ganz unter Kontrolle. Dessen sind sich die Menschen auch bewusst. Die Handlungsalternativen werden durch „strukturelle Verbundenheiten" eingegrenzt und reguliert. Die materiell-strategische Verbundenheit ergibt sich daraus, dass andere über Ressourcen verfügen, die man selbst nicht hat. Aber auch kulturelle und normative Verbundenheit prägen soziale Situationen. Wir sehen auch hier die Bedeutung der Religion, die sowohl kulturell als auch normativ die Verbundenheit prägen kann. Vor diesem sozialen Hintergrund werden Handlungen gesetzt. Sind diese reflexiv-kalkuliert, so werden jene Handlungen gewählt, die den größten Nutzen in Aussicht stellen. Dabei geht er von den subjektiven Bewertungen der Folgen der potenziellen Handlungen aus. Diesen weist er bestimmte Wahrscheinlichkeiten zu, d. h. er bildet subjektive Erwartungen aus. Durch die Gewichtung von subjektiver Bewertung und Wahrscheinlichkeit, also der Multiplikation von subjektiver Bewertung mit der subjektiven Erwartung für jede potenzielle Handlungsmöglichkeit, ergibt sich ein Wert-Erwartung-Gewicht. Jede Folge wird extra bewertet und mit einer Erwartung versehen und die Wert-Erwartung errechnet (Wert-Erwartung = Wert*Erwartung). Hat eine Handlung mehrere Folgen, so werden alle Wert-Erwartungen aufsummiert. Gewählt wird jene Handlungsalternative, die die höchste Wert-Erwartung ausweist.

Wir sehen aufgrund dieses Modells auch, wie komplex die Situationen sind, in denen Menschen Entscheidungen treffen. Man weiß also nie, wie ein Mensch in einer Situation handelt, denn bereits die „objektive" Situation kann von verschiedenen Menschen verschieden wahrgenommen werden (vgl. GRESSHOF k. A., 4-20). Wir sehen auch, dass der Mensch nicht immer rational im ökonomischen Sinn handelt und dass dieses Handeln aus zeitökonomischen oder anderen Gründen wie hohen Transaktionskosten trotzdem rational sein kann.

---

106 Das sind nicht nur Güter und Dienstleistungen im herkömmlichen Sinn, sondern u. a. auch Wissen, Freundschaft, Liebe, Kooperationsbereitschaft.

Die Selektion von Modus und Modell (frame) ist eine automatische und damit keine substanziell rationale Entscheidung, weil Schätzungen vorgenommen werden. Die Wert-Erwartungstheorie kann bei der Selektion nur formal angewandt werden, weil nach Esser die Menschen nach diesem Schema funktionieren. Esser geht also davon aus, „dass die Menschen erst einmal sehr begrenzt rational agieren. Das geschieht im Normalfall des Alltags. Die Selektionen beim Framing selbst, also wenn es darum geht, ob Modellwahlen im automatischen (as-modus) oder reflekiv-kalkulierten (rc-modus) Modus vorgenommen werden, sind Ausdruck eines solchen begrenzt rationalen Tuns. Aber wenn auf der Grundlage dieser ‚Minimal-Rationalität' in den rc-modus umgeschaltet wird, dann kann die Frame- und Skript-Selektion auch sehr elaboriert rational ablaufen. Es wird dann möglich, die Entscheidung für Frame/Skript etwa im Sinne von Max Webers Zweckrationalität (siehe 5.2.2.2) zu gestalten und Ziele, Mittel und Folgen ausführlich und kalkulierend gegeneinander abzuwägen. Meist bleibt aber, vor allem aufgrund von Zeitknappheit, auch hierbei nur begrenzte Rationalität. Mittels einer solchen Zweckrationalität kann dann aber auch entschieden werden, etwa über eine entsprechende Skriptwahl, im Weiteren nicht rational zu handeln, sondern z. B. traditional-gewohnheitsmäßig oder emotional. Essers Konzeption sieht also explizit die Möglichkeit vor, rational zu entscheiden, dass man nicht rational handeln will" (GRESSHOF k. A., 19f).

Sehen wir uns das Modell nochmals, nun aber in einer formalen Form an. Das Frame-Selektion-Modell läuft stark vereinfacht in folgenden Schritten ab (vgl. PROSCH u. a. 2006, 96-100):

1. Eine „objektive Situation" ist gegeben.
2. Diese Situation wird wahrgenommen, wobei die Wahrnehmung eine physische ist.
3. Es erfolgt die Aktivierung von Frames, d. h. gespeicherte Muster eines inhaltlichen Modells der Situation (Frame) werden im Gehirn aktiviert. Der spezifische Frame legt die Oberziele und die dazugehörigen Codes einer Situation fest. Der Frame selbst ist kulturell beeinflusst und für die individuelle Orientierung, Einstellung und Handlung ausschlaggebend. Hier spielt m. E. natürlich auch die Religion bei der Bildung eines Frames eine wesentliche Rolle. Mit dem Code wird auch eine Bewertung von Handlungsergebnissen festgelegt und es erfolgt damit eine Präferenzordnung. Als Framing wird die Selektion einer auf die spezielle Situation bezogenen Präferenz bezeichnet.
4. Parallel zur Aktivierung des Frames erfolgt auch die Aktivierung des Skripts. Es erfolgt eine Prüfung, ob es ein gespeichertes Modell des Handelns für den Frame gibt. Die Aktivierung von Frame und Skript wird als Selektionsprozess bezeichnet.

5. Jetzt erfolgt auch der Schritt der Orientierung, d. h. es wird überprüft, ob das gedankliche Modell mit der wahrgenommenen Realität übereinstimmt. Ist diese Passung (match) hoch, werden Alternativen nicht mehr weiter betrachtet.
6. Aus der Orientierung folgt eine der beiden folgenden Ausprägung: ein gewohnheitsorientiertes Handeln oder ein konsequenzorientiertes Handeln.
7. Nun kommt es zur Handlung, also zu jener Aktivität, die nach außen hin sichtbar wird. Dies kann nur eine der im Punkt 6 beschriebenen Ausprägungen sein.

Wesentlich im Frame-Selektion-Modell ist die simultan zu lösende Aufgabe des Selektionsprozesses des Modells der Situation und der Wahl des Modus.

Der Selektionsprozess führt zur Aktivierung von Frame und Skript und folgt einer begrenzten Rationalität. Da der Mensch niemals alle Informationen seiner Welt verarbeiten kann, wird nicht von einer totalen, sondern von einer begrenzten Rationalität ausgegangen. Die Selektion erfolgt, wie bereits erwähnt, nicht bewusst, sondern Akteure „funktionieren“ nach diesen Regeln. Esser begründet dies mit den Erkenntnissen der Neurophysiologie und Evolutionsbiologie.

Der Selektionsprozess des Modells der Situation wird nicht wahrgenommen und erfolgt in einem nicht-kontrollierbaren Abgleich der wahrgenommenen Realität mit den gespeicherten Modellen. Zwei Kriterien werden bei der Selektion, die aus zwei Arten, nämlich der Selektion des Frames und der Selektion des Skripts, besteht, herangezogen: Erstens wird die Passung (match) vorgenommen. Je besser der Frame zur Identität (auch hier können wir wieder auf die Bedeutung der Religion verweisen) und zur wahrgenommenen Existenz erwarteter Objekte passt und darüber hinaus keine Störungen vorliegen, umso besser ist der match. Zusätzlich werden zweitens die Kosten und Nutzen bei der Wahl des Frames geschätzt, d. h. es findet auch eine Folgenabschätzung statt (dieser Gedanke wird bei der Kritik des Modells weiter unten eine Rolle spielen) (vgl. PROSCH u. a. 2006, 98f).

Formal lässt sich dieser Selektionsprozess so darstellen: Ausgegangen wird von der Wahl zwischen einer habituellen und einer alternativen Situation. Bei der Wahl der Situation wird nun der match und der Nutzen der Situationen bewertet und jene Situation gewählt, die das bessere Ergebnis liefert. Im Modell stehen immer nur zwei alternative Situation zur Verfügung: das unter den gegebenen Umständen „wahrscheinlichste“ gedankliche Modell und das nächstwahrscheinliche. Es wird auch angenommen, wie oben bereits erwähnt, dass jede Situation von der handelnden Person mit bestimmten Bewertungen (u_1 und u_2) versehen wird (vgl. ESSER 2005, 96).

Die handelnde Person wählt also zwischen der habituellen Situation (S_1) und einer alternativen Situation (S_2). Die Wahl erfolgt durch den Vergleich der erwarteten Nutzen mu_1 der habituellen Situation bzw. $(1\text{-}m)u_2$ der alternativen Situation, wobei die Matchkomponente m den Grad der Übereinstimmung des Modells mit dem gespeicherten Modell wiedergibt. Nach Esser muss eines der beiden Modelle gelten, weshalb die Summe von m und (1-m) eins sein muss.

Formal dargestellt:
$S_1 = mu_1$
$S_2 = (1\text{-}m)u_2$

Bei einem totalen match der habituellen Situation ($m = 1$) folgt, dass die alternative Situation null sein muss, selbst dann, wenn ihr Nutzen u_2 größer wäre (vgl. ETZRODT 2006, 274 f). Das bedeutet, dass ein eindeutiger match die Nutzenabwägung überflüssig macht! Angenommen beide hätten einen gleich hohen Grad an Passung (match), also 0,5, dann wäre nur der jeweilige erwartete Nutzen ausschlaggebend für die Wahl. Wäre der match 0, es läge also eine völlig neue Situation vor, die mit keiner der abgespeicherten Modelle übereinstimmt, dann wäre die Situation S_2 zu wählen. In allen anderen Fällen entscheidet das Produkt aus erwarteten Nutzen und match. Das Modell S_1 wird gewählt, wenn das Ergebnis besser als S_2 ist.

Simultan erfolgt die Wahl des Modus. Dabei wird von zwei Modi ausgegangen: die automatisch-spontane Reaktion, die die habituelle Alternative darstellt und die reflexiv-kalkulierende Überlegung, die einen rationalen Suchprozess nach besseren Alternativen in Gang setzt. Die Selektion des Modus erfolgt für Frame und Skript. Je höher die Passung, umso eher kommt die habituelle, automatisch-spontane Reaktion zum Zug, je niedriger die Passung, umso eher die reflexiv-kalkulierende Überlegung. Bei einer hohen Motivation, einen situationsgerechten Frame bzw. ein situationsgerechtes Skript zu erlangen, wird auch der reflexiv-kalkulierende Modus gewählt. Je höher die zur Verfügung stehenden Opportunitäten, umso eher wird auf die reflexiv-kalkulierende Überlegung zurückgegriffen. Bei Alltagshandeln erfolgt genau das Gegenteil, es wird die habituelle Variante angewandt (vgl. PROSCH 2006, 99f).

Formal lässt sich die Wahl des Modus so darstellen (vgl. ETZRODT 2006, 276f):

$S_{ap} = mu_1$
$S_{rc} = p(1\text{-}m)u_2 + (1\text{-}p)mu_1 - c$

Der erwartete Nutzen der automatisch-spontanen Reaktion hängt vom gewohnheitsmäßig erwarteten Nutzen und dem match ab.

Der erwartete Nutzen der reflexiv-kalkulierenden Überlegung hängt wiederum vom match (1-m), der Wahrscheinlichkeit p, einen höheren Nutzen u_2 in der Alternative zu finden einerseits sowie negativ von Suchkosten c andererseits ab. Dazu kommt noch, dass die handelnde Person immer auch auf die habituelle Variante mit der Wahrscheinlichkeit (1-p) zurückgreifen kann, wenn sie keine bessere Alternative findet (dafür steht $(1\text{-}p)mu_1$).

Im Modell geht die handelnde Person also immer vom gewohnten Modus aus, der mit einem bestimmten, gewohnheitsmäßig erwarteten Nutzen bewertet wird. Die Person bewertet auch das Ausmaß der Passung. Liegt ein totaler match vor (m = 1), dann wird der habituelle Modus herangezogen. Der Mensch tut also das, was er schon immer tat. Die wahrgenommene Situation entspricht bekannten Mustern. In dieser Situation spielt der Nutzen überhaupt keine Rolle, aber auch c und p haben keine Bedeutung! Liegt überhaupt kein match (m = 0) vor, d. h. die Person hat es mit einer völlig unbekannten Situation zu tun, dann wird der Wert von S_{ap} null, dann wird auch $(1\text{-}p)mu_1$ null und die einzige Variante ist dann die reflexiv-kalkulierende.

Etzrodt verweist bei diesem Punkt in einer Fußnote, dass Esser 2003 sein Modell wieder verändert habe, insofern als er bei der Selektion des Modus anstatt m wieder (er hat dies in älteren Modellen bereits gemacht) einen Faktor d einsetzte. Dieser Faktor d gibt an, um wie viel der Situationstyp S_1 besser als S_2 ist. „d ist eine Funktion von u_2/u_1 und m, wobei d größer wird, wenn die ‚Distanz' zwischen u_2/u_1 und der Übergangsschwelle m/(1-m) zunimmt, d. h. je kleiner u_2/u_1 und je größer m/(1-m), desto größer wird d)" (ETZROD 2006, 276). Esser geht dabei so vor: Er stellt die Frage, wann S_2 besser als S_1 sei, also wann von einem Frame zum anderen gewechselt wird. Das ist dann der Fall, wenn $S_2 > S_1$ ist, wenn also gilt, dass $(1\text{-}m)u_2 > mu_1$ oder umgeformt $u_2/u_1 > m/(1\text{-}m)$. d gibt nun an, um wie viel S_1 besser ist als S_2: d ist groß, wenn u_2/u_1 klein und m/(1-m) groß ist. Oder in Worten: Der Frame S_1 ist umso besser als S_2, je kleiner der relative Nutzen von S_2 und je größer der relative match von S_1 ist.

Diese Variante sieht formal so aus:
$S_{ap} = du_1$
$S_{rc} = pu_2 + (1\text{-}p)du_1 - c$

Situation S_{rc} ist besser als S_{ap}, wenn gilt $S_{ap} < S_{rc}$ bzw. $du_1 < pu_2 + (1\text{-}p)du_1 - c$

Durch Umformung gelangt man zu: $c/p < u_2 - du_1$

Das bedeutet nun, dass $u_2 - du_1$ als Reflexions-Motiv gesehen werden kann. Je höher es ist, umso mehr lohnt es sich, genauer zu überprüfen, ob eine Situation nicht doch kalkulierend-rational betrachtet werden soll. Durch d ist dieses Reflexionsmotiv mit der Selektion des Modells verbunden. Je größer d ist, also je vorteilhafter der habituelle Frame ist, umso weniger wird ein Wechsel vom habituellen zum rationalen Modus stattfinden. Esser bezeichnet den Ausdruck links als „Reflexions-Schwelle". Unter dieser Schwelle findet keine Reflexion statt, auch wenn die Motive hoch sind. „Ein Frame ist dann fraglos, selbstverständlich und unwiderstehlich, wenn der Abstand des Reflexions-Motivs zur Reflexions-Schwelle (...) groß ist" (ESSER 2005, 98). Beträgt die Wahrscheinlichkeit p (die Wahrscheinlichkeit, mit der der Nutzen des rationalen Modus bewertet wird) null, dann ist diese Schwelle unendlich groß und es findet keine Überlegung in Richtung des rationalen Modus statt.

Fällt die Wahl auf den rationalen Modus, dann wird die Wahl des Situationsmodells S_1 fraglich. Die Modusselektion ist daher die maßgebliche Selektion. Die Wahl des Situationsmodells geht bei Esser nur indirekt in die Moduswahl ein und zwar durch den Faktor d, der den Vorteil der Situation S_1 gegenüber S_2 anzeigt.

Nachdem der Modus und das Modell, also Frame und Skript, gewählt sind, ist abschließend der Blick auf die Logik der Situation zu werfen: Wird der habituelle Modus gewählt, dann wird auch die habituelle Handlung ausgeführt. Wird der rationale Modus selektiert, dann muss die nutzenmaximierende Alternative gesucht werden, die anhand der Wert-Erwartungs-Theorie, wie oben dargestellt, gewählt wird. Diese wird dann ausgeführt.

5.2.2.2 Kritik an der Frame-Selektion-Theorie aus religionsökonomischer Sicht

Am Anfang soll eine allgemeine Kritik vorgenommen und kurz untersucht werden, wie weit die verschiedenen Handlungstypen Max Webers im Modell abgebildet werden können. Danach soll eine religionsökonomische Kritik folgen.

Insgesamt ist das Modell sehr komplex, vor allem auch deshalb, weil simultan sowohl die Selektion der Modelle als auch der Modi erfolgt und beide Nutzenabwägungen folgen. Im rationalen Modus erfolgt dann auch noch die Wahl der

Alternativen. Da Menschen nur eine eingeschränkte Rationalität besitzen – und diese im Modell auch selbst angenommen wird – ist es fraglich, ob eine Anwendung des Modells in der Realität überhaupt möglich ist.

Das eigentliche Problem bleibt aus der Sicht Etzrodts (vgl. ETZRODT 2006, 278) aber die Wahl von Modell und Modus, weil bei beiden nicht nur die Passung, sondern auch die Nutzenabwägung eine Rolle spielen. Die Wahl eines Modells, eines Frames kann – auch meiner Ansicht nach – nicht vom Nutzen abhängen, sondern nur von der Passung (match). Nur bei einer 100%igen Übereinstimmung wird lt. Esser das Nutzenargument ausgeschaltet. Modell und Modus werden aber ohne Nutzenüberlegung gewählt, denn Situationsdefinitionen sind „ein Problem der bedeutungsorientierten Assoziation von realen Merkmalen zu typischen gespeicherten Merkmalen" (ETZRODT 2006, 280). Wenn die Wahl eines Frames tatsächlich von der Nutzenerwartung abhängig wäre, dann würde hier m. E. mit dem Argument der Nutzenmaximierung Wunschdenken in das Modell hineingetragen werden. Angenommen es stünden zwei Frames zur Wahl, bei dem der Grad der Passung des einen Frames sehr hoch, aber die Passung des zweiten Frame sehr niedrig wäre. Die handelnde Person würde also demnach eine Situation sehr stark wieder erkennen. Diese Person weiß aber auch, dass diese Situation sehr unangenehme Folgen für sie haben könnte und würde ihr einen äußerst niedrigen, vielleicht sogar negativen erwarteten Nutzen, also eigentlich einen Schaden, zuordnen. Jene Situation, die eine äußerst niedrige Passung hat, wird aber einem extrem hohen Nutzenwert zugeordnet. Dadurch könnte nun jenes Frame gewählt werden, das eigentlich zur objektiven Situation nicht passt, aber den weit höheren erwarteten Nutzenwert verspricht. Das erinnert an ein Kind, das nicht wahrhaben will, dass es Fieber hat und krank ist und trotzdem felsenfest davon ausgeht, dass es zur Geburtstagsfeier gehen darf. Das Kind erkennt die Situation Krankheit ziemlich eindeutig, die Passung mit dem Frame Gesundheit ist minimal. Erste Wahl ist der habituelle Frame Gesundheit, mit dem Skript zur Geburtstagsfeier zu gehen. Zweite Wahl ist die rationale Wahl, die Medikamente einzunehmen (oder Hausmittel anzuwenden) und das Bett zu hüten. Nach dem Modell ist die Wahl des Frames Gesundheit aufgrund des extrem höheren erwarteten Nutzens rational, obwohl objektiv alles dagegen spricht. Ist die Wahl des Frames Gesundheit am Ende gar rational?

Ein weiteres Problem stellt nach Etzrodt „die Korrelation der habituellen (bzw. rationalen) Modellselektion mit der habituellen (bzw. rationalen) Modusselektion" dar (ETZRODT 2006, 279). So wäre es doch auch vorstellbar, dass automatisch-spontan ein rationaler Modus gestartet werden kann. So greifen Kaufleute automatisch zum Rechenstift oder zum Taschenrechner, um beste Alternativen herauszufinden, ohne aber gleich diese Transaktion auch durchzuführen.

Bei Esser dienen, so haben wir gesehen, Zwischenprodukte dazu, aus der sozialen Situation heraus, den größtmöglichen Nutzen in Form der Befriedigung von Anerkennung und physischen Wohlbefinden zu erlangen. Das Handeln des Menschen hat also seine letzte Ursache in diesen beiden basalen Bedürfnissen.[107] Wie oben bereits dargelegt wurde, sind bei Weber „Werte nicht Mittel zum Zweck sondern Selbstzweck, ein Wert an sich, um dessen Willen man handelt. Diese Endzwecke dienen nicht ihrerseits nochmals als Zwischenglieder einem weiteren Ziel oder Zweck" (SCHWINN 2006, 47). Werte selbst können bei Weber die Motivation und das Ziel sein. Auch mehrere Werte können die Grundlage für eine Handlung sein. Gerade Theoretiker neigen aber dazu, einen einzigen Grund oder Wert für eine Handlung ausmachen zu können. Bei Esser wären dies die basalen Grundbedürfnisse. Alle Handlungen werden dann immer wieder auf diese letzte Ursache zurückgeführt. „Ein solcher Reduktionismus verträgt sich aber nicht mit der Tatsache, dass Menschen für bestimmte andere Werte – des Ruhms, des Seelenheils, der Erkenntnis, der Liebe – große Mengen von Lust zu opfern bereit sind. Unsere Annahmen darüber, welche Handlungsgründe, Ziele und Werte als letzte anzuerkennen sind, können aber ... nur vorläufig sein. Er hat aber einige wichtige in der ‚Zwischenbetrachtung' als Wertsphären in ihren Eigengesetzlichkeiten und ihrem Spannungsverhältnis zueinander beschrieben..." (STEINVORTH 1994, 462f zitiert in SCHWINN 2006, 47).

107 „Schon die ältesten Seelsorger, die Zauberer und Magier, verdankten ihre Stellung der Fähigkeit, Krankheit, Leiden und Not von ihrer Klientel zu nehmen bzw. es ihnen glauben zu machen. Die Unterprivilegierten erwarten sich von Religion ganz im Esserschen Sinn physisches Wohlbefinden, die Privilegierten soziale Wertschätzung. Das sind in der Tat universelle Bedürfnisse, die auch Weber in allen Religionen entdeckt. Und sie sind auch heute noch vorhanden. Die von wissenschaftlichen, ökonomischen, juristischen, ästhetischen Experten gepflegten und reproduzierten Sinnkriterien mit den entsprechenden Institutionen sind für die Laien nicht sonderlich motivationsträchtig. Immer nur ein mehr oder weniger kleiner Anteil von Akteuren, in der Regel die Experten, erbringt die für die Ordnungsreproduktion konstitutiven Orientierungsleistungen und Handlungsstrategien. Die Masse der Bevölkerung beurteilt die Institutionen danach, was sie für ihre Lebensprobleme zu leisten in der Lage sind. (...) Essers basale Grundbedürfnisse dürften die Motivation der Masse adäquater treffen als Webers Umschreibung der Wertsphären (...) Aber ohne das wertrationale Handeln der Experten und eines nennenswerten Anteils der Masse kommen entsprechende Institutionen nicht zustande. Es ist nach Weber ein wechselseitiges Anpassungsproblem zwischen religiösen Ideen und den Interessen. ‚Interessen (materielle und ideelle), nicht: Ideen, beherrschen unmittelbar das Handeln der Menschen. Aber die Weltbilder, welche durch Ideen geschaffen wurden, haben sehr oft als Weichensteller die Bahnen bestimmt, in denen die Dynamik der Interessen des Handeln fortbewegte' (WEBER 1978, 252). Das ist eine andere Vorstellung als die Essers (...), der Werte und Ideen als das Variable, weil gesellschaftlich definierte, und Bedürfnisse und das daraus resultierende Interesse an deren Bedienung als das Allgemeine, Unveränderbare anzunehmen scheint" (SCHWINN 2006, 49).

Weber versuchte eine Klassifikation der Bestimmungsgründe sozialen Handels vorzunehmen, die von vier Typen des menschlichen Handelns ausgeht:

1. Als erste Form beschreibt er Zweckrationalität, die bestimmt ist „durch Erwartungen des Verhaltens von Gegenständen der Außenwelt und von anderen Menschen und unter Benutzung dieser Erwartungen als ‚Bedingungen' oder als ‚Mittel' für rational, als Erfolg, erstrebte und abgewogene eigene Zwecke' (WEBER 1980, 12). Zweckrationales Handeln entspricht also dem ökonomischen Handeln, vor allem im Sinne einer rational choice theory. Das Handeln ist das Ergebnis einer Abwägung von bestimmten Alternativen. Eine zweckrationale Handlung kann also weder affektuell noch traditionell sein. Die Abwägung zwischen Alternativen kann allerdings nach Weber wertrational orientiert sein. In einem solchen Fall „ist das Handeln nur in seinen Mitteln zweckrational" (WEBER 1980, 13).
2. Das wertrationale Verhalten ist gekennzeichnet „durch bewussten Glauben an den – ethischen, ästhetischen, religiösen oder wie immer sonst zu deutenden – unbedingten Eigenwert eines bestimmten Sachverhaltens rein als solches und unabhängig vom Erfolg" (WEBER 1980, 12). Hier wird explizit auch die Religion angesprochen.
3. Das affektuelle, emotionale Handeln, das sich „durch aktuelle Affekte und Gefühlslagen" (WEBER 1980, 12) definiert.
4. Das traditionelle Handeln, das „durch eingelebte Gewohnheit" (WEBER 1980, 12) bestimmt ist.

Wichtig erscheint m. E. der Hinweis, dass Handeln, insbesondere soziales Handeln,[108] nach Weber sehr selten nach nur einem der vier oben beschriebenen Muster abläuft und die „absolute Zweckrationalität des Handelns" eigentlich nur einen „konstruktiven Grenzfall" darstellt (vgl. WEBER 1980, 13).

Bei Esser wird nun das zweckrationale Handeln zum eigentlichen Grundprinzip. Esser unterstellt auch bei der Wahl der Frames und Skripts und der Modi Nutzenverhalten, das allerdings eingeschränkt ist oder gar entfällt. Fällt die Wahl auf den rationalen Modus, so verfolgt die handelnde Person zweckrationales Verhalten im Sinne einer rationalen Wahl aus gegebenen Alternativen mit der Wert-Erwartungs-Theorie.

In das Frame integrierbar ist auch das traditionelle Handeln, da es zu einer perfekten Passung (match) kommen kann und daher jener Frame gewählt wird, der

108 Soziales Handeln ist ein Handeln, dass sich am Verhalten anderer orientiert. (vgl. WEBER 1980, 1).

das bestehende Programm laufen lässt. Es wird also das gemacht, was man schon immer tat. Auch beim affektuellen Handeln kann von dieser totalen Passung ausgegangen werden, allerdings ist die Handlung mit entsprechenden Emotionen verbunden. Diese beiden Handlungsweisen liegen also im Modell Essers eng beieinander.

Schwieriger ist das wertrationale Verhalten in das Modell zu integrieren. Esser sieht Werte als spezielle mentale Modelle, die einen wünschenswerten Zustand wiedergeben. Bei einem Wert kommt es zu keiner perfekten Passung von wahrgenommener Situation und mentalem Modell, sondern es kommt zu einer Fixierung durch die handelnde Person. Diese Fixierung bleibt auch dann aufrecht, wenn erhebliche Störungen auftreten. „Insofern kommt es hier nicht zur Wirkung eines Modells der Wirklichkeit, sondern eines Modells *für* die Wirklichkeit" (PROSCH u. a. 2006, 104f).

Wenden wir die Frame-Selektion-Methode nun religionsökonomisch an, so finden wir m. E. Religion in diesem Modell auf verschiedenen Ebenen: Auf der objektiven Situationsebene wirkt Religion auf der Makroebene in den verschiedenen in dieser Arbeit beschriebenen Zugängen. Da die objektive Umwelt aber vom Individuum nicht als Ganzes wahrgenommen und verarbeitet werden kann, muss ein Selektionsprozess durchgeführt werden, in dem mentale Modelle die Hauptrolle spielen. Mentale Modelle können auch religiöse oder mit religiösen Elementen angereicherte sein. Damit spielen religiöse Erfahrungen, Denk-, Handels- und Lebensweisen eine Rolle bei der Bewertung einer bestimmten objektiven Situation. Diese aber wiederum sind das Ergebnis von Sozialisation - und damit auch der Pädagogik - von Personalisation und Veranlagung und des Glaubens, den wir wiederum als ein Produkt von Sozialisation, Personalisation und Veranlagung einerseits aber auch als Gnade andererseits sehen können, was aber rational nicht begründbar ist. Diese Faktoren formen mentale Modelle, die verschieden stark religiös geprägt sind, und die zur Selektion herangezogen werden können, aber nicht müssen.

Solange eine Situation vorliegt, die einen Match mit einem vorhandenen religiösen mentalen Modell oder einem, das mit religiösen Elementen angereichert ist, ergibt, wird die Religion bzw. der individuelle Glaube zu einem Programm, das in dieser Situation gestartet und durchgezogen wird. In diesem Fall findet eine spontan-automatische Aktivierung statt, die zu einer Selektion ohne Berücksichtigung der Konsequenzen führt. Der religiöse Mensch handelt also so, weil er so handeln muss. Das „Warum" kennt dann kein explizites, direktes „Darum". Der Rückgriff auf das Programm und die Anwendung des habituellen Modus kann aber in gewisser Weise auch als rational bezeichnet werden, weil der Mensch dadurch einfach schneller, direkter, nicht kalkulierend handelt. Der Mensch wird aber auch unberechenbarer, da das Nutzenkalkül bei der Wahl des Modus und des Frames, so fern es überhaupt zum Zug kommt und aufgrund einer totalen Passung nicht sowieso ausgeschalten wird, eine subjektive Bewertung der subjektiven Erwartungen darstellt.

Liegt aber eine Situation vor, für die es kein passendes, religiöses mentales Modell gibt, so wird der reflexiv-kalkulierte Modus gewählt und es erfolgt eine Wahl der Alternativen anhand der Wert-Erwartungs-Theorie. So könnte die handelnde Person vor einer Situation stehen, die völlig neu ist. Es gibt also keinen passenden Frame und es erfolgt eine Umschaltung in den rationalen Modus, der die Wahl aus zwei religiösen Alternativen oder zwei religiösen Werten erfordert. So kann auch der reflexiv-kalkulierte Modus bei religiösen Entscheidungen herangezogen werden.

Handlungen, die aufgrund von religiösen Überzeugungen gesetzt werden, sind religiöse Handlungen. Nach Weber gehören zu wertrationalen religiöse Handlungen. Religiöse Menschen gehen also von bestimmten Werten aus. Solange diese Werte nicht berührt oder in Frage gestellt sind, kann der religiöse Mensch sich zweckrational, effektuell oder traditionell verhalten. Kommt es zu einem Wertekonflikt und müssen Entscheidungen über Handlungen getroffen werden, dann kann der religiöse Mensch auch auf zweckrationales Handeln zurückgreifen, um im Wertekonflikt rational zu entscheiden.

Einige beispielhafte Situationen sollen das Frame-Selektion-Modell im Hinblick auf verschiedene Handlungstypen im religiösen Kontext kritisch darstellen:

Ein religiöser Mensch, in dessen Religion Ehrlichkeit einen wesentlichen Wert darstellt, kommt in eine Situation, in der er Geld hinterziehen könnte. Folgende Entscheidungs- und Handlungsvarianten sind m. E. denkbar:

Der wertrationale religiöse Mensch wird den Wert Ehrlichkeit absolut setzen und damit ein Modell für die Wirklichkeit schaffen. Weitere Varianten werden dadurch ausgeschlossen, ein Framewechsel unmöglich und das religiöse Programm gestartet und der Ehrlichkeit gedient. Die Handlung heißt: kein Geld hinterziehen.

Für den religiösen Mensch könnte diese Situation aber eine so verlockend neue sein, in der der Wert Ehrlichkeit nicht absolut gesetzt wird. Da es keinen passenden Frame für die erlebte Situation gibt, wird in den rationalen Modus umgeschaltet. Aufgrund seiner Bewertung jedoch könnte er zum Schluss kommen, dass in der sich bietenden Situation Nicht-Nehmen besser ist als Nehmen. In dieser Variante ist die Entscheidung keine wertrationale, sondern eine zweckrationale. Vielleicht kommt er bei der Abwägung der Alternativen aber auch zu einem anderen Schluss und nimmt sein schlechtes Gewissen für die Hinterziehung in Kauf. Dann wäre der subjektive Zusatznutzen aus dem Nehmen größer als das schlechte Gewissen und die Gefahr ertappt zu werden, weil – nach Esser – die Aufrechterhaltung des eigenen Organismus (um Anerkennung wird es bei dieser Situation weniger gehen, außer der religiöse Mensch möchte mit seiner Handlung anderen gegenüber beweisen, dass er auch anders handeln kann) das basale Bedürfnis ist. Mit dem hinterzogenen Geld können Anschaffungen getätigt werden, die das eigene Leben verschönern oder erleichtern. Darüber hinaus könnte der religiöse Mensch auch noch auf Vergebung hoffen oder gar damit rechnen.

Wir könnten dieses Beispiel noch weiter treiben, wir würden wahrscheinlich auch kaum ein Ende finden, wenn wir alle möglichen Situationen, erwartete Nutzen und potentielle Handlungen durchspielen wollten. Wir können also auch mit dem vorliegenden Modell nicht sagen, wie ein religiöser Mensch, in dessen Religionskonzept Ehrlichkeit einen hohen Wert darstellt, auf die Versuchung einer Hinterziehung reagieren würde. Das Modell ist auch so angelegt, dass schließlich jede Handlung rational erscheint.[109]

Welche Antworten könnte das Modell auf die Motivation von Märtyrern[110] bereithalten, die ihr Leben für den Glauben oder aus dem Glauben für einen anderen Menschen gaben? Als wertrational handelnder Mensch handelt der religiöse Mensch so, weil er so handeln muss, das Programm lässt gar keine andere Alternative zu. Ein Wert – der Glaube, die Liebe etc. – wird absolut gesetzt. Nutzenabwägungen spielen dann keine Rolle mehr. Der Mensch handelt so, weil er so handeln muss – ohne jede Berechnung. Religiöse Menschen können dies aus verschiedenen Motiven wie Liebe, Glaube oder Dankbarkeit tun und handeln damit gegen den eigenen Nutzen, gegen die Aufrechterhaltung des eigenen Körpers; hier widerspricht sich das Modell. Weitet man jedoch den anthropologischen Nutzenbegriffs Essers so aus, dass das eigene Leben nicht im Diesseits endet, transzendiert man sozusagen den Lebensbegriff – wie immer man sich das auch vorstellen möchte – dann wird selbst die Handlung eines Märtyrers zu

109 Welchen Platz hat Sucht in diesem Modell? Ist sie auch rational?

110 Ich danke Frau Prof. Bechmann für die Frage, wie dieses Modell bei Märtyrern funktioniere.

einer unter bestimmten Annahmen rationalen. Diese Annahme aber geht weit über das Modell hinaus.

Versuchen wir den Fall des Märtyrers im Modell darzustellen: Ein religiöser Mensch stirbt für seinen Glauben und wird zum Märtyrer. Der Glaube ist darin zum absoluten Wert geworden, der match ist also 1. Der Nutzen, so wie er bei Esser definiert ist, wäre aber unendlich negativ, weil der Körper nicht aufrechterhalten werden kann und die Anerkennung nicht mehr erlebt wird.

Stellen wir uns nun vor, ein gläubiger Mensch steht vor der Entscheidung für den Glauben zu sterben. Wenn der match perfekt ist, also wenn m = 1 und der Nutzen absolut negativ ist, dann nimmt u_1 den Wert -1 an. S_1 ist also -1. S_2 ergibt dann null. Damit ist S_2 besser als S_1 und die Situation S_2 müsste gewählt werden. Damit ist aber nicht richtig, dass das Setzen von m auf 1 automatisch die Situation 1, also das habituelle Programm starten lässt. Oder wird der Nutzen des Wertes doch nicht als negativ, sondern eben als positiv gesehen? Dann aber wäre die anthropologische Definition des Nutzens falsch, denn der Körper hört mit dieser Entscheidung auf zu existieren, es tritt – der Definition folgend – ein unendlich großer, nicht mehr gut zumachender, Schaden ein. Wir müssten, damit die Aussage also doch weiterhin stimmt, den Nutzen anders definieren und ihn transzendieren, weil angenommen wird, dass für die betroffene Person das Leben nicht im Diesseits endet, sondern es ein Leben nach dem Tod gibt. Es wäre also eine unbeweisbare, sich der Rationalität entziehende Annahme der Inhalt des Nutzenbegriffs.

Was passiert bei diesem Beispiel mit der Berechnung des Modus?

$S_{ap} = mu_1$, wenn $m = 1$ und $u_1 = -1$, folgt $S_{ap} = -1$
$S_{rc} = p\,(1-m)u_2 + (1-p)mu_1 - c$
Durch Einsetzen von oben:
$S_{rc} = 0 + (1-p)*(-1) - c$
$S_{rc} = -1 + p - c$

Ein Wechsel des Modus erfolgt, wenn $S_{rc} > S_{ap}$.

$-1+p-c > -1$
$p > c$

Ein Wechsel erfolgt, wenn die Wahrscheinlichkeit, eine bessere Alternative zu finden, größer ist als die Suchkosten. Die Suchkosten werden marginal sein, aber wie schätzt der gläubige Mensch die Wahrscheinlichkeit ein, eine andere Alternative zu finden? Wenn er glaubt, gibt es diese Wahrscheinlichkeit gar nicht. Ein Wechsel des Modus erfolgt also nicht. Das ergibt eine seltsame Logik: Die Situationswahl schreibt die alternative Situation vor, die Wahl des Modus lässt aber keinen Wechsel zu.

Ein Mensch, egal ob religiös oder nicht, könnte einem anderen Menschen aber auch aus anderen Gründen sein eigenes Leben schenken. Er könnte vor die Wahl gestellt, das seine oder das eines anderen zu geben, das eigene Leben geringer als das Leben eines anderen einschätzen. Da für eine derartige Entscheidung kein Frame vorliegen kann, wird entweder auf einen Wert gesetzt oder in den kalkulierten Modus umgeschaltet. Im zweiten Fall könnte der sich selbst zugefügte Schaden dann als geringer als der Nutzen des Lebens eines anderen Menschen eingeschätzt werden. So könnte der Vater den Tod zugunsten seines Kindes erleiden wollen. Es könnte also auch eine zweckrationale Entscheidung im Sinne einer Alternativenwahl zum Sich-Töten-Lassen führen.

Aber hier scheint das Modell ein noch größeres Problem zu haben: Nicht nur die Entscheidung für den Tod aufgrund eines Wertes ist für das Modell problematisch, sondern noch viel mehr die Entscheidung für den Tod aufgrund einer rationalen Abwägung des Nutzens. Hier scheitert der Nutzenbegriff Essers. Weder Anerkennung noch Lebenserhaltung sind die Grundlage für die rationale Entscheidung.

Wir könnten nun die Annahmen ein wenig verändern und von einem religiösen Menschen ausgehen. Wir könnten dann sowohl Anerkennung als auch Lebenserhaltung über die irdische Grenzen heben und auf das Heilsmotiv setzen und damit wieder eine rationale Begründung, die jedoch bei Esser keinen Platz haben würde, finden. Aber auch dieses Motiv greift, wie wir bereits zum Thema rational choice gesehen haben, zu kurz. Wir gehen hier ja davon aus, dass der sich hingebende Mensch das „einfach deshalb" getan hat, weil er sein Leben weniger bedeutend als das seines Kindes eingeschätzt hat: Eine Rationalität, die dem Nutzenkalkül Essers widerspricht.

Fassen wir das Frame-Selektions-Modell zusammen: Religionsökonomisch betrachtet lässt dieses Modell viel Spielraum. Sowohl in der Betrachtung der objektiven als auch der subjektiven Situation können verschiedene religiöse Vorstellungen nicht nur moralischer Natur einfließen und die Entscheidung des Einzelnen wesentlich beeinflussen. Subjektive religiöse Vorstellungen und objektive, im Sinne von gesellschaftsweiten, werden damit zu ökonomischen Entscheidungsgrundlagen. Es lassen sich aber nicht alle religiöse Handlungen mit diesem Modell abbilden, insbesondere stößt der anthropologische Nutzenbegriff an seine Grenze.

5.2.3 Institutionenökonomik und Religionsökonomie

Bereits im Kapitel 2 und in verschiedenen Kontexten wurde laufend auf die pluralistische und ausdifferenzierte Gesellschaft hingewiesen. Der Mensch lebt in einer „Multioptionsgesellschaft“ (vgl. GROSS 1994) und kann nicht alles verarbeiten, er muss reduzieren und vereinfachen, so wie dies bei den verschiedenen Modellen bereits gezeigt wurde. Bei Luhmann formt sich diese Vereinfachung in Kontingenzformeln und binäre Codes aus und im Modell der Frame-Selektion gibt es verschiedene Frames und Skripts, die eine Komplexitätsreduktion bis hin zur Automation ermöglichen. Die Institutionenökonomie setzt bei dieser Unübersichtlichkeit und Unsicherheit an und versucht ein im Vergleich zur rational choice theory realistischeres Bild des Menschen bei seinen Entscheidungen zu zeichnen. Vollkommene Information und totale Rationalität sind nicht möglich, diese Hypothese wird deshalb verworfen und eine beschränkte Rationalität eingeführt, weil Menschen nicht alle Informationen einholen können, geschweige denn alles verarbeiten. Es wird zwar nach wie vor der Versuch unterstellt, dass der Mensch rational handeln möchte, dazu aber nicht in der Lage ist. Dies wiederum erhöht die bereits vorhandene Unsicherheit abermals. Situationen können durchaus unkenntlich oder undeutlich sein. Wenn man nun aber auch Situationen der Undeutlichkeit und Unkenntlichkeit mitdenkt, so führt dies unweigerlich in die Sphäre des Glaubens. Warum? Weil die hohe Unsicherheit dazu führt, dass Aussagen wie wahr und falsch nicht mehr getroffen werden können, da ja weder die Ereignisse noch deren Folgen bekannt sind. Es geht um Anhaltspunkte in Situationen mit größtmöglicher Unsicherheit und geringstem Informationsstand. Im Mittelpunkt der Entscheidung muss daher der Glaube selbst stehen. Das Heilsmotiv rückt dabei in den Hintergrund, wesentlich wird die Orientierung. Kann der Glaube dies leisten, dann geht es gar nicht darum, ob es Gott gibt, sondern ob man an ihn glaubt oder eine andere transzendente Erfahrung in den Mittelpunkt stellt, egal ob es sie gibt oder nicht, und daraus seine Handlungen ableitet, um in der Situation der höchsten Unsicherheit Sicherheit zu bekommen. Somit wird Glaube wiederum rational und nutzenstiftend. Hilfreich ist dabei bereits, dass der Glaube weder falsifizierbar noch verifizierbar ist (vgl. BRINITZER 2001, 152f).

Um Entscheidungen in den oben dargestellten Situationen überhaupt fällen zu können, greift der Mensch auf mentale Modelle zurück. Menschen möchten ein konsistentes Weltbild, das Irdisches und Transzendentes umfasst. Religionen gestalten diese mentalen Modelle mit. Religionen bestimmen damit auch Identitäten und diese formen die individuellen Präferenzen – und Menschen handeln im Einklang mit ihrer Identität (vgl. ERLEI 2007, 27f). Mentale Modelle sind „Strukturierungs- und Kategorisierungsmechanismen, mit denen die Umwelteindrücke interpretiert werden. Die Akteure nehmen die Realität nicht mehr so auf, wie sie ist, sondern nur soweit, wie sie sie mit den selbst konstruierten mentalen Modellen subjektiv erfassen. (...) Die Nutzung mentaler Modelle führt über die Verringerung der zu bewältigenden Informationsmenge zu einer Komplexitätsreduktion. Da sie das Ergebnis individueller Erfahrungen sind, hat jedes Individuum eine ihm eigene Wahrnehmung. Kommunikation und kulturelle Prägung verhindern allerdings, dass die mentalen Modelle von Menschen eines Kulturraumes sich voneinander entfernen. Es bilden sich überindividuelle geteilte mentale Modelle heraus, die als Ideologie bezeichnet werden" (BRINITZER 2001, 155f). In dieser Beschreibung Brinitzers fallen m. E. wunderbar die Ansichten Luhmanns und Habermas' zusammen. Luhmann geht ja von der Beobachtung und dem Konstruktivismus aus. Der Mensch beobachtet und formt sich dadurch seine Welt, die Luhmann methodisch in System und Umwelt trennt. Dadurch entsteht eine Komplexitätsreduktion, die das psychische System verarbeiten kann. Durch Kommunikation formt sich das soziale System aus, das u. a. eine gemeinsame Kultur entstehen lässt. Gleichzeitig greift hier aber auch Habermas' Theorie, die Systeme aus der Lebenswelt formt. Die Lebenswelt entsteht durch die implizite Kommunikation von moralischen und kulturellen Werten. Sie ist da und jeder lebt in ihr, sie ist jedoch nur in bestimmten Einzelfällen festzumachen. Aus beiden Zugängen kann sich m. E. ein mentales Modell herausbilden: über die Systeme selbst oder aus der Lebenswelt.

Bewusste und unbewusste Anwendungen von Ideologien reduzieren die Transaktionskosten und vermindern die Informationsbeschaffung. Mentale Modelle erleichtern damit die Auswahl. Da aber das Sein gerne vom Sollen vereinnahmt wird, entstehen mit dem Modell auch Wertungen. Damit ist auch klar, wie gefährlich diese Modelle sein können, wenn sie in eine Richtung weisen, die nicht mit dem demokratischen, pluralistischen System vereinbar sind.

Die schwierigsten Fragen in der Gesellschaft sind die Fragen nach dem Sinn des Daseins. Wer sich mit den Fragen nach dem Ursprung unseres Seins auseinandersetzt, müsste ein/e Experte/in in verschiedenen Disziplinen sein: von Naturwissenschaft über Philosophie bis hin zur Theologie. Alles Wissen darin zu erforschen, wäre zu kostenintensiv und für einen Menschen nicht machbar. Religion kann diesen Suchprozess abkürzen und vereinfachen, denn sie kann auf äußerst komplexe Fragen Antworten geben. Religiöser Sinn gibt aber nicht nur die Erklärung für die Entstehung und den Sinn des Seins, sondern auch Handlungsanweisungen. Damit sind Religionen im Sinne der Institutionenökonomie

Ideologien und damit Bestandteile von Institutionen.[111] Ideologien sind kollektiv genutzte mentale Systeme. Institutionen sind ein System aus Normen und Werten, die bei Verstößen sanktioniert werden. Sie reduzieren Unsicherheit, weil sie Richtlinien und Grenzen für die Menschen aufzeigen. Da Verstöße sanktioniert und die Institutionen von der großen Masse daher akzeptiert werden, ermöglichen sie die Aufrechterhaltung der Ordnung. Ideologien bzw. mentale Modelle werden dadurch zu Institutionen, weil auch sie einen Sanktionsmechanismus kennen: Selbstzweifel und das schlechte Gewissen. Sie sind damit Institutionen auf individueller Ebene (vgl. BRINITZER 2001, 157-162).

Mentale Modelle formen auch Identitäten. Diese wiederum sind Bestandteil des Weltbildes. Die Gestaltpsychologie geht davon aus, dass die Menschen ihr Weltbild so klar und einfach wie möglich haben möchten. Die Komplexität muss reduziert werden. Deshalb bilden sich prägnante Wahrnehmungsmuster heraus. Dabei spielen „Levelling“ und „Sharpening“ eine wesentliche Rolle. Levelling bedeutet, dass in der Abgrenzung unerhebliche Unterschiede vernachlässigt und Sharpening bedeutet, dass entscheidende Unterschiede überbetont werden. Diese Art der Wahrnehmung führt dazu, dass Zuordnungen einfacher gemacht werden können. So entstehen auch Stereotypen, wie „der Katholik“, „der Muslim“, „der Jude“ oder auch „der Ausländer“. Mentale Systeme und Ideologien sind also gewissermaßen Schemata zur Vereinfachung der komplexen Welt. Sie ermöglichen höhere Effizienz und sind gleichzeitig aber auch eine Gefahr. Als weiteres Vereinfachungsinstrument wirkt das „Framing“, also die Art und Weise, wie etwas in einen Kontext hineingeholt wird. Ereignisse oder Informationen erhalten durch das Framing, d.h. das Zuordnen in den Kontext des mentalen Modells, einfache Erklärungen. Brenitzer nennt als Beispiel Erscheinungen, die immer dem jeweiligen religiösen Kontext zugeordnet werden (vgl. BRENITZER 2001, 164-175). „A Christian never sees Buddha in vision and a Buddhist never sees Christ” (RICH 1993, 41). Religionen haben also ihre je eigene, einfache Erklärung, die von Nicht-Gläubigen nicht geteilt werden muss.

Das Weltbild des Individuums muss, wie gesagt, konsistent sein. Gäbe es eine Inkonsistenz, dann müssten zumindest Teile des Weltbildes neu formuliert werden. Das Menschenbild, das hier gezeichnet wird, ist weit von dem des Homo oeconomicus entfernt. Nutzinger/Panther (2004) sprechen vom Homo culturalis, der seine eigene Identität formt und diese in mentalen Modellen vereinfachend

111 Damit haben wir in dieser Arbeit eine weitere Funktion der Religion kennengelernt: Religion als Orientierungsfunktion zur Entscheidungs- und Handlungsgrundlage. Damit können wir hier folgende Funktionen der Religionen zusammenfassen: Legitimationsfunktion, Kontingenzbewältigungsfunktion, Orientierungsfunktion und Funktion der Ausformung der Transzendenz bzw. der Einheit der Differenz von Transzendenz und Immanenz.

abbildet. Dieser Mensch wird über Kommunikation von anderen Menschen beeinflusst, er beeinflusst auch andere. Dabei entwickelt sich eine kollektive Identität und es entstehen kollektive Praktiken. Die Identität wiederum beeinflusst wesentlich u. a. ökonomisches Verhalten, denn der Mensch möchte, wie schon ausgeführt, konsistent bleiben. Das richtige Verhalten baut auf Werte, die entweder logisch schlüssig aus den mentalen Modellen gewonnen werden oder durch Strategien der Rationalisierung und des Wunschdenkens entstehen. Rationalisierung bedeutet, die für wahr gehaltenen Inhalte auch positiv zu bewerten, also gilt die Annahme: So wie es ist, ist es gut. Wunschdenken läuft umgekehrt: Es wird vom Guten auf das Faktische geschlossen, also gilt die Annahme: So wie es sein sollte, ist es gut. Diese Vorgänge sind aber sehr labil, können in der kritischen Kommunikation wieder zerlegt werden.

Erlei legt folgende Wirkungskette dar: Aus der Religion entsteht Identität; aus der Identität werden Präferenzen gewonnen und aus diesen wiederum ergeben sich Verhalten, wobei es auch Rückkoppelungseffekte geben kann. Erlei nennt einige Beispiele, wie religiöse Modelle auf das wirtschaftliche Verhalten wirken. So beinhaltet das achte Gebot die Einhaltung von Eigentumsrechten. North hat darauf hingewiesen, dass das Funktionieren der Marktwirtschaft im erheblichen Ausmaß von der Ehrlichkeit der Bürger/innen abhängt, denn würde jede ungefährliche Situation zum Diebstahl genutzt werden, würden die Transaktionskosten für die Marktwirtschaft unglaublich ansteigen. Der Homo oeconomicus würde jede ungefährliche Gelegenheit zum Diebstahl nützen (vgl. ERLEI 2007, 329-335). Ähnliche Ergebnisse bringt die wirtschaftswissenschaftliche Spieltheorie, die soziales Verhalten der Menschen offen legt, das abseits des Homo oeconomicus liegt. Folgende Spielsituation sei gegeben: Eine Person A erhält 100 € unter folgender Bedingung: Das Geld muss mit einem Unbekannten geteilt werden, die Regeln dafür aber sind streng: Person A und die unbekannte Person B befinden sich in getrennten Räumen und sie können nicht miteinander kommunizieren. Person A darf nur ein einziges Teilungsgebot machen, Person B muss dieser zustimmen oder ablehnen. Person B kennt auch die Regeln und die Gesamtsumme. Stimmt Person B zu, wird das Geld nach dem Vorschlag der Person A aufgeteilt, lehnt Person B aber ab, bekommt keiner etwas. In beiden Fällen ist das Spiel dann vorbei. Wie viel offeriert Person A für gewöhnlich? Wie viel akzeptiert Person B? Der Homo oeconomicus würde vorschlagen, die Summe so aufzuteilen: 99 € für sich und 1 € für die andere Person. Wer daran interessiert ist, sein eigenes Einkommen zu maximieren, wird eben 99 € behalten wollen. Warum sollte Person B einen Euro ablehnen, ist es doch besser, einen als keinen zu haben. Auch die Person B wird, wenn sie rational handelt, den einen Euro akzeptieren. Die Realität ist eine andere: In diesem „Ultimatum-Spiel", das zur experimentellen Wirtschaftsforschung zählt, schlägt die Person A in zwei Drittel aller Fälle vor, zwischen 40 und 50 % zu teilen. Nur 4 % bieten weniger als 20 % an. Mehr als die Hälfte aller Versuchspersonen weisen Angebote zurück, die unter 20 % liegen. Dieses und andere Experimente sowie Forschungsergebnisse u. a. aus der Psychologie und Biologie zeigen, dass für die Entscheidung der Menschen nicht nur der Eigennutz, sondern auch Werte und Gerechtigkeit bzw. soziale Präferenzen eine wesentliche Rolle spielen. In der Entwicklung der Menschheit waren die Kooperation und das Zusammenleben für das Überleben von ganz besonderer Bedeutung (vgl. SIGMUND u. a. 2002, 52-59). Trotzdem muss davon ausgegangen werden, dass nie alle Menschen in einer Gesellschaft freiwillig kooperieren, sondern ein Teil rein egoistisch handelt. Spieltheoretische Experimente zeigen, dass der Mensch kooperative Handlungen erwidert und dazu neigt, unkooperative zu bestrafen. Andererseits ist auch nicht jede Kooperation gesellschaftlich wünschenswert, denken wir nur an die Mafia. Fairness und Vertrauen hängen ganz stark von der Kultur ab und sind, das zeigen Experimente, nicht genetisch veranlagt. Wir lernen Fairness und Vertrauen in der Sozialisation von Kindesbeinen an. Fairness und Vertrauen hängen damit auch ganz stark vom Gesellschafts- und Wirtschaftssystem ab. Und hier das erstaunliche Ergebnis einer großen Studie in 15 Naturvölkern mit dem Ultimatum-Experiment: „Je stärker die Gesellschaft in den Markt integriert ist, desto stärker ist das Fairnessmotiv. Und je höher die Gewinne sind, die man aus Kooperation erzielen kann, desto mehr ist auch Kooperation verbreitet. Das sind aber Umweltbedingungen, die der Einzelne überhaupt nicht beeinflussen kann. Wenn ich in einer Gesellschaft geboren bin, die keinen Markttausch kennt, dann werde ich auch auf solche Verhaltensweisen nicht kommen. Wir sind hier aber noch ganz am Anfang. (...) Auf empirischer Ebene wissen wir erst sehr wenig darüber, welche Faktoren die Gewichte zwischen eigennutzorientierten und fairnessorientiertem Verhalten verschieben“ (SIGMUND u. a. 2002, 56f).

Auch Erlei weist darauf hin, dass es so genannte Wohlfahrtspräferenzen gibt, d. h. es wird neben dem eigenen Erfolg auch jener der anderen mit berücksichtigt. In den Studien taucht auch immer wieder der Begriff der Reziprozität aus, hinter dem die Überlegung „Wie du mir, so ich dir“ steht. Positive Reziprozität lässt sich auch in religiösen Lehren (z. B. in der Bibel) finden, negative nicht so leicht (hinter Ex 21,24[112] steht eher der Wunsch, Vergeltung einzuschränken statt zu fordern). Erlei weist auch darauf hin, dass es in einer pluralistischen Gesellschaft verschiedene Religionen und Weltanschauungen gibt, die durchaus voneinander abweichen können. Da auch die experimentellen Ergebnisse zeigen, dass in der Spielrealität nicht im Sinne des Homo oeconomicus gehandelt wird, hat Erlei in einem Experiment drei Spieltypen voneinander unterschieden:[113]

---

112 „Auge für Auge, Zahn für Zahn, Hand für Hand, Fuß für Fuß“ (Ex 21,24).

113 In der Soziologie finden sich verschiedene Handlungstypen, wie z. B. bei Max Weber: zweckrationales, wertrationales, affektuelles und normatives Handeln; bei March und Ol-

streng egoistische Spieler (Homo oeconomicus), ungleichheitsaverse Spieler/innen und Spieler/innen mit Wohlfahrtspräferenzen. Der Homo eoconomicus stellt ausschließlich seinen persönlichen Nutzen in den Mittelpunkt. Ungleichheitsaverse Spieler/innen empfinden Ungleichheiten als Nutzeneinbuße und sind bereit, Geld für eine weniger ungleiche Verteilung zu opfern. Erhält der/die Spieler/in einen geringeren Anteil als das Gegenüber, so ist das Leid über die Ungleichheit noch größer. Akteur/inn/e/n mit Wohlfahrtspräferenz sehen die Auszahlung der anderen Spieler/innen immer positiv. Streng egoistische Spieler/innen schlagen vor, bis auf einen Cent alles zu behalten und nehmen jedes Angebot mit positiver Auszahlung an. Ungleichheitsaverse Spieler/innen fordern die Hälfte des Betrages und akzeptieren alle Angebote, die ihnen mindestens 40% des Gesamtbetrages zuteilen. Akteure/innen mit Wohlfahrtspräferenzen fordern zwischen 50% und 60%, da sie in diesem Ausmaß sicher sind, dass ihr Angebot angenommen wird und sie zumindest so viel erhalten wie der Partner/die Partnerin, sie nehmen jedes Angebot an.

Diese Verhaltensmuster ändern sich, wenn der Typ des/der zweiten Spielers/in bekannt ist. In einem solchen Fall handelt auch der Homo oeconomicus anders: Kennt der Homo oeconomicus sein Gegenüber als ungleichheitsaversen Spieler/in, so wird er nur 60% behalten und den Rest für die Person B vorschlagen, da er weiß, dass ansonsten sein Vorschlag abgewiesen werden wird (vgl. ERLEI 2007, 335).

Die Institutionenökonomie setzt also bei der Kritik an der totalen Rationalität und dem Eigeninteresse an. Die Rationalität wird relativiert und kulturelle sowie ideelle Einflussfaktoren werden in die ökonomischen Überlegungen aufgenommen. Wie weit sich dieser Ansatz aber durchsetzen wird, ist vor allem vor dem Hintergrund der von mathematischen Modellen bestimmten modernen Volkswirtschaftslehre noch unklar (vgl. LEIPOLD 2006, 1-3). Institutionen sind Regeln, die zwischenmenschliche Beziehungen regeln. Als Institutionen können folgende Typen (die ebenso spieltheoretisch inspiriert sind) unterschieden werden (vgl. LEIPOLD 2006, 64-68):[114]

Selbstbindende Institutionen entstehen bei unproblematischen und konfliktarmen Beziehungen, die alle Teilnehmer/innen mit Selbstinteresse verfolgen, weil alle aus dem Netzwerk profitieren. Ein simples Beispiel wären Telefone, die nur

sen: logic of calculativeness und logic of appropriateness; Habermas: teleologsches, normenreguliertes, dramaturgisches und kommunikatives Handeln (vgl. ESSER 2005, 89).

114 Am Beginn der Typologie gibt Leipold folgenden Hinweis: „Das menschliche Zusammenleben war nie gänzlich regellos wie ja auch das Zusammenleben der Wölfe bekanntlich einem streng hierarchisch geregelten Sozialverhalten unterliegt“ (LEIPOLD 2006, 64).

einen Sinn machen, wenn sie auch von vielen benutzt werden. Da selbstbindende Institutionen für alle einen Nutzen stiften, binden sich alle Teilnehmer/innen selbst. Selbstbindende Institutionen entstehen oft auch spontan.[115]

Bindungsbedürftige Institutionen sind problematisch, weil sie in Beziehungen auftreten, in denen der/die einzelne Teilnehmer/in auf seine/ihre beste Variante verzichtet, damit die Gruppe in Summe die beste Alternative wählen kann. Das Selbstinteresse muss also gebunden werden. Es bedarf dafür moralischer Bindungen, die die Interessen der anderen wahrt und die eigenen beschränken. Die Moral braucht selbst auch Quellen, eine Legitimation, damit sie auch befolgt wird. Es können drei Quellen der Moral genannt werden: erstens die moralischen Gefühle (emotio), zweitens der Glaube (credo) an Transzendentes oder an Weltanschauungen, die sich beide nicht rational begründen lassen, und drittens die Vernunft (ratio), die den Vorteil im Sozialen erkennt und nach entsprechenden rechtlichen Vorgaben ruft. Dadurch ergeben sich drei bzw. vier Formen von bindungsbedürftigen Institutionen: emotional gebundene Institutionen, religiös bzw. ideologisch gebundene Institutionen und vernunftrechtlich gebundene Institutionen.

Leipold verweist bei den emotional gebundenen Institutionen auf die Überlegungen von Hume, der in den Gefühlen, als den natürlichen Anlagen der Menschen, die Quelle der Moral sah. Die Bedeutung des Gefühls liegt darin, dass eine auf Vernunft basierende Bindung sich immer auf die Reziprozität stützen muss. Auf eigenen Vorteil verzichtet nur, wer weiß, dass auch die anderen auf den ihren verzichten und dadurch alle gemeinsam einen größeren Vorteil haben. Es bleibt aber immer ein gewisses Misstrauen, weshalb es Durchsetzungsmechanismen geben muss. Aber auch diese Mechanismen können durchbrochen werden.[116] Hume sieht diese Problematik und meint, dass Moral eben nur dann haltbar ist, wenn sie ohne Aussicht auf Nutzen, also um der Moral selbst willen

---

115 Ein Beispiel aus neuerer Zeit wäre das Computernetzwerk Xing, mit dem das Schließen von Kontakten vereinfacht wird und das dann gut funktioniert, wenn viele mitmachen. Wer mitmacht, hat selbst einen Vorteil. Die Teilnehmer/innen müssen sich also nicht aneinander binden. Wer nicht mehr teilnimmt, bleibt inaktiv. Ein Verlassen ist wie bei allen derartigen, elektronisch gespeicherten Daten nur mit einem Löschen aller Daten und Aneignung neuer E-Mailadresse möglich.

116 Beispiele dafür gibt es genug: So ist lt. EU-Wettbewerbsrecht das Bilden von Kartellen verboten, wenn sie den Markt potenziell oder tatsächlich verzerren können. Auf Kartelle stehen extrem hohe Strafen, die auch immer wieder von der Europäischen Kommission verhängt werden. Trotzdem kann das Bilden von Kartellen wirtschaftlich ein Vorteil sein, und Unternehmen gehen das Risiko ein, weil sie dann gegenüber jenen, die es nicht tun, einen Zusatznutzen lukrieren können – solange sie nicht erwischt werden. Ähnliches passiert im Doping beim Sport. Eine Begründung für diese Handlungen trotz strafrechtlicher Konsequenzen kann auch in der Spieltheorie gefunden werden.

eingehalten wird. Doch zeigt die Empirie, dass nicht alle Menschen ein derartiges Gefühl entwickeln können oder wollen. Emotionale Bindungen gibt es innerhalb familiärer oder ähnlicher Strukturen. Damit bleibt aber die Reichweite immer eingegrenzt.

Als Quelle der Moral können, wie bereits mehrfach in dieser Arbeit angesprochen, die Religion aber auch Weltanschauungen[117] herangezogen werden. Religiöse Moral entsteht aus dem Bezug zum Transzendenten und bindet sich auf Überzeugungen zurück, die nicht auf gesichertem Wissen, sondern eben auf Glauben beruhen.[118]

Religion erfüllt u. a. drei Funktionen: Sie gibt Antwort auf die existenziellen Grundfragen und kann dadurch Trost spenden (eine Form der Kontingenzbewältigung). Sie leitet überdies aus den transzendenten Vorstellungen Werte, Normen und Gebote ab und gibt damit Handlungsanleitungen für diese Welt. Religion erfüllt daher auch eine Ordnungsfunktion – und diese Ordnungsfunktion ist für die Institutionenökonomie interessant. Diese Funktion hat sich religionsgeschichtlich entwickelt: In archaischen Strukturen spielen geneologische Strukturen eine wesentliche Rolle. Am Anfang war die Bindung über den gleichen Stamm, die gleiche Familie von zentraler Bedeutung. Abraham bringt Bindungen hervor, die verschiedene Stämme miteinander verbinden. Die Forderung,

117 Auch in der EMRK wird der Begriff Weltanschauung im Kontext der Religions- und Gewissensfreiheit quasi als „Auffangtatbestand" verwendet, weil der Begriff Religion nicht eindeutig ist. Durch die Ausweitung der Religionsfreiheit auf Weltanschauungen wird das gesamte Spektrum, das Glauben und Überzeugungen umfasst, die sich auf nicht beweisbare Tatsachen stützen, abgedeckt (vgl. TAFNER 2008a, 12-14).

118 Der Begriff Religion kann aus etymologischer Sicht ja einerseits wie bei Cicero als „relegere" verstanden werden. Dies bedeutet soviel wie „achtsam sein" oder „immer wieder sorgsam erwägen" im Kontext von Kulthandlungen. In der römischen Religion war die Vollziehung des Kultes von größter Bedeutung, denn nicht die Liebe zu den Göttern war entscheidend für das Wohlwollen der Götter (pax deum), sondern das richtige, achtsame kultische Handeln. Da es in der römischen Religion keine bildhafte Darstellung der Götter gab (diese kamen erst mit der Hellenisierung auf) und der Mythos im Gegensatz zur griechischen keine Bedeutung hatte, war das Numen entscheidend. Numen (das Nicken) ist ein erkennbares Zeichen als Ausdruck der Willensäußerung einer Gottheit. Das Numen ist damit das Wirken der göttlichen Macht in der diesseitigen Geschichte, dieses Wirken entsprach menschlichem Handeln. Durch den Kult konnte eben das Wohlwollen der Götter erreicht und der salus populi Romani sichergestellt werden. Das war ja ein Hauptproblem der frühen Christen im Römischen Reich. Sie konnten diese peganen Kulte nicht vollziehen und waren daher eine gesellschaftspolitisch, religiöse Gefahr. Andererseits kann Religion auch im Sinne von Lactantius verstanden werden, der den Begriff als „Gebundenheit" auch im Sinne von „rückbinden" versteht. Dieser Zugang ist für die christliche Theologie natürlich besser brauchbar (vgl. MUTH 1998; 204-225). In diesem Sinne verstehe ich auch hier das Binden der Moral als transzendente Vorstellung.

Isaak zu opfern, kann auch so interpretiert werden, dass Gott forderte, die eigenen Familienbande hinter das göttliche Gebot zu stellen bzw. das Gottvertrauen vor das Stammes- und Familienvertrauen zu stellen. Die Botschaft wäre dann folgende: Gottes Moral gilt über Stammesgrenzen hinweg und formt eine neue, auf Moral gebaute Gesellschaftsstruktur. Dies sieht auch Max Weber als die große Leistung der monotheistischen Religionen. Das wichtigste Beispiel hierfür ist der Dekalog, auf dessen Grundlage die uneinigen Stämme mit Jahwe einen Bund schließen können.[119] Die Nächstenliebe geht noch einen Schritt weiter und fordert die Gleichstellung von Verwandten und Nicht-Verwandten, eben des/der Nächsten. Die ordnungsstiftende Kraft der Religion erwächst aus der Besonderheit, dass eben ihre Legitimation einer transzendenten Macht zugeschrieben wird, die frei von menschlichen Fehlern und Schwächen ist. Damit gewinnt der Mensch Vertrauen und kann sich auch gewissermaßen mit allen bereits diskutierten Einschränkungen auch auf das Heilsmotiv der Umsetzung der moralischen Vorgaben einlassen. In dieser religiösen Rückbindung steckt aber auch eine Gefahr: Der Glaube hängt auch mit einem Wahrheitsanspruch zusammen. Bereits zu Beginn der Arbeit wurde erwähnt, welche Auswirkungen das Festhalten an absoluten Wahrheitsansprüchen in Europa hatte und mit welchen dramatischen Auseinandersetzungen über Jahrhunderte hinweg das Loslassen geschah. Absoluter Wahrheitsanspruch würde den Erfolg der Trennung von Politik und Religion wieder zunichte machen (vgl. LEIPOLD 2006, 68-76). In der pluralistischen Gesellschaft heißt es daher, Religionsfreiheit zu gewähren, um die Gesellschaft mit moralischer und transzendenter Nahrung zu versorgen, als auch jedem fundamentalistischen Absolutismus den Wind aus den Segeln zu nehmen.

Ideologisch gebundene Institutionen funktionieren ähnlich wie religiöse. Ihre Werte sind vor allem jene der Aufklärung wie Freiheit, Gleichheit, Gerechtigkeit etc. Ihre Ähnlichkeit mit den religiösen Institutionen ist damit begründet, dass sich mit rationalen aufklärerischen Elementen oftmals auch emotionale, religiöse bzw. zivilreligiöse Werte vermischen. Zu diesen Ideologien zählt Leipold den Liberalismus, sozialistische und kommunistische Strömungen und nationalistische Bewegungen.

Vernunftrechtlich gebundene Institutionen verwenden das Recht, um das menschliche Zusammenleben rational zu gestalten, wobei als Recht alle geltenden Rechtsnormen zu verstehen sind. Bereits Kant wies darauf hin, dass nur durch die rechtliche Beschränkung der ungebundenen Selbstinteressen die Freiheit des Individuums gewährt werden kann. Die Entwicklung des Rechts – ohne

119 Leipold weist darauf hin, dass der Dekalog keine „spezifisch jüdische Leistung" war, denn „alle großen Religionen haben aufgrund vergleichbarer Erfahrungen mit den Unzulänglichkeiten emotional gebundener Institutionen analoge elementare Moralregeln entwickelt und postuliert" (LEIPOLD 2006, 74).

hier auf eine derartige Diskussion eingehen zu können oder zu wollen – gipfelte im Rechtspositivismus, wie sie u. a. von Kelsen vertreten wird. Bloch spricht in diesem Zusammenhang von der Rechtswissenschaft als „Mathematik der Ethik“ und der Staat wird als einzig legitime Instanz für die Rechtssetzung und Rechtsdurchsetzung gesehen (vgl. LEIPOLD 2006, 77-80). Wir haben bereits diskutiert, dass die Bindung des Rechts einzig und allein an die Ratio aber immer den potenziellen Kern des Missbrauchs und der Unverbindlichkeit in sich trägt. Auch hier bedarf es einer „moralischen Rückbindung“ (LEIPOLD 2006, 80). Die Menschen müssen immer große Mühen und Energie aufwenden, damit Regeln aufgestellt, befolgt und kontrolliert werden. Die bestehenden Regelsysteme sind nicht von heute auf morgen entstanden, sondern das Ergebnis langer historischer Prozesse. Die gebundenen Institutionen machen den Nukleus einer Kultur aus, sie sind von Kultur zu Kultur verschieden und haben sich über die Zeit hinweg im Denken und Handeln der Menschen festgesetzt, auch wenn sie nicht die effizientesten oder effektiven sind – sie sind zur Gewohnheit geworden.[120] In der Institutionenökonomie werden die Moral und die Einhaltung von Regelungen als das knappste Gut betrachtet, das zeigt die Bedeutung von institutionellen Bindungen. In der kulturvergleichenden Institutionenökonomie wird unterstellt, dass jede Kultur ihr eigenes, historisch gewachsenes Gepräge aus Institutionen hat, das sich aus den verschiedenen Weltsichten und moralischen Anschauungen heraus entwickelt hat. Oder anders formuliert: Politische, ökonomische oder verfassungsrechtliche Änderungen in diesem gewachsenen Gepräge sind erst möglich, wenn sich davor die dahinter liegende Weltsicht verändert hat.[121] Wenn

120 Ich erinnere mich persönlich noch mit Befremden an ein Seminar im Laufe meines postgradualen Europastudiums Anfang der 90er Jahre, als uns ein Referent unbedingt das japanische Kollektivverhalten in Unternehmen als positiv und effizient für unsere Unternehmen „verkaufen“ wollte und wir Studierenden dies nicht als in unsere Kultur passend akzeptierten. Wohl tauschen sich Kulturen immer wieder aus und entstehen Kulturen gerade eben im Austausch, eine direkte unangepasste Übernahme von Verhaltensweisen von einer Kultur in die andere ist aber nicht möglich. So erkannten auch die Europäischen Gemeinschaften bzw. später die Europäische Union in der Umsetzung des EU-Rechtes, dass es nicht möglich ist, alles in Europa zu harmonisieren. Gerade Richtlinien zeigen, dass die Umsetzung von EU-europäischen Rechtsnormen von Mitgliedsstaat zu Mitgliedsstaat verschieden umgesetzt werden können. Die Europäische Union bekennt ausdrücklich, dass sie die nationale Identität ihrer Mitgliedsstaaten achtet: „Die Union achtet die nationale Identität ihrer Mitgliedstaaten“ (Art 6 Abs. 3 EU-Vertrag). Deshalb gehören Rechtsmaterien, die als nationale Belange, wie z. B. die Bildung, angesehen werden, nicht in den inhaltlichen Kompetenzbereich der Europäischen Union.

121 Das historische Wachsen von institutionellen Bindungen zeigt auch die Problematik der Verankerung der Europäischen Union bei den Unionsbürgern, wie es vor allem auch in Österreich der Fall ist und in den verschiedenen Veröffentlichungen des Eurobarometers zum Ausdruck kommt. Auch innerhalb der Europäischen Union spielen institutionell gebundene Institutionen eine große Rolle. Da es sich hier um eine relativ junge Institution aus österreichischer Sicht handelt, wird es dauern, bis sie auch bei uns ihren gewohnten

auch der materielle Wandel ein Auslöser für die Veränderung von institutionellen Bindungen sein kann, steht hinter der Veränderung selbst immer eine bestimmte geistige Haltung. Effiziente und effektive Lösungen konnten nur jene Kulturen finden, die es verstanden, gewohnte Weltsichten aufgrund der materiellen Veränderungen anzupassen (vgl. LEIPOLD 2006, 81-83f).

Wir fassen zusammen: Die vergleichende Institutionenökonomik ist sich der Bedeutung von Institutionen für die kulturelle und damit auch ökonomische Entwicklung eines Landes bewusst. Für Durkheim ist der aus dem Christentum entstandene Individualismus das einzige Glaubenssystem, das die Einheit eines Landes sicherstellt. Der Individualismus ist nach Durkheim älter als die Aufklärung und geht auf das Christentum zurück. Damit der Individualismus überhaupt möglich ist, bedarf es der Gesellschaft und ihren Regeln (vgl. KIPPENBERG 2004, 112). Es war das Christentum, das das Zentrum der Moral in das Innere des Menschen gelegt und das Individuum zum Verantwortlichen seiner Handlungen machte. Die Religion spielt dabei eine überaus bedeutende Rolle, insbesondere auch in der Ausprägung von Freiheitsrechten und der Entfaltung marktwirtschaftlicher Prozesse in Europa. Ökonomie ist damit auch ein Randprodukt der Entwicklung von Rationalisierung, Arbeitsteilung und damit auch der Ausdifferenzierung. Dabei ist zu bedenken, dass diese Entwicklung praktisch das vorläufige Ende einer fortschreitenden Entwicklung der Institutionen war. Standen am Beginn die emotional gebundenen Institutionen, die Familien miteinander verbunden hatten, so formten sich danach weitere Ordnungsfaktoren wie der Glaube und die Vernunft heraus, um über Familiengrenzen hinweg auch Verbindungen aufbauen zu können. Daraus erfolgten weitere Spezialisierungen und die Notwendigkeit, die Regelsysteme weiter auszubauen. Dies führte zu kulturspezifischen Regelsystemen, die wiederum ganz verschieden auf die wirtschaftliche Entwicklung, vor allem auf die Arbeitsteilung und die Spezialisierung wirkten. Diese beiden Faktoren wiederum sind wesentliche Größen, die den Wohlstand einer Volkswirtschaft bestimmen und dadurch zu einem enormen wirtschaftlichen Fortschritt führen können. Dieser Fortschritt selbst fordert wiederum die Wandlung der Institutionen. Von dieser Wandelbarkeit hängt wiederum die weitere Entwicklungsmöglichkeit einer Gesellschaft ab (vgl. LEIPOLD 2006, 140-148).[122]

Platz erhalten hat. Dazu kommt, dass europäische Problemlösungen für die meisten Unionsbürger sehr abstrakt und (nicht geografisch sondern thematisch) fern von der eigenen Lebenswelt stattfinden.

122 Leipold untersucht nach dem hier kurz geschilderten Entwicklungspfad verschiedene Kulturen und versucht anhand der Entwicklung ihrer Institutionen die ökonomische Wirtschaftsentwicklung zu erklären (vgl. LEIPOLD 2006, 149-276). Auf diese einzelnen Studien kann hier nicht eingegangen werden.

Wir sehen also auch in der Diskussion über die gebundenen Institutionen, dass die Religion eine wichtige Rolle spielt und damit auch rational wirken kann. Ökonomie kann von den religiösen Glaubenslehren profitieren, wenn sie als Institutionen die Kooperation und das Vertrauen sicherstellen und fördern.

6. Zusammenfassung: Grenzen und Grenznutzen der Religionsökonomie

Das letzte Kapitel soll die bisherigen Ergebnisse in einem ersten Schritt nochmals kurz zusammenfassen und danach soll eine Neudefinition gewagt als auch der potenzielle Grenznutzen der wechselseitigen Betrachtung von Ökonomie und Religion angesprochen werden.

6.1 Zusammenfassung der wichtigsten Erkenntnisse

Zusammenhänge von Religion und Wirtschaft gibt es, seit es Religion und Wirtschaft gibt. Da aber lange Zeit die Religion überhaupt die gesellschaftliche Integration der verschiedenen gesellschaftlichen Bereiche innehatte, gab es keine explizite Religionsökonomie. Beides war miteinander vernetzt und verwoben. Erst die Ausdifferenzierung der Gesellschaft hat diese Disziplin entstehen lassen, um eigentlich das, was bereits zusammengehörte, wieder unter einem Blickpunkt zu betrachten.

Diese Arbeit konzentrierte sich auf das Europa von heute und definierte Europa pragmatisch über den Europarat und die Europäische Union. Europa wird damit zu einem politischen und rechtlichen, dynamischen und offenen Begriff. Die historische Entwicklung Europas führte über jahrhundertelange schmerzhafte Auseinandersetzungen zu einer Trennung von Religion und Politik und damit auch zur Trennung von Religion und Wirtschaftspolitik.

Die moderne Ökonomie lehrt, wie unter Knappheit Entscheidungen getroffen werden, um die Bedürfnisse so weit wie möglich zu befriedigen; sie tut dies in einem betriebs- und volkswirtschaftlichen Zugang. Die Ökonomisierung unserer Gesellschaft hat dazu geführt, dass sie heute als total säkularisiertes System erscheint und darüber hinaus so etwas wie eine Integrationsfunktion für unsere ausdifferenzierte Gesellschaft übernehmen könnte. Ihre Logik gilt als streng rational und bestimmt die Lebenswelt wesentlich mit und keiner kann sich ihr entziehen. Der Religion jedoch kann sich jede/r entziehen, der/die dies möchte. Eine Definition der Religion ist schwierig; neben substanziellen Definitionen finden sich auch funktionelle. Religion ist viel mehr als die Mitgliedschaft in einer Kirche oder Religionsgemeinschaft. Individuelle Religiosität scheint heute wieder stärker geworden zu sein.

Für die Betrachtung der europäischen Gesellschaft ist der Blick auf das Judentum, das Christentum und den Islam aus historischen, gesellschaftlichen und politischen – und wie auch gezeigt wurde – aus religionsökonomischen Gründen notwendig.

Die vorliegende Arbeit sollte zeigen, dass es vielfältige Zusammenhänge zwischen Ökonomie und Religion gibt, vielleicht mehr, als es für gewöhnlich den Vertreter/inne/n beider Systeme bewusst ist. Zwar scheint der Glaube, wie in der Kritik an der rational choice theory gezeigt wurde, ökonomisch rational nicht fassbar, die Wirkung des Glaubens als Religion in der Gesellschaft jedoch zumindest als Funktion beschreibbar zu sein. Die Religion kann in vielerlei Form auf die Ökonomie einwirken, wie auch die Ökonomie die Religion beeinflusst. So kommt in der Arbeit implizit auch zum Ausdruck, wie wirkmächtig die Religion unter der religionsökonomischen Betrachtung in der pluralistischen europäischen Gesellschaft ist, da sich selbst in dem vermeintlich am stärksten säkularisierten Bereich der Gesellschaft – der Ökonomie – wesentliche religionsökonomische Zusammenhänge einstellen: Der Religion wird die Macht zugetraut, den Kapitalismus geformt zu haben. Der Kapitalismus selbst soll zur Religion geworden sein und erhält damit einen besonderen – zweideutigen – Glanz. Auch die Volkswirtschaftslehre kann zur Religion werden, wenn sie dazu dient, eine effiziente Religion entstehen zu lassen, die den Dualismus von Egoismus am Markt und sozialem Handeln in den anderen Bereichen der Gesellschaft ermöglicht. Religion hat auch die Macht, Systeme durch religiös begründete Moral oder religiöse Dienste miteinander zu verbinden. Sie kann zu Sozialkapital für die Volkswirtschaft werden – im positiven wie im negativen Sinne.

Weber sieht den Grund in der Entstehung des Kapitalismus in der Neubewertung der Arbeit, in der die Wirtschaft als Selbstzweck betrachtet wird. Die Wirtschaft in ihrer Totalität – und das schrieb er vor ca. 100 Jahren! – kann nicht von sich heraus eine derartig starke Macht erhalten haben. Seiner Ansicht nach muss dahinter eine treibende Kraft, eben auch die Religion stecken. Da es seiner Ansicht nach keine „für sich seiende, substantielle Rationalität" gibt, muss es verschiedene Arten von Rationalität geben. Die Religion hat eine eigene, ganz spezifische Rationalität.

Benjamin geht einen wesentlichen Schritt weiter. Für ihn ist der Kapitalismus eine Religion – eine Religion, die keine Erlösung bringt. Bei Nelson wiederum soll die Volkswirtschaftslehre zur Religion werden, exakt zur „effizienten Religion", die den Egoismus am Markt und die soziale Gerechtigkeit in allen anderen Teilen der Gesellschaft lehrt. Die Volkswirtschaftslehre wird dadurch auf eine religiöse Ebene gehoben, um das große Paradox der Wirtschaftswissenschaften lösen zu können.

In der islamischen Ökonomie steht das Religiöse im Mittelpunkt der Ökonomie, ohne aber die Ökonomie selbst zur Religion werden zu lassen. Sie kennt keine Ausdifferenzierung der gesellschaftlichen Bereiche und keine Trennung von Moral, Ethik und Recht.

Luhmann jedoch differenziert die Gesellschaft völlig aus und lässt alle Bereiche der Gesellschaft – außer der Moral – zu eigenen Subsystemen werden. Doch auch in dieser ausdifferenzierten Gesellschaft gibt es Kopplungen und Irritationen. Auch hier ist ein Zusammenwirken von Religion und Ökonomie denkbar. Einerseits löst die Moral, die in allen Teilsystemen in der Kommunikation mitläuft, in den Subsystemen Irritationen aus, auf die die einzelnen Subsysteme reagieren können – aber nicht müssen. So kann religiöse Moral, Moral also, die transzendent begründet ist, im ökonomischen Subsystem Irritationen auslösen. Auch können über den demokratischen Prozess aus religiösen Werten und Normen Rechtsgrundlagen entstehen und so zu Vorgaben für die Ökonomie werden. Aber nicht nur diese Koppelung ist in seinem System denkbar. Direkt erbringt die Religion Leistungen in Form der Diakonie und der Seelsorge für andere Subsysteme. Schließlich – und das ist ja die Hauptfunktion der Religion in Luhmanns System – ist das religiöse System das einzige, das sich mit dem Thema Transzendenz auseinandersetzt. Sie ermöglicht damit den Umgang mit Kontingenz und damit kann nur die Religion sowohl den Erfolg als auch den Misserfolg ökonomischer Aktivität transzendent begründen und damit schließlich auch verarbeiten.

Für Habermas ist die Religion nicht irrational, sondern übernimmt die Aufgabe eines Wertelieferanten. Die Ökonomisierung führt seiner Ansicht nach zur Aushöhlung der moralischen, gesellschaftlichen Grundlagen. Die Religion setzt der Ökonomisierung und der Vernunft eine Grenze, wie auch die Vernunft der Religion Grenzen setzt.

Religion kann auch als Sozialkapital gesehen werden und damit einen wesentlichen Beitrag zur gesamtwirtschaftlichen Produktion und für den Wohlstand leisten. Religion schafft Netzwerke, Religion schafft Vertrauen, beides sind wesentliche Grundlagen der Ökonomie. Sozialkapital kann aber sowohl positiv als auch negativ sein – es kann integrierend, aber auch desintegrierend sein. In beiden Fällen kann Religion einen wesentlich Beitrag leisten.

Nach dem Blick auf die Makroebene wandten wir uns der mikroreligionsökonomischen Ebene zu, in dem wir als ein Element zuerst das Geld aus religiöser Sicht betrachteten. Geld kann als Einheit für alle Güter stehen, denn alle Güter und Dienstleistungen können in Geld ausgedrückt werden. Geld könnte damit das Bild für den Monotheismus geliefert haben. Die Entwicklung des Geldwesens zeigt, wie sich der Kapitalismus in das Christentum hätte einschleichen können. Zinsen waren verboten, Zinsen wurden erlaubt. Geld wurde dadurch zum alleinigen Mittel. Geld kann erlösen, entschulden, religiöses Opfer sein. Geld kann zum Mythos werden. Geld kann sogar zum letzten Sinn werden oder wie Sachs es ausdrückte: „Geld ist auf Erden der himmlische Gott.“

Viele verschiedene Elemente könnten auf dieser Ebene sowohl aus religiöser als auch ökonomischer Blickrichtung betrachtet werden.

In der religionsökonomischen Literatur wird bei der ökonomischen Betrachtung der Religion vor allem die rational choice theory herangezogen, die versucht in ihrem Modell der Nutzenmaximierung die Religion mit Hilfe der ökonomischen Rationalität zu erklären, weil sie aufzeigt, dass der Haushalt seinen Gesamtnutzen maximieren kann, wenn er seine verfügbare Zeit optimal für weltliche und religiöse Dinge aufteilt. Damit wird aber nicht der Glaube selbst rational begründet, denn dieser wird im Modell als gegeben vorausgesetzt, sondern eben nur die optimale weltliche Zeitverteilung.

Im Modell der Frame-Selektion wird davon ausgegangen, dass der Mensch vor einer Entscheidung zuerst einmal eine objektive Situation subjektiv bewerten muss, um die Komplexität mit Hilfe von mentalen Modellen verarbeitbar zu reduzieren und dadurch eine konsistente Weltsicht zu erhalten. Sowohl in der objektiven als auch subjektiven Situation spielt die Religion eine Rolle.

Auch die Institutionenökonomie versucht ökonomische Antworten auf religiöse Phänomene zu bekommen. Das ist zwar nicht ihr Hauptanliegen, aber durch die Aufgabe der totalen ökonomischen Rationalität und die Einführung der Betrachtung von Institutionen, die Regeln für die Kooperation in der Gesellschaft vorgeben, kommt auch die Religion in die ökonomische Betrachtung, werden religiöse soziale Grundlagen für die Ökonomie interessant. Wollen Menschen kooperieren, was sie ja vor allem in der Ökonomie tun müssen, dann brauchen sie Regeln. Experimente zeigen, dass der Eigennutz in der Kooperation nicht im Vordergrund steht. Solange die Menschheit über Jahrtausende nur innerhalb von Familien und Stämmen kooperierte, war eine emotional begründete Bindung ausreichend. Je stärker sich jedoch die Gesellschaft ausdifferenzierte, umso mehr mussten andere Formen der Bindung gefunden werden, die eben auch eine Kooperation jenseits der Familiengrenzen zuließen. Dabei spielten nicht nur religiöse Institutionen eine wesentliche Rolle, sondern auch ideologische und rationale. Doch die Rationalität allein kann keine Kooperation garantieren, schwingt bei rationalen Bindungen doch immer auch ein gewisses Misstrauen mit, dass das Gegenüber die Situation nicht doch zu seinen eigenen Gunsten rational ausnützen könnte. Recht auf Vernunft gegründet kann also keine Kooperation garantieren, es bedarf auch bestimmter Tugenden, dass dieses Recht eingehalten wird, und da kann wiederum die Religion eine große Rolle spielen.

Religiöse Vorstellungen prägen Identitäten und beeinflussen damit das Handeln von Individuen und damit auch deren ökonomische Aktivitäten. Religion ist gleichzeitig Teil der Kultur, die wiederum den Rahmen für alle ökonomischen Aktivitäten vorgibt. Die Religion begrenzt die aufgeklärte Philosophie, wie auch diese der Religion Schranken zuweist und ist Wertelieferant für jene Werte, die weder Staat noch Markt zur Verfügung stellen können, aber für beide eine notwendige Voraussetzung für ihr Funktionieren sind. Religion übernimmt heute in der Gesellschaft nach wie vor wesentliche Funktionen: Die Legitimationsfunktion auf gesellschaftlicher Ebene ist gefallen, aber sie kann das Handeln von Gläubigen individuell legitimieren. Im demokratischen Prozess können religiöse Werte auch zu gesellschaftlichen Normen werden, wenn sie unter Wahrung von Minderheitsrechten mehrheitsfähig sind. Religion ist Kontingenzbewältigung von positiven und negativen Ereignissen. Religion hat durch die individuelle Legitimationsfunktion und die Funktion der Kontingenzbewältigung auch eine Orientierungsfunktion für das Individuum und religiöse Gruppen. Schließlich bleibt die Religion der einzige Bereich der Gesellschaft, der sich überhaupt mit dem Phänomen der Transzendenz in den verschiedensten Bereichen und Kontexten auseinandersetzt.

Trotzdem lässt sich keine einheitliche Definition der Religionsökonomie ausmachen.

6.2 Neudefinition der Religionsökonomie

Nachdem in dieser Arbeit bereits mit einem strukturellen Überblick begonnen wurde, danach verschiedene Arbeitsbereiche des Arbeitsfeldes Religionsökonomie untersucht und kritisch beleuchtet wurden, ist es abschließend notwendig, eine Neudefinition anzubieten.

Religionsökonomie ist ein bestimmter Blick, eine bestimmte Perspektive, eine Weltsicht auf Ökonomie oder auf Religion. Wir verstehen Religionsökonomie weder ontologisch noch phänomenologisch, sondern konstruktivistisch. Religionsökonomie entsteht im Bewusstsein des/der Betrachtenden. Es können verschiedene Perspektiven eingenommen werden, um verschiedene Wahrnehmungen zu ermöglichen. Einer Schablone gleich kann über das zu Beobachtende ein Schema ausgebreitet werden, das einen religiösen Blick auf die Wirtschaft (Religionsökonomie im engeren Sinn), einen ökonomischen Blick auf die Religion (Ökonomie der Religion) oder eine Beobachtung der Interdependenzen von Ökonomie und Religion ermöglicht. Religionsökonomie i. w. S. umfasst daher die Religionsökonomie i. e. S. und die Ökonomie der Religion sowie Interdependenzen von Religion und Ökonomie. Die Unterscheidung der Religionsökonomie in Religionsökonomie i. e. S. und Ökonomie der Religion ist für die Analyse entscheidend: Religion ist ein weiter Begriff. Eine Analyse der Ökonomie aus der religiösen Perspektive lässt daher viele Zugänge zu, da Religion selbst verschieden und weit definiert werden kann. Die Ökonomie der Religion muss einen anderen Weg gehen: Ist Religion ein weiter Begriff, so wird durch den ökonomischen Blick das weite Feld der Religion wieder begrenzt, da ein ökonomisch rationaler Zugang per definitionem gewählt werden muss. Es konnte zwar gezeigt werden, dass die ökonomischen Modelle selbst verschiedenen Annahmen von Rationalität folgen, doch sind diese Annahmen immer begrenzter als jene der Religion. Die Religion kann im Sinne der Ökonomie der Religion nur innerhalb der Grenzen der ökonomischen Vernunft beleuchtet werden.[123]

Gleichzeitig kann der Fokus entweder auf die gesellschaftliche Gesamtsicht oder auf einzelne Elemente gelegt werden. Ersten Zugang bezeichne ich als Makroreligionsökonomie und zweiten als Mikroreligionsökonomie.

Darstellung 6 zeigt diese Schablone und die sich daraus ergebenden sechs Untersuchungsfelder der Religionsökonomie (auf das Eintragen von Beispielen in diese Felder wird hier verzichtet).

123 Dieser Zugang erinnert an Kants Werk „Die Religion innerhalb der Grenzen der bloßen Vernunft." Kant versucht darin eine Religion zu entwerfen, die nur auf Vernunft baut, Gott und die Unsterblichkeit der Seele sind dabei unbeweisbar, aber für die Durchsetzung der Moral in unserer Welt unverzichtbar und notwendig. „Man kann aber alle Religionen in die der Gunstbewerbung (des bloßen Kultus) und die moralische, d. i. die Religion des guten Lebenswandels, einteilen. Nach der ersten schmeichelt sich entweder der Mensch: Gott könne ihn wohl ewig glücklich machen, ohne dass er eben nötig habe, ein besserer Mensch zu werden (durch Erlassung seiner Verschuldung) (...) Nach der moralischen Religion aber (dergleichen unter allen öffentlichen, die es je gegeben hat, allein die christliche ist) ist es ein Grundsatz: dass ein jeder, so viel, als in seinen Kräften ist, tun müsse, um ein besserer Mensch zu werden; (...) Aber alsdann gelte der Grundsatz: ‚Es ist nicht wesentlich, und also nicht jedermann notwendig zu wissen, was Gott zu seiner Seligkeit tue, oder getan habe'; aber wohl, was er selbst zu tun habe, um dieses Beistands würdig zu werden" (KANT 1956, 703f).

Darstellung 6:
Übersicht über die Struktur der Religionsökonomie

<table>
<tr><td colspan="2" rowspan="2"></td><td colspan="2">Verbindung von Religion und Ökonomie über</td></tr>
<tr><td>Vernetzung:
Makroreligionsökonomie</td><td>Elemente:
Mikroreligionsökonomie</td></tr>
<tr><td rowspan="3">Wahrnehmungsrichtung</td><td>religiöser Blick auf die Wirtschaft (Religionsökonomie i. e. S.)</td><td>A 1:</td><td>B 1:</td></tr>
<tr><td>Interdependenzen</td><td>A 2:</td><td>B 2:</td></tr>
<tr><td>ökonomischer Blick auf die Religion (Ökonomie der Religion)</td><td>A 3:</td><td>B 3:</td></tr>
</table>

Q.: Eigene Darstellung.

Sieht man sich diese einzelnen Zugänge auf der Makroebene an, so kann noch eine weitere – binäre – Ausprägung mitgedacht bzw. beobachtet werden: Religion kann immer integrierend oder desintegrierend wirken. Oder anders ausgedrückt: Religion kann einerseits soziale Systeme aufbauen oder bewahren und andererseits Systeme verändern oder gar zerstören. Wir sehen also auch, dass Religion eine weitere Funktion übernimmt: eine Bewahrungs- und Veränderungsfunktion. Somit können wir der Religion folgende Funktionen zuschreiben: Legitimations-, Wertbeschaffungs-, Kontingenzbewältigungs-, Orientierungs-, Transzendenz- sowei Bewahrungs- und Veränderungsfunktion.

Die moralische Beurteilung von Bewahrung und Veränderung ist vom Standpunkt und dem Wertekonzept des/der Beobachtenden abhängig. Der gesellschaftliche Output der Religion kann daher vom Nutzenstandpunkt aus subjektiv bewertet werden. Diese Bewertung ist immer eine moralische, weil die Bewertung anhand von bestimmten Weltanschauungen und den damit verbundenen Werten und Normen abhängt. Daher ist es die Moral, die den Nutzenaspekt über die Religion legt. Da Religion verändert oder bewahrt, kann der/die Beobachtende diese Bewahrung oder Veränderung beurteilen und damit einen Nutzen zuordnen.

Auf der Makroebene können, so haben wir gesehen, wechselseitige religionsökonomische Beobachtungen und Wertungen vorgenommen werden.

Auf der Mikroebene liegt die Sache etwas anders. Verschiedene Elemente können auch wechselseitig beobachtet und bewertet werden. Kommt aber auf der

Mikroebene der Mensch ins Spiel, so wird es mit Beobachtungen und Wertungen schwieriger.

Der Glaube lässt sich nicht rational begründen, weshalb er sich auch einer religionsökonomischen Untersuchung entzieht. Wohl aber können religiöses Handeln und Verhalten nach ökonomischen Gesichtspunkten beobachtet werden.[124]

Die religionsökonomischen Untersuchungen im Sinne der Ökonomie der Religion auf der Mikroebene setzen sich mit dem Handeln (hier vor allem der vorherrschende Zugang der rational choice theory) und Verhalten auseinander, wobei Handeln die Perspektive des/r Akteur/s/in und Verhalten jene des/r Beobachtenden beschreibt.[125] Die Ökonomie grenzt dabei das Untersuchungsfeld durch seinen spezifischen Zugang ein. Ökonomische Modelle können nicht alle religiösen Phänomene in den Griff bekommen. Religion, so haben wir festgestellt, kann sehr weit definiert werden, die Ökonomie jedoch ist im Gegensatz dazu trotz ihrer verschiedenen Zugänge sehr eng gefasst und geht von einer ganz bestimmten rationalen Logik aus. Diese Logik kann niemals das ganze Phänomen Religion abdecken.

Gerade für östliche Religionen ist die Ökonomie der Religion m. E. äußerst schwierig anzuwenden. Es scheint Religionen zu geben, die sich der ökonomischen Betrachtung auf der Mikroebene, dort wo es um menschliches Verhalten geht, überhaupt entziehen. Wenn der Buddhismus davon ausgeht, dass das Leid des Menschen von seinen Begierden, also Wünschen, kommt, und all das Leid dadurch besiegt werden kann, dass der Mensch sich nichts mehr wünscht, so entzieht sich eine Handlung aus einer derartigen Einstellung jeder Nutzenabwägung. Dasselbe gilt auch für den Taoismus und das absichtslose Nicht-Tun, das diametral einem rationalen Handeln aus Nutzenerwartungen gegenübersteht.

Das Untersuchungsfeld der Ökonomie der Religion auf der Mikroebene kann somit nur eine Schnittmenge von Religion und Ökonomie sein, wobei das nicht abgedeckte Feld der Religion wesentlich größer sein muss, als das nicht abgedeckte ökonomische. Religionsökonomische Untersuchungen auf dieser Ebene und aus dieser Sicht können also nur begrenzte Aussagen über die Religion treffen.

124 Das ökonomische Handeln des Mensch haben wir in dieser Arbeit nur von der Makroebene aus unter religiösen Gesichtspunkten betrachtet. Eine derartige Analyse des Individuums wurde auf der Mikroebene (Feld B1) nicht durchgeführt, da für die religiöse Interpretation individuellen ökonomischen Verhaltens m. E. wiederum Makrotheorien herangezogen werden.

125 „Das Konzept des ‚Handelns‘ beschreibt die Perspektive des Akteurs, während der Beobachter dies ‚Handeln‘ als ein ‚Verhalten‘ wahrnimmt, welches er erst über Sinnzuweisungen verstehen kann“ (ETZRODT 2006, 261).

Die verlockende, aber triviale Unterscheidung von Religion und Ökonomie, in der beide nichts miteinander zu tun hätten, weil Ökonomie eine rein materialistische und Religion eine rein geistige Disziplin sei, ist nicht haltbar. Materie kann als materialisierter Sinn betrachtet werden. Ökonomie und Religion stehen nicht grundsätzlich im Widerspruch. Das wäre ein – kantig formuliert – gnostisch, dualistischer Zugang: hier die böse, materielle Ökonomie, da die gute geistige Religion. Vielmehr kann sowohl Religion als auch Wirtschaft dem Menschen dienen, um ein lebensbejahendes Leben führen zu können. In allen monotheistischen Religionen ist die Lebensbejahung ein wesentlicher Punkt.

Diese Arbeit fokussierte auf Europa, weshalb auch die monotheistischen Religionen im Mittelpunkt der Betrachtungen standen. Die Religionen erschöpfen sich aber nicht in der eigenen Lebensbejahung, sondern nehmen das Leben selbst in den Blick und transzendieren es. Dort, wo sich Religion auf Lebensbejahung bezieht – die Religion ist, um es nochmals zu betonen, vielmehr als das – kann sie sich mit Ökonomie überschneiden, weil die Ökonomie in ihrem ebenso lebensbejahenden Sinn des Haushaltens mit knappen Ressourcen, um einen anthropologischen Nutzen zu stiften, auch dazu dient, das eigene Leben zu erhalten. Sowohl Religion als auch Wirtschaft können aber auch Formen annehmen, die dem Menschen nicht dienen. Auch in diesem Punkt überschneiden sich Religion und Ökonomie.

Religiosität ist vor allem eine Suche nach dem Sinn, der das eigene Leben bejaht und gleichzeitig ein Sehnen nach der Überschreitung der eigenen Grenzen beinhaltet. Religiosität ist damit sinnsuchende Lebensbejahung. Selbst dem vermeintlich Sinnlosestem, dem Leid, wird Sinn zugeordnet. Sinn kann ontologisch als das „in Sich-Gute“ verstanden werden. Wenn wir Sinn nicht ontologisch, sondern im Sinne Luhmanns als Entscheidung verstehen, als Medium, das die Form sinnvoll und sinnlos annimmt, dann bleiben wir bei der konstruktivistischen Beobachtung und ordnen aus diesem Blickpunkt des/der Beobachtenden einer Kommunikation oder Handlung eine der zwei Formen zu. Wenn dies geschieht, dann passiert auch eine religionsökonomische Bewertung, die auf Grundlagen der eigenen moralischen Vorstellung des/der Beobachtenden stattfindet. Haben wir es aber mit einer Bewertung und einer Entscheidung über zwei Alternativen zu tun, so sind wir auch bei einer ökonomischen Handlung.

Wir haben den Nutzen am Beginn der Arbeit als das Ausmaß oder die Eigenschaft der Bedürfnisbefriedigung definiert. Als Beobachtende können wir nicht direkt den internen Entscheidungsvorgang selbst bewerten, das kann der/die Handelnde in der Selbstreflexion. Von außen können aber die Formen sinnlos und sinnvoll einerseits und die subjektive Nutzenbewertung im Sinne der Befriedigung der moralischen Vorstellungen mit den Formen nützlich und nutzlos zugeordnet werden. Dann sind die Formen sinnlos und nutzlos einerseits und sinnvoll und nützlich andererseits jeweils ident. In der konstruktivistischen, beobachtenden Bewertung sind Nutzen und sinnvoll ident, Ökonomie und Moral decken sich.

Wir wissen aber auch, dass gerade diese Bewertung des/der Beobachtenden problematisch ist, weil jede „objektive" Situation, die nach einer subjektiven Wahrnehmung zu einer bestimmten Handlung führt, die als Verhalten von außen zu beobachten ist, einmalig, unwiederholbar ist. „Man kann nicht zweimal durch den gleichen Fluss gehen" (Heraklit). Jede Bewertung von außen ist damit auch gleichzeitig ein Perspektivenwechsel, der die „objektive" Situation anders wahrnehmen lässt.

In der Ökonomie der Religion auf der Mikroebene haben wir den Menschen beobachtet. Der Mensch lebt aber nicht allein, er ist ein soziales Lebewesen. Das Leben mit einem Gegenüber führt zu doppelter Kontingenz. Kann man dieses Problem noch mit Entgegenkommen bzw. Barmherzigkeit lösen, stellt sich ab der dritten Person das Problem der Gerechtigkeit.[126] Damit kommen Institutionen wie Moral und Recht ins Spiel, denn es geht um das gemeinsame geistige und materielle Zusammenleben, in dem Religion und Ökonomie lebensbejahend den Menschen dienen.

Esser definiert den Nutzen anthropologisch als höchstes Gut. Es geht um die Aufrechterhaltung des eigenen Organismus, es geht um das eigene Leben. Nutzenmaximierung bedeutet bei ihm Lebensbejahung. Religiöses Handeln ist, so haben wir definiert, zu allererst lebensbejahendes Handeln. Religiöses Handeln beruht damit auf der Entscheidung bzw. dem Sinn, dem Leben eine lebensbejahende Form zu geben.

---

126 „Solange ich mit dem Anderen alleine bin, schulde ich ihm alles; aber es gibt den Dritten. Weiß ich, was mein Nächster im Verhältnis zum Dritten ist? Weiß ich, ob der Dritte mit ihm in Übereinstimmung ist oder ob er sein Opfer ist? Wer ist der Nächste für mich? Man muss daher abwägen, denken, beurteilen, indem man Unvergleichbares miteinander vergleicht. Die interpersonale Beziehung, die ich mit dem Anderen herstelle, muss ich auch mit den anderen Menschen herstellen; es besteht also die Notwendigkeit, dieses Privileg des Anderen einzuschränken; daher die Gerechtigkeit. Diese muss, wird sie durch Institutionen ausgeübt, die unvermeidlich sind, immer durch die anfängliche interpersonale Beziehung kontrolliert werden" (LÉVINAS 1986, 69). „Die abendländische Philosophie war meistens eine Ontologie: Indem sie einen mittleren und neutralen Terminus, der das Seinsverständnis gewährleistet, einschiebt, reduziert sie das Andere auf das Selbe. (...) Eine Infragestellung des Selben – die im Rahmen der egoistischen Spontanität des Selben unmöglich ist – geschieht durch den Anderen. Diese Infragestellung meiner Spontanität durch die Gegenwart des Anderen heißt Ethik" (LÉVINAS 1993, 51).

Anthropologische Nutzenmaximierung hat trotz seiner verengten Sicht im Rahmen der oben beschriebenen Schnittmenge mit religiösem Handeln zu tun. „Liebe Deinen Nächsten wie Dich selbst" setzt die Anerkennung der eigenen Person voraus. Nur wer sich selbst annehmen kann, kann andere annehmen. Aber die Religion, so wurde gesagt, beinhaltet auch die Transzendenz, das Sprengen der eigenen Grenzen. Dic Religion ermöglicht den Menschen, über sich selbst hinaus zu denken und die Grenze nicht bei seinem eigenen hoch geschätzten irdischen Leben zu sehen. Religionsökonomie aber bleibt per definitionem in den irdischen Grenzen, geht Ökonomie ja immer von der Knappheit und damit von definierten Grenzen aus. Religion und Ökonomie setzen im Rahmen dieser irdischen Begrenztheit aber beim gleichen Ziel an: Es soll dem Menschen und den Menschen gut auf Erden gehen. Ökonomie und Religion treffen sich hier in einer Schnittmenge und werden in diesem engen Korsett eins. Beide wollen irdisches Wohlergehen. Hier können wir den Ursprung der Religionsökonomie verorten: Ökonomie und Religion sollen den Menschen dienen.

Beide Bereiche laufen aber auch Gefahr, diesen Grundsatz umzudrehen. So lange der Mensch im Mittelpunkt bleibt, dient beides seinem Wohlergehen.

So, wie wir im Psalm 112 lesen können: „Halleluja! Wohl dem Mann, der den Herrn fürchtet und ehrt und sich herzlich freut an seinen Geboten. Seine Nachkommen werden mächtig im Land, das Geschlecht der Redlichen wird gesegnet. Wohlstand und Reichtum füllen sein Haus, sein Heil hat Bestand für immer. Den Redlichen erstrahlt im Finstern ein Licht: der Gnädige, Barmherzige und Gerechte. Wohl dem Mann, der gütig und zum Helfen bereit ist, der das Seine ordnet, wie es recht ist. Niemals gerät er ins Wanken; ewig denkt man an den Gerechten. Er fürchtet sich nicht vor Verleumdung; sein Herz ist fest, er vertraut auf den Herrn. Sein Herz ist getrost, er fürchtet sich nie; denn bald wird er herabschauen auf seine Bedränger. Reichlich gibt er den Armen, sein Heil hat Bestand für immer; er ist mächtig und hoch geehrt. Voll Verdruss sieht es der Frevler, er knirscht mit den Zähnen und geht zugrunde. Zunichte werden die Wünsche der Frevler" (Ps 112, 1-10).

6.3 Potenzieller Grenznutzen der wechselseitigen Betrachtung

Abschließend stelle ich die nicht unwesentliche Frage: Was ist der potenzielle Grenznutzen der wechselseitigen Betrachtung von Religion und Ökonomie?

M. E. könnte der potenzielle Grenznutzen dieser Betrachtung darin liegen, dass Religion nicht irrational gesehen wird, sondern eine wesentliche Funktionen für die Gesellschaft und damit auch für die Ökonomie übernehmen kann. Dies wird vor allem in den Modellen des Sozialkapitals, der Institutionenökonomie und im

Modell der Frame-Selektion deutlich, aber auch in den Ansätzen Luhmanns und Habermas'. Wirkt die Religion funktional, dann ist sie selbst im Sinne einer ökonomischen Rationalität rational. Für John Stuart Mill ist bereits die Frage nach dem Nutzen der Religion ein Zeichen für den Bedeutungsverlust der Religion, denn ein Gläubiger fragt nicht nach dem Nutzen (vgl. MILL 1984, 63). Für „religiös Musikalische" (Habermas) bedeutet die Religion immer viel mehr, als in Theorien beschrieben werden kann.[127]

Die Theorien zeigen, dass die Religion auch in unserer Zeit in verschiedener Weise wesentlich Einfluss auf Kommunikation und Handlungen der Menschen und der Gesellschaft nehmen kann. Die Wirkungsweisen sind allerdings nicht immer klar erkennbar und bedürfen auch eines bestimmten Blickes auf das zu Beobachtende. Die Religion hat geschichtlich in verschiedenen Kontexten wesentlich auf die Ökonomie gewirkt und diese wiederum zurück auf die Religion. Religion war und ist ein wirkmächtiger Ideenlieferant für die Gesellschaft und wird weiterhin das ökonomische und nichtökonomische Handeln von religiösen Individuen der Gesellschaft und damit auch die Gesellschaft selbst mitbestimmen. Diese Individuen werden aber auch gleichzeitig von ihrem materiellen Umfeld und damit von der Ökonomie mitgeprägt. Ökonomie und Religion wirken interdependent auf den religiösen Menschen. Wie stark diese Wirkungszusammenhänge sind, hängt vom Säkularisierungsgrad der Gesellschaft ab. Wir können Religion, so wie Luckmann, als unsichtbar begreifen. Sie ist da, hat sich aber teilweise in Private zurückgezogen. Sie wird auch immer da sein, wenn wir Religion als die Suche nach dem Sinn verstehen. Wie sich diese Suche, oder besser gesagt das Finden, festmacht, ist kultur-, zeit- und personenabhängig.

Wir haben in der Arbeit auch gesehen, dass es *die* Rationalität nicht gibt, vielmehr verschiedene Formen der Rationalität. Sowohl die Ökonomie als auch die Religion bauen auf einer bestimmten Rationalität auf, da beide auf ganz bestimmten Glaubenslehren beruhen. Ökonomisches Denken geht von ganz bestimmten Prämissen aus. So versucht die „reine" Ökonomie die Welt in Zahlen zu gießen und glaubt, mit mathematischen Methoden effiziente, wirtschaftliche Lösungen zu finden. Dabei ist immer ein Rückgriff auf die Welt außerhalb des Systems Wirtschaft notwendig.[128] Gewinne um der Gewinne willen machen das Wirtschaften zum Selbstzweck und damit zum Sinn selbst. Handy schreibt in

---

127 Vgl. dazu auch die Bemerkung zu Luhmann.

128 In einem Seminar fragte mich einmal ein Teilnehmer, als wir gerade über die Wirtschaftlichkeit und das Minimumprinzip sprachen (das Minimumprinzip besagt, dass der Gewinn maximiert wird, indem ein bestimmtes Ziel mit den niedrigsten Kosten erreicht wird), wie der Staat berechnen könne, welche Ziele er festlegen solle. Diese Ziele können eben nicht berechnet werden. Vielmehr müssen diese Ziele vorgegeben werden, damit man davon ausgehend die Kosten reduzieren kann.

einem Aufsatz in der Harvard Business Review: „We need to eat to live; food is necessary condition of life. But if we lived mainly to eat, making food a sufficient or sole purpose of life, we would become gross. The purpose of a business, in other words, is not to make a profit, full stop. It is to make a profit so that the business can do something more or better. The 'something' becomes the real justification for thc business. Owners know this. Investors needn't care" (HANDY 2002, k. A.). Die Wirtschaftswissenschaften kommen weder in der Volkswirtschaft noch in der Betriebswirtschaft ohne Modellbildungen aus. Für Modelle sind immer Annahmen notwendig. Diese müssen rational begründet sein, die Begründung selbst ist im Kern immer eine rational ökonomische, die Methode eine wissenschaftliche. Die Aussagen der Modelle haben also immer nur unter bestimmten Annahmen ihre Richtigkeit, oder anders gesagt: Nur wenn man an die Annahmen glaubt, wird man die Ergebnisse auch annehmen. Schließlich ist das ökonomisch rationale Verhalten ein ganz bestimmter Typ des Denkens und Handelns bzw. des Beobachtens. Er ist weder mehr noch weniger rational als andere Handlungsweisen. Wenn aber die Ökonomie mit ihren zweckrationalen, ökonomisch-rationalen Handlungsmustern zum wertrationalen Handeln wird, die Ökonomie also zum Wert selbst, zum Selbstzweck, wird, dann wird der Blick verengt und die Handlungen können nur noch aus einer bestimmten Vorstellung, einer bestimmten Weltsicht heraus, gesetzt werden.

In der Volkswirtschaft gibt es bis heute keine allgemeingültige volkswirtschaftliche Lehrmeinung. Welcher man sich zuwendet, bleibt im Kern eine Glaubensfrage. Theolog/inn/en und Religionswissenschaftler/innen sind zwar Spezialist/inn/en in Glaubensfragen, aber auch Ökonomen/innen sind keine Dilettant/inn/en auf diesem Gebiet, verdecken dies aber oft sehr geschickt mit mathematischen Formeln und abstrakten Modellen. Anhänger/innen einer Religion bezeichnen sich selbst als Gläubige, Anhänger/innen einer ökonomischen Theorie verstehen sich als Wissende. Ökonomische Zugänge, Aussagen und Erfolge sind zweifelsohne verlockender als jene der Religion, versprechen sie doch unmittelbaren und irdischen Genuss. Die Verlockungen des Geldes, des Materiellen, der Zwang des Systems und der gesellschaftliche Druck machen es fast unmöglich, der Ökonomisierung zu entkommen. Trotzdem kann die Ökonomie die entscheidenden, existentiellen Fragen nicht lösen. Sie scheint nicht einmal die existentiellen materiellen Fragen lösen zu können; sie kann sicher nicht die geistigen, existentiellen Fragen des Lebens beantworten, auch kann der Markt die Frage der Gerechtigkeit nicht lösen, nur die Frage der Effizienz, aber diese auch wiederum in der ökonomischen Logik, die eben so begrenzt erscheint, dass sie die großen Verteilungsfragen der Erde nicht und die kleinen von Nationalstaaten nur eingeschränkt beantworten kann.

Der Grenznutzen der wechselseitigen Betrachtung der zwei Bereiche könnte im gegenseitigen Interesse der Vertreter/innen und Anhänger/innen der Ökonomie und Religion liegen. Wirtschaftswissenschafter/innen dürfen nicht als Vertreter/innen ausbeuterischer, amoralischer, gewinnsüchtiger und Theolog/inn/en nicht als Vertreter weltfremder, moraldurchtränkter, irrationaler Lehren gesehen werden. Vorurteilsfreie Zugänge von beiden Seiten könnten neue Zugänge, Überlegungen und vielleicht auch Erkenntnisse bringen.

Sowohl Wirtschaft als auch Religion sind wesentliche Bestandteile des menschlichen Lebens. Beide wirken aufeinander. Das zu untersuchen, ist Aufgabe der Religionsökonomie.

7 Literaturverzeichnis

AIGINGER, Karl (2006): Das europäische Sozialmodell kann Produktivkraft sein. Vortrag im September 2006. In: www.ots.at. Download im Juni 2007.

AL-ABBADI, Ehab (2008): WIBC Competitiveness Report launched at 15th Annual WIBC briefing. In: www.ameininfo.com/176736.html. Download am 23. Jänner 2009.

ALKIER, Stefan (2007): Wirtschaftsleben in der Antike. Die Verflechtung von Politik, Theologie, Ökonomie und Recht. In: Bibel und Kirche: Im Angesicht des Geldes – Bibel und Ökonomie. Heft 1/2007, 62. Jahrgang, Ausgabe für Österreich. S. 2-9.

ALTMANN, Jörn (2003): Volkswirtschaftslehre. 6. Auflage. Stuttgart: Lucius & Lucius.

AUFFARTH, Christoph / KIPPENBERG, Hans G. / MICHAELS, Axel (2006): Wörterbuch der Religionen. Stuttgart: Kröner.

AZZI/ EHRENBERG (1975): Household Allocation of Time and Church Attendance, in: Journal of Political Economy 83, S. 27-56.

BAECKER, Dirk (Hg) (2004): Kapitalismus als Religion. Berlin: Kulturverlag Kadmos.

BECKER, Garry S. (1982): Der ökonomische Ansatz zur Erklärung menschlichen Verhaltens. Tübingen: J. C. B. Mohr (Paul Siebeck).

BENEDEK, Wolfgang/ NIKOLAVA-KRESS, Minna (Hg) (2004): Menschenrechte verstehen. Handbuch zur Menschenrechtsbildung. Graz: Europäisches Trainings- und Forschungszentrum für Menschenrecht und Demokratie (TEC). Veröffentlicht durch das Bundesministerium für das Österreichische Bundesministerium für Auswärtige Angelegenheiten in Kooperation mit dem TEC.

BENJAMIN, Walter (2004): Kapitalismus als Religion. In: BAECKER, Dirk (Hg.): Kapitalismus als Religion. Berlin: Kulturverlag Kadmos.

BERGER, Peter L. (1973): Zur Dialektik von Religion und Gesellschaft. Elemente einer soziologischen Theorie. Frankfurt am Main: Fischer Verlag.

BERGHAUS, Margot (2004): Luhmann leicht gemacht. 2. Auflage. Köln, Weimar, Wien: Böhlau Verlag.

BERTELSMANN-STIFTUNG (2008): Religionsmonitor. In: http://www.bertelsmann-stiftung.de/cps/rde/xchg/SID-0A000F0A-1CE9ADA4/bst/hs.xsl/85217_85222.htm. Download am 17 November 2008.

BIER, Georg (2006): Was ist ein Kirchenaustritt? Neue Entwicklungen in einer altbekannten Frage. In: Herder Korrespondenzen, 60/2007, 348-352.

BORNSCHEUER, Lothar (2006): Zur Geltung des 'Mythos Geld' im religiösen, ökonomischen und poetischen Diskurs. In: Goethezeitportal. http://www.goethezeitportal.de /db/wiss/epoche/bornscheuer_geld.pdf. Download am 16. November 2008.

BRINITZER, Ron (2001): Mentale Modelle und Ideologien in der Institutionenökonomik – Das Beispiel Religion. In: PRINZ, Aloys / STEENGE, Albert / VOGEL, Alexander (Hg): Neue Institutionenökonomik: Anwendung auf Religion, Banken und Fußball. Wirtschaft, Forschung und Wissenschaft. Band 1. Münster, Hamburg, London: LIT. S. 135-192.

BROCKHAUS (1996): Die Enzyklopädie. Band 16, 20. überarbeitete und aktualisierte Auflage. Leipzig, Mannheim: F. A. Brockhaus.

BÖCKENFÖRDE, Ernst-Wolfgang (1976): Staat, Gesellschaft, Freiheit. Frankfurt am Main: Suhrkamp.

CASANOVA, J. (2007): Die religiöse Lage in Europa. In: JOAS, H. / WIEGAND, K. (Hg.): Säkularisierung und die Weltreligionen. Forum für Verantwortung, Frankfurt am Main: Fischer Taschenbuch Verlag. S. 322-357.

CIPOLLA, Carlo M. (1983): Die Ursprünge. In: CIPOLLA, Carlo M. / BORCHARDT K. (Hg.): Europäische Wirtschaftsgeschichte. Mittelalter, Band 1. Stuttgart, New York: Gustav Fischer Verlag.

DEUTSCHMANN, Christoph (2004): Die Verheißung absoluten Reichtums. In: BAECKER, Dirk (Hg.): Kapitalismus als Religion. Berlin: Kulturverlag Kadmos. S. 145-174.

DOUGLAS, Mary (1985): Reinheit und Gefährdung. Eine Studie zu Vorstellungen von Verunreinigung und Tabu. Berlin: Reimer.

DUBS, Rolf (1987): Volkswirtschaftslehre. Wirtschaftsbürgerkunde für Mittelschule und zum Selbststudium. 5. Auflage.

ERLEI, Mathias (2007): Sinnbildung, Religion und Präferenz. In: HELD, Martin / KUBON-GILKE, Gisela / STURN, Richard (Hg): Ökonomie und Religion. Normative und institutionelle Grundfragen der Ökonomik. Band 6. Marburg: Metropolis Verlag. S. 319-346.

ERNST, Wolfgang (2006): Geld. Ein Überblick aus historischer Sicht. In: EBNER, Martin/ FISCHER, Irmtraud u. a. (Hg.): Gott und Geld. Jahrbuch für Biblische Theologie (JBTh), Band 21. Neukirchener Verlag. S. 3-22.

ESSER, Hartmut (2005): Rationalität und Bindung – Das Modell der Frame Selektion und die Erklärung des normativen Handelns. In: HELD, Martin / KUBON-GILKE, Gisela / STURN, Richard (Hg): Reputation und Vertrauen. Normative und institutionelle Grundfragen der Ökonomik. Jahrbuch 4. Marburg: Metropolis Verlag. S. 85-112.

ESTERBAUER, Reinhold (1989): Kontingenz und Religion. Eine Phänomenologie des Zufalls und des Glücks. Universität Wien: Dissertation. Wien: Verband der wissenschaftlichen Gesellschaften Österreichs (VWGÖ).

EUROPARAT (2008): Homepage des Europarates. In: http://www.coe.int. Download am 28. Oktober 2008.

EUROPÄISCHE UNION (2007): EUROPÄISCHE UNION (2007): Änderungen des Vertrages über die Europäische Union und des Vertrages zur Gründung der Europäischen Gemeinschaft. Amtsblatt der Europäischen Union, C 306/11, 17.12.2007.

EUROPÄISCHE UNION (2008): Vertrag von Lissabon. Fragen und Antworten. In: http://europa.eu/lisbon_treaty/faq/index_de.htm#9. Download am 4. Oktober 2008.

EUROPARAT (2008): Homepage des Europarates. In : http://www.coe.int. Download am 28.Oktober 2008.

FELDMAN, Tine Rossing / ASSAF, Susan (1999): Social Capital: Conceptual Frameworks and Empirical Evidence. An Annotated Bibliography. Social Capital Initiative Working Paper No. 5. The World Bank.

FREY, Bruno S. / STUTZER, Alois (2002): Happiness and economics: how the economy and institutions affect [human] well-being. New York u.a.: Princeton University Press.

GLOCK, Charles Y. / STARK Rodney (1966): Religion and Society in Tension. USA: Rand McNally & Co.

GRESSHOF, Rainer/ SCHIMANK, Uwe (k. A.): Die integrative Sozialtheorie von Hartmut Esser. In: http://www.fernuni-hagen.de/SOZ/weiteres/preprints/russ.pdf . Download am 3. Dezember 2008.

GROSE, Thomas K. (2008): The Rise of Islamic Banking in a Time of Economic Crises. How some financial institutions avoid trouble by following the strict rule of the Koran. In: U.S. News & World Report. December 10, 2008.

GROSS, Peter (1994): Multioptionsgesellschaft. Frankfurt am Main: Suhrkamp.

HABERMAS, Jürgen (1987): Theorie des kommunikativen Handelns. Band I. Handlungsrationalität und gesellschaftliche Rationalisierung. Frankfurt am Main: Suhrkamp.

HABERMAS, Jürgen (2004): Vorpolitische moralische Grundlagen eines freiheitlichen Staates. Stellungnahme Professor Dr. Jürgen Habermas. In: zur debatte. Themen der Katholischen Akademie in Bayern, Heft 1/2004, 34. Jahrgang. München. S. 1-4.

HABERMAS, Jürgen (2005): Zwischen Naturalismus und Religion. Philosophische Aufsätze. Frankfurt am Main: Suhrkamp.

HÄFNER, Gerd: Aschermittwoch (ABC): Mt 6,1-6.16-18. In: Perikopen.de. http://www.perikopen.de/Lesejahr_B/Aschermittwoch_Mt6_1-6_16-18_Haefner.pdf. Download im Februar 2009.

HALLER, Max (2003): Soziologische Theorie im systematisch-kritischen Vergleich. 2. Auflage. Opladen: Leske + Budrich.

HANDELSBLATT (2006): Wirtschaftslexikon. Das Wissen der Betriebswirtschaftslehre. Band 5. Stuttgart: Schöffer-Poeschl Verlag.

HANDELSBLATT (2006a): Wirtschaftslexikon. Das Wissen der Betriebswirtschaftslehre. Band 11. Stuttgart: Schöffer-Poeschl Verlag.

HANUSCH, Horst / KUHN, Thomas (1998): Einführung in die Volkswirtschaftslehre. 4., überarbeitete Ausgabe. Berlin u. a.: Springer Lehrbuch.

HANDY, Charles (2002): What's a business for? In: Harvard Business Review, December 2002.

HARNISCH, Wolfgang (2001): Die Gleichniserzählungen Jesu. 4. Auflage. Göttingen: Vandenhoeck & Ruprecht.

HECHTER, Michael (1997): Religion and rational choice theory. In: YOUNG, Lawrence A. (Hg): rational choice theory and Religion. Summary and Assessment. New York, London: Routledge. S. 147-160.

HERDEGEN, Matthias (1999): Europarecht. 2., überarbeitete und erweiterte Auflage. München: Beck.

HELD, Martin / KUBON-GILKE, Gisela / STURN, Richard (Hg.) (2005): Reputation und Vertrauen. Normative und institutionelle Grundfragen der Ökonomik. Jahrbuch 4. Marburg: Metropolis Verlag.

HERRANZ, Kardinal Julián (2007): Zirkularschreiben des Präsidenten des Päpstlichen Rates für die Gesetzestexte an die Präsidenten der Bischofskonferenzen, Vatikanstadt: 13. März 2006. In: Österreichische Bischofskonferenz: Zugehörigkeit zur Katholischen Kirche. Pastorale Initiativen in Zusammenhang mit dem Kirchenaustritt. In: Die österreichischen Bischöfe, 7, Wien: 2007.

HOCK, Klaus (2006): Einführung in die Religionswissenschaft. 2. Auflage. Darmstadt: Wissenschaftliche Buchgesellschaft.

HÖFFER, Joseph Kardinal (1978): Christliche Gesellschaftslehre, 7. erw. Aufl. Kevelaer: Butzon & Bercker. 154. In: NIENHAUS, Volker (1982): Islam und moderne Wirtschaft. Einführung in Positionen, Probleme und Perspektiven. In: FITZGERALD, Michael / KHOURY, Adel-Th. / WANZURA, Werner: Islam und westliche Welt, Band 6. Graz, Wien, Köln: Verlag Styria.

HORSTER, Detlef (1999): Jürgen Habermas zur Einführung. Hamburg: Junius.

HORSTER, Detlef (2005): Niklas Luhmann. 2. überarbeitete Auflage. München: Beck Verlag

HORSTER, Detlef (2007): Die Moral der Gesellschaft. In: http://www.erz.uni-hannover.de/~horster/texte/ringvorlesung.pdf. Download im Oktober 2008.

HUBER, Stefan (2007): Aufbau und strukutierende Prinzipien des RELIGIONSMONITORS. In: Religionsmonitor. Gütersloh: Bertelsmann Stiftung. S. 19-32.

IANNACONNE, Laurence R. (1997): Rational Choice. Framework for the Scientific Study of Religion. In: YOUNG, Lawrence A. (Hg): rational choice theory and Religion. Summary and Assessment. New York, London: Routledge.

IMRAN, Hatem (2008): Das islamische Wirtschaftssystem. Normen und Prinzipien einer alternativen Ökonomie. 2. Auflage. Salzwasser-Verlag.

INFED SEARCH (2008): Robert Putnan. Social capital and civic community. Encylopedia. In: http://www.infed.org/thinkers/putnam.htm. Download am 25. November 2008.

INFED SEARCH (2008a): Robert Putnam interviewed in ECPR News (2000) Leaders of the Profession: Robert Putnam – Interview with Ken Newton, ECPR News 11: 2.

INFED SEARCH (2008b): An Interview with Robert Putnam Interview conducted by Russ Edgerton for the AAHE Bulletin AAHE (1995).

INFED SEARCH (2008c): Interview conducted by Sage Stossel. The Atlantic Online (2000) Lonely in America.

ISLAMIC BANK OF BRITAIN: Deminishing musharaka with ijara. In: http://www.islamic-bank.com/islamicbanklive/CommercialPropFinance/1/Home/2/Home.jsp. Download im Jänner 2009.

ISLAMISCHE GLAUBENSGEMEINSCHAFT IN ÖSTERREICH (2003): Österreichische Imame-Konferenz. Schlusserklärung. In: http://www.derislam.at/haber.php?sid=75&mode=flat&order=1. Download am 24. November 2008.

KALBERG, Stephen (2000): Ideen und Interessen: Max Weber über den Ursprung außerweltlicher Erlösungsreligionen. In: Zeitschrift für Religionswissenschaft. Heft 2000/1, 8. Jahrgang 2000. S. 45-70.

KALISCH, Muhammad (2006): Islamische Wirtschaftsethik in einer islamischen und in einer nichtislamischen Umwelt. In: NUTZINGER, Hans G. (Hg): Christliche, jüdische und islamische Wirtschaftsethik. Über religiöse Grundlagen wirtschaftlichen Verhaltens in der säkularen Gesellschaft. Marburg: Metropolis.

KANE, Sean E. /SMIDT, Corwin E. (Hg) (2003): Religion as Social Capital. Producing the Common Good. Waco: Baylor University Press.

KANT, Immanuel (1956): Die Religion innerhalb der Grenzen der bloßen Vernunft. In: WEISCHEDL, Wilhelm (Hg): Immanuel Kant – Werke in sechs Bänden, Band IV, Schriften zur Ethik und Religionsphilosophie. Insel-Verlag.

KEIL, Angelina (2008): Wirtschaftschronik III. Quartal 2008. WIFO-Monatsberichte 10/2008. Wien: Wirtschaftsforschungsinstitut.

KIPPENBERG, Hans G. (2004): Émile Durkheim (1858-1941). In: MICHAELS, Axel (Hg): Klassiker der Religionswissenschaft. 2. Auflage. München: C. H. Beck. S. 103-120.

KHOURY, ADEL Theodor / HAGEMANN, Ludwig / HEINE, Peter (2006): Islam-Lexikon. Geschichte – Ideen – Gestalten. A – Z. Freiburg, Basel, Wien: Herder.

KOCH, Anne (2007): Zur Interdependenz von Religion und Wirtschaft – Religionsökonomische Perspektiven. In: HELD, Martin / KUBON-GILKE, Gisela / STURN, Richard (Hg.): Ökonomie und Religion. Normative und institutionelle Grundfragen der Ökonomik. Jahrbuch 6. Marburg: Metropolis Verlag. S. 37-62.

KÖTT, Andreas (2003): Systemtheorie und Religion. Mit einer Religionstypologie im Anschluss an Niklas Luhmann, Würzburger Wissenschaftliche Schriften, Reihe Philosophie, Band 349. Würzburg: Königshausen & Neumann GmbH.

KREINER, Armin (1999): Philosophische Kritik der Religion. In: GRÄTZEL, Stephan / KREINER, Armin: Religionsphilosophie. Stuttgart: Verlag J. B. Metzler. S. 117-162.

KRONEBERG, Clemens (2007): Wertrationalität und das Modell der Frame-Selektion. Sonderforschungsbereich 504. Rationalitätskonzepte, Entscheidungsverhalten und ökonomische Modellierung. Nr. 07-48. Mannheim: Universität Mannheim. In: http://www.sfb504.uni-mannheim.de/publications/dp07-48.pdf. Download am 3. Dezember 2008.

KUBON-GILKE, Gisela (2007): Religion prägt Wirtschaft, Wirtschaft prägt Religion – zur Interdependenz von Ökonomie und Religion. In: HELD, Martin / KUBON-GILKE, Gisela / STURN, Richard (Hg.): Ökonomie und Religion. Normative und institutionelle Grundfragen der Ökonomik. Jahrbuch 6. Marburg: Metropolis Verlag. S. 13-36.

KÜENZLEN, Gottfried (1980): Die Religionssoziologie Max Webers. Eine Darstellung ihrer Entwicklung. Sozialwissenschaftliche Abhandlungen der Görres-Gesellschaft, Band 6. Berlin: Duncker & Humblot.

KÜNG, Hans (2006): Der Islam. Geschichte, Gegenwart, Zukunft. München, Zürich: Piper.

KÜNG, Hans (2007): Das Judentum. Wesen und Geschichte. München, Zürich: Piper.

LADSTÄTTER, Johann (2003): Volkszählung 2001: Religion: In: Statistische Nachrichten 1/2003. Wien: Statistik Austria.

LAUM Bernhard (2006): Heiliges Geld. Eine historische Untersuchung über den sakralen Ursprung des Geldes. Berlin: Semele Verlag.

LE GOFF, Jacques (1988): Wucherzins und Höllenqualen. Ökonomie und Religion im Mittelalter. Stuttgart: Klett-Cotta.

LECHNER /EGGER /SCHAUER. Einführung in die Allgemeine Betriebswirtschaftslehre. Linde Verlag 2001.

LEIPOLD, Helmut (2006): Kulturvergleichende Institutionenökonomik. Stuttgart: Lucius & Lucius.

LÉVINAS, Emmanuel (1986): Ethik und Unendliches. Gespräche mit Philippe Nemo. Wien: Passagen.

LÉVINAS, Emmanuel (1993): Totalität und Unendlichkeit. Versuch über die Exteriorität. Freiburg, München: Alber.

LIEBMANN, M. (1986): Vom Augsburger Interim zum Augsburger Religionsfrieden. In: LENZENWEGER, Josef / STOCKMEIER, Peter / AMON, Karl / ZINNHOBLER, Rudolf (Hg.): Geschichte der katholischen Kirche. Ein Grundriss. Graz, Wien, Köln: Verlag Styria. S. 339.

LUCKMANN, Thomas (1991): Die unsichtbare Religion. Frankfurt am Main: Suhrkamp Taschenbuch Verlag.

LUHMANN, Niklas (1982): Funktion der Religion. Frankfurt am Main: Surkamp Verlag.

LUHMANN, Niklas (1988): Die Wirtschaft der Gesellschaft. Frankfurt am Main: Suhrkamp.

LUHMANN, Niklas (2002): Die Religion der Gesellschaft. KIESERLING, André (Hg.). Frankfurt am Main: Suhrkamp.

LICHTENBERGER, Elisabeth (2005): Europa. Geographie, Geschichte, Wirtschaft, Politik. Darmstadt: Wissenschaftliche Buchgesellschaft.

MANKIW, Gregory N. (2001): Principles of Economics. 2nd edition. New York u. a.: Harcourt College Publishers.

MILL, John Stuart (1984): Die Nützlichkeit der Religion. In: Drei Essays über Religion. Natur – Die Nützlichkeit der Religion – Theismus. Stuttgart: Philipp Reclam Jun. S. 63-108.

MORSE, Jennifer Robeck (2002): Review of Robert H. Nelson's "Economics As Religion: From Samuelson to Chicago and Beyond". In: Journal of Markets & Morality, Volume 5, No. 2. Fall 2002: Acton Institute for the study of religion in liberty. In: http://www.acton.org/publications/mandm/mandm_review_169.php?view=print. Download am 15. November 2008.

MUTH, Robert (1998): Einführung in die griechische und römische Religion. Darmstadt: Wissenschaftliche Buchgesellschaft.

NIENHAUS, Volker (1982): Islam und moderne Wirtschaft. Einführung in Positionen, Probleme und Perspektiven. In: FITZGERALD, Michael / KHOURY, Adel-Th. / WANZURA, Werner: Islam und westliche Welt, Band 6. Graz, Wien, Köln: Verlag Styria.

NEITZ, Mary Jo / MUESER, Peter R. (1997): Economic Man and the Sociology of Religion. A Critique of the Rational Choice Approach. In: YOUNG, Lawrence A. (Hg): rational choice theory and Religion. Summary and Assessment. New York, London: Routledge. S. 105-118.

ORF (2008): "Das Ende der Gier?": Die Finanzkrise. "Im Klartext" am 29. 10. im ORF-Radio Kulturhaus und live in Ö1.

OSLINGTON, Paul (k. A.): BOOK REVIEW: Economics as Religion: From Samuelson to Chicago and Beyond by Robert H. Nelson, Pennsylvania State University Press, 2001. In: http://www.christian-economists.org.uk/jour34_book%20review.pdf. Download am 15. November 2008.

ÖSTERREICHISCHE BISCHOFSKONFERENZ (2007): Zugehörigkeit zur Katholischen Kirche. Pastorale Initiativen in Zusammenhang mit dem Kirchenaustritt. In: Die österreichischen Bischöfe, Wien.

PALAVER, Wolfgang (2003): Kapitalismus als Religion. In: http://www.uibk.ac.at/theol/leseraum/texte/283.html?print=1. Download am 16. November 2008.

POLLAK, Johannes: EUropäische Werte? In: CSÁKY, Moritz / FEICHTINGER, Johannes (Hg) (2007): Europa – geeint durch Werte? Die europäische Wertedebatte auf dem Prüfstand der Geschichte. Bielefeld: transcript. S. 89-102.

PROSCH, Bernhard / ABRAHAM, Martin (2006): Gesellschaft, Sinn und Handeln. Webers Konzept des sozialen Handelns und das Frame-Modell. In: GRESHOFF, Uwe / SCHIMANK, Uwe (Hg): Integrative Sozialtheorie? Esser – Luhmann – Weber. Wiesbaden: VS Verlag für Sozialwissenschaften. S. 87-110.

PUTNAM, R. D. (1995) 'Bowling Alone: America's Declining Social Capital', The Journal of Democracy, 6:1, pages 65-78.

PUTNAM, R. D. (2000) Bowling Alone. The collapse and revival of American community. New York: Simon and Schuster.

PUTNAM, R. D. (2008). Homepage. http://www.bowlingalone.com/.

RATZINGER, Joseph (1968): Einführung in das Christentum. Vorlesungen über das Apostolische Glaubensbekenntnis. München: Kösel-Verlag.

RATZINGER, Joseph Kardinal (2004): Vorpolitische moralische Grundlagen eines freiheitlichen Staates. Stellungnahme Joseph Kardinal Ratzinger. In: zur debatte. Themen der Katholischen Akademie in Bayern, Heft 1/2004, 34. Jahrgang. München. S. 5-7.

REDEN von, Sitta (2008): Geld – das revolutionäre Medium. Die Anfänge des Geldes in der Antike. In: Welt und Umwelt der Bibel. Achräologie – Kunst – Geschichte, Heft 1/2008, Nr. 47. S. 16-21.

RICH, D. (1993): Myths of the Tribe. Buffolo. In: BRINITZER, Ron (2001): Mentale Modelle und Ideologien in der Institutionenökonomik – Das Beispiel Religion. In: PRINZ, Aloys / STEENGE, Albert / VOGEL, Alexander (Hg): Neue Institutionenökonomik: Anwendung auf Religion, Banken und Fußball. Wirtschaft, Forschung und Wissenschaft. Band 1. Münster, Hamburg, London: LIT. S. 135-192.

RYKLIN, Mikhail (2004): Der Topos der Utopie. Kommunismus als Religion. In: BAECKER, Dirk (Hg.): Kapitalismus als Religion. Berlin: Kulturverlag Kadmos. S. 61-76.

SAMUELSON, Paul A. / NORDHAUS, William D. (1998): Volkswirtschaftslehre. Übersetzung der 15. Auflage. Wien, Frankfurt: Wirtschaftsverlag Carl Ueberreuter.

SAMUELSSON, Kurt (1993): Religion and Economic Action: The Protestant Ethic, the Rise of Capitalism, and the Abuses of Scholarship. Toronto: University Toronto Press.

SCHAPER, Joachim (2006): Geld und Kult im Deuteronomium. In: EBNER, Martin/ FISCHER, Irmtraud u. a. (Hg.): Gott und Geld. Jahrbuch für Biblische Theologie (JBTh), Band 21. Neukirchener Verlag. S. 45-54.

SCHAPER, Joachim (2008): Schatzhaus, Bank und Prägeanstalt. Frühe Geldwirtschaft am Jerusalemer Tempel. In: Welt und Umwelt der Bibel. Achräologie – Kunst – Geschichte, Heft 1/2008, Nr. 47. S. 28-33.

SCHMIDTCHEN, Dieter / MAYER, Achim (1992): Kirche, Geld und Seelenheil: Die ökonomische Theorie der Religion. Diskussionsbeiträge Fachbereich Wirtschaftswissenschaft. Saarbrücken: Universität des Saarlandes.

SCHMIDTCHEN, Dieter (2000): Ökonomik der Religion. In: Zeitschrift für Religionswissenschaft. Heft 2000/1, 8. Jahrgang 2000.

SCHMIDTCHEN, Dieter (2007): Ökonomik der Religion – Wettbewerb auf Märkten für religiöse Dienstleistungen. In: HELD, Martin / KUBON-GILKE, Gisela / STURN, Richard (Hg.): Ökonomie und Religion. Normative und institutionelle Grundfragen der Ökonomik. Jahrbuch 6. Marburg: Metropolis Verlag. S. 251-274.

SCHLICHT, Ekkehart (2007): Konsum im Jenseits? In: HELD, Martin / KUBON-GILKE, Gisela / STURN, Richard (Hg.): Ökonomie und Religion. Normative und institutionelle Grundfragen der Ökonomik. Jahrbuch 6. Marburg: Metropolis Verlag. S. 275-292.

SCHWINN, Thomas (2006): Der Nutzen der Akteure und die Werte der Systeme. In: In: GRESHOFF, Uwe / SCHIMANK, Uwe (Hg): Integrative Sozialtheorie? Esser – Luhmann – Weber. Wiesbaden: VS Verlag für Sozialwissenschaften. S. 39-62.

SIGMUND, Karl/ FEHR, Ernst/ NOWAK, Martin A.: Teilen und Helfen – Ursprünge sozialen Verhaltens. In: Spektrum der Wissenschaft, März 2002, S. 52-59.

SIMMA, Bruno/ FASTENRATH, Ulrich (2004): Einführung. In: Menschenrechte. München: Deutscher Taschenbuch Verlag.

SIMMEL, G. (2005): Philosophie des Geldes. DigBib.Org: Die freie digitale Bibliothek. In: http://www.digbib.org/Georg_Simmel_1858/Philosophie_des_Geldes_.pdf. Download am 16. November 2008.

SOOSTEN von, Joachim (2004): Schwarzer Freitag. In: BAECKER, Dirk (Hg.): Kapitalismus als Religion. Berlin: Kulturverlag Kadmos. S. 121-144.

SPIEGEL, Rolf (2008): Management von Non Profit Organisationen am Beispiel der Katholischen Aktion Steiermark. Master Thesis. Graz: PEF Privatuniversität für Management.

STATISTIK AUSTRIA (2007): Volkszählung 2001. Textteil. Wien: Verlag Österreich GmbH.

STATISTIK AUSTRIA (2007a): Struktur und Volumen der Freiwilligenarbeit in Österreich. Im Auftrag des Bundesministeriums für Soziales und Konsumentenschutz. Wien: Statistik Austria.

STEINER, Uwe (2004): Die Grenzen des Kapitalismus. In: BAECKER, Dirk (Hg.): Kapitalismus als Religion. Berlin: Kulturverlag Kadmos. S. 35-60.

STEINVORTH, Ulrich (1994): Webers Freiheit von der Wertfreiheit. In: WAGNER, Gerhard / ZIPPRIAN, Heinz (Hg): Max Webers Wissenschaftslehre. Interpretation und Kritik, Frankfurt a. M.: k. A.

STEMBERGER, Günter (1996): Jüdische Religion. München: Beck'sche Reihe.

STOLZ, Fritz (2000): Rechnungen in der Endzeitökonomie. In: Zeitschrift für Religionswissenschaft. Heft 2000/1, 8. Jahrgang 2000. S. 71-93.

TAFNER, Georg (2008): Religion und Bevölkerungsentwicklung. In: Steirische Statistiken, Heft 1/2008. Graz: Landesstatistik Steiermark.

TAFNER, Georg (2008a): Sind Konversion und Apostasie in der Europäischen Menschenrechtskonvention absolut geschützt? Norderstedt: Grin Verlag.

TAFNER, Georg (2008c): Konversion und Apostasie in den abrahamitischen Religionen. Norderstedt: Grin Verlag.

TAFNER, Georg (2009): Weltsichten Volkswirtschaft. Wien: Hölzel-Verlag.

THOMAS v. AQUIN (1878): Commentum in Libros IV Sententiarium. Opera Omnia Vol. 39, Paris: Edition Vives, 609f. Zitiert in SOOSTEN von, Joachim (2004): Schwarzer Freitag. In: BAECKER, Dirk (Hg.): Kapitalismus als Religion. Berlin: Kulturverlag Kadmos. S. 121-144.

TRAUNMÜLLER, Richard (2008): Religion als Ressource sozialen Zusammenhalts? Eine empirische Analyse der religiösen Grundlagen sozialen Kapitals in Deutschland. In: SOEPapers on Multidisciplinary Panel Data Research, 144. Berlin: Deutsches Institut für Wirtschaftsforschung.

TOMES, Nigel (1985): Religion and the Earnings Function. American Economic Review – Papers and Proceedings 75 (2).

UCUM, Ufuk (1998): Wirtschaftsethik im Christentum und Islam. Eine volkswirtschaftliche Analyse und ein finanzwirtschaftliches Wettbewerbskonzept. Europäische Hochschulschriften. Reihe V. Volks- und Betriebswirtschaft. Bd./Vol. 2328. Frankfurt am Main, Berlin, Bern, New York, Paris, Wien: Peter Lang. Europäischer Verlag der Wissenschaften.

UGB (2005): Bundesgesetz über besondere zivilrechtliche Vorschriften für Unternehmen (Unternehmensgesetzbuch – UGB), BGBl 2005/120.

UNIVERSITÄT GRAZ (2007): Änderung des Curriculums für das Masterstudium „Religionswissenschaft: Religionen im soziokulturellen Kontext Europas“ an der Karl-Franzens-Universität Graz. In: Mitteilungsblatt der Karl-Franzens-Universität, Graz. 37. Sondernummer, Studienjahr 2006/2007. Ausgegeben am 20.06.2007.

WEBER, Max (1980): Wirtschaft und Gesellschaft. Grundriss der verstehenden Soziologie. Tübingen: Mohr.

WEBER, Max (2005): Die protestantische Ethik und der "Geist" des Kapitalismus. Capital – Bibliothek der Wirtschaftsklassiker. München: FinanzBuch Verlag

WEBER, Max (2006): Die protestantische Ethik und der "Geist" des Kapitalismus. Vollständige Ausgabe. KAESLER, Dirk (Hg). München: Beck Verlag.

WELT DER BIBEL (2008): Auslegung und Bibliographie zur Bibel. In: http://www.welt-der-bibel.de/bibliographie.1.2.erste_Brief_Paulus_Korinther.27.html. Download im Februar 2009.

WUSSOW, Manfred (1993): 1. Adventsonntag (A): Mt 24,29-44. In: DEUTSCHE BIBELGESELLSCHAFT (Hg): Perikopen.de. Exegetisch-theologischer Kommentar der Evangelientexte für die Sonntage und Hochfeste. In: http://www.perikopen.de/Lesejahr_A/1Adv_Mt24_29-44_Wussow.pdf. Download am 30. November 2008.

YOUNG, Lawrance A. (1997): Introduction. In: rational choice theory and Religion. Summary and Assessment. New York, London: Routledge. S. xi-xv.

ZINSER, Hartmut (1997): Der Markt der Religionen. München: Wilhelm Fink Verlag.

ZULEHNER, Paul M. (2007): Spirituelle Dynamik in säkularen Kulturen? Deutschland – Österreich – Schweiz. In: BERTELSMANN STIFTUNG: Religionsmonitor 2008. Gütersloh: Gütersloher Verlagshaus. S. 143-157.

Zeitfracht Medien GmbH
Ferdinand-Jühlke-Straße 7
99095 Erfurt, Deutschland
produktsicherheit@kolibri360.de